U0069341

Knowledge House & Walnut Tree Publishing

Knowledge House & Walnut Tree Publishing

粉黛羅綺

中國古代女子服飾時尚

陳芳
蔣玉秋
張玉安
賈璽增
王子怡
著

代序

開創中國服飾史研究的新局面

北京服裝學院中國古代服飾研究團隊的集體成果《粉黛羅綺：中國古代女子服飾時尚》一書出版在即，承蒙該團隊負責人陳芳教授信任，在我得以先睹書稿為快之後，囑我撰寫書序。我於中國古代服飾文化所知甚少，對古代女子服飾時尚更缺乏瞭解，只能將自己學習後的一些心得寫出來，聊充「代序」，以求方家教正。

據我所知，陳芳團隊從事中國古代服飾的研究已經有相當扎實的基礎和比較豐厚的成果積累，彙集成專著應是水到渠成之事。

去年，我在拜讀他們發表在北京服裝學院學報藝術版《藝術設計研究》中的相關論文後受到鼓舞和啟發，曾經在「敦煌服飾暨中國古代服飾文化學術論壇」（二〇一三年十月）上發表感言，認為中國古代服飾文化是中國傳統文化中最具大眾化、民族化、多元化特色，富有時代感和生命力，體現創新性與實用價值的文化門類。我也就拓展學術視野、注重個案研究提出了粗淺的意見。現在，書稿中異彩紛呈的豐富內容，不僅印證了我的認識，而且又啟示我對這方面的研究去做進一步的思考。

我十分欣賞陳芳教授在「奢侈風氣」一章中的一段話：

正是日常生活的服飾，才能更好地反映一個時代經濟、文化和思想的變化，及時地透視出快速變換社會的流行風尚，但如何把握和再現這過往的時尚，並非易事！即使是還原最基本的形制，也缺乏大量的文獻、圖像和實物材料的支撐，更何況需要從物質文化史角度，來探究服飾與身份階層之象徵、地理環境之差異、工藝水準之高下、審美趣味之嬗變等要素的關係。雖如此，中國服裝史的研究不能停留在前輩大師的通史鈎沉上裹足不前，而應該繼續他們未竟的事業，補充他們未及的日常服飾的個案研究，從而將中國服裝史的研究向前推進。

這就十分清晰而簡潔地說明了他們確立「中國古代服飾史研究」這個大課題的出發點及研究對象、方法和目標。在「中國古代服飾史」這個大的「母題」之下，又有若干各具特色的子課題，「女子服飾時尚」即是其中之一。透過本書，我們可以看到，作為這個子課題的階段性成果，既有依據歷史脈絡「縱覽」主題的總體學術架構，又有選取典型樣式「橫截」個案的扎實細緻分析。在立足於前輩學者研究成果的基礎上，開拓視野，轉換角度，創新思維與方法，推動了相關研究的深入發展。

我注意到，本論著的作者們十分明確要將中國古代女子服飾時尚的探究，置於整個社會生活史的寬闊視野之下，不僅關注服飾時尚與當時政治思想、經濟、軍事的密切關係，而且關注服飾時尚與傳承有序的精神文化的血肉關聯，還特別關注其與物質文化不可分割的緊密聯繫。眾所周知，中國留傳至今的「正史」典籍（二十五史、十三經等）中的服飾史料基本上是被涵蓋在「禮制」的範圍之內，遠遠不能反映它極為豐富的內容，也就遠遠不能滿足研究者的資料需求。因此，以沈從文先生為代表的前輩學者，早已注重對相關文物圖像資料的分析，運用「二重證據」乃至「多重證據」對古代服飾進行研究，做出了巨大的貢獻。但是，由於時代與各種條件的侷限，在思想的開放、方法的借鑑、資料的搜集和使用等方面，也都受到侷限，無論是在宏觀的整體把握上，還是在微觀的個案剖析中，都留下了許多有待填補的空間。應該說，前人的遺憾，也是留給後來者的挑戰與機遇。陳芳團隊接受了挑戰，也抓住了機遇。

現在，讀了陳芳團隊的這本著作，我們得以更明確地認識到服飾時尚鮮明的時代特徵、民族特色與地域特點，認識到它們的共性與個性的辯證統一，認識到它們的包容性、傳承性與多元一體性。這些特性，在中國古代女子服飾時尚中表現得尤其明顯。

例如書中所述及的先秦女子服飾的清純、質樸、雅致，漢代女子服飾的多種刺繡紋樣，六朝女子服飾的靈動飄逸與仿效戎裝、軍容的風氣，隋唐時期的胡風漢韻、葳蕤華彩，宋朝「簡約淡泊」裡內斂的奢華富貴，元代以後隨著東西方各民族文化交流加強、外來因素的有機融匯等，都是文化時尚長河中璀璨奪目的浪花。尤其是中國作為一個歷史悠久、地域遼闊、人口眾多、文化璀璨的多民族統一國家，一方面，服飾時尚不僅往往得力於歷朝歷代統治集團上層人物的喜好、推崇與宣導，更關乎各地、各族普通民眾的日常生活需求，關乎物質生產的豐富或貧瘠，關乎官方、民間文化交流的盛與衰，當然也會與社會的穩定與動盪相關聯；另一方面，雖然鑑於時尚本身內涵的創新活力，它常常關涉社會的變革、進步，也不斷會花樣翻新，但因為儒家文化傳統與禮制的影響，因為統一國家的強大向心力，也因為相對穩定的生活習俗的滲透和審美心理的「從眾」導向，它又具有相對穩固的傳承性，具有「有容乃大」的氣魄，還常常表現為積極的周而復始的「舊」與「新」的調諧能力，有時還表現出使人驚歎的「超現實」的前瞻性。本書的作者們無疑是摸準了中國古代女子服飾時尚的發展趨勢，故不僅能很好地把握與理清上下幾千年女子服飾時尚的主要脈絡，也能將各時期一個個典型個案條分縷析得清晰、鮮活。尤其值得稱道的是，全書每一章節插配的不少精美圖片，與文字敍述相得益彰、相映成趣，成為全書不可或缺的組成部分。總之，本書可以稱得上是一部「中國古代女子服飾時尚史綱要」。

誠然，「中國古代女子服飾時尚」作為一個子課題，本書還留下了不少值得進一步探究的「空間」，距離一部完備的「中國古代服飾史」當然更有大量的工作要做。在具體的研究方法上，本書作者們已經比較自覺地涉足美術史、科技史、文化交流史、物質文明史等領域，努力嘗試運用多學科綜合交叉、比較研究的方法，注意搜尋與排比新、舊資料，提出新問題，得出新認識，有了不少新的突破。但是一門學術史的科學建構，不僅需要我們繼續在內容與風格的源流研究、特質研究與比較研究上苦下功夫，還必須在規律探尋、理論總結上勤於思考與善於提煉。陳芳團隊這本專著的問世，有力地證明了他們已經開創了中國服飾史研究的新局面；在祝賀他們的同時，也衷心期盼他們能為所傾心鍾愛的學術事業做出更大的貢獻。

柴劍虹

二〇一四年二月

＊柴劍虹，中國敦煌吐魯番學會副會長兼秘書長、中華書局編審。

前言

學術生涯是一次有趣的人生旅程，有時需要激流勇進，有時需要理性思索，但更多的時候，不妨追隨自己的興趣和心性，興之所至，或可以漸入佳境。我與中國古代服飾史的結緣，便是在北京服裝學院工作多年以後，自然而然產生的，雖躋身於服裝史界日短，更談不上學術造詣的精深，卻倍感肩上擔子的沉重。尤其是二〇一一年在學校的支持下，成立了中國歷代服飾時尚研究的學術創新團隊以後，一直希望產生中國古代服飾研究的前瞻性成果，以此開啟中國古代服飾研究的新篇章。回想沈從文先生在如此艱辛的條件下研究中國古代服飾，常常感慨萬千！老一輩學者走過了篳路藍縷的道路，取得了服飾通史研究的豐碩成果。今天的我們，不能停留在前輩大師的通史鉤沉上裹足不前，而應該繼續他們未竟的事業，補充他們未及的日常服飾的個案研究，從而將中國古代服飾史的研究向前推進。

廣義上講，中國古代服飾史是藝術史的一個分支，但在國內學界始終處於較為邊緣的地位，原因在於其自身的學科建設水準相對薄弱，缺乏系統的理論架構和高水準的學術成果，因此，難以與主流學術系統建立平等的對話關係，反過來又阻礙此學科話語權的提升。目前，中國古代服飾史的研究可以概括為三種現狀：一是側重禮服，二是側重形制，三是方法單一。首先，綜觀服飾通史類書籍，禮服研究所佔的比重是相當大的，對古代日常服飾則較少涉及，直到今天，我們對古人日常服飾的穿著搭配方式並不太清楚，急需新的日常服飾的研究成果進行補充。另外，對於日常服飾的研究也能管窺當時的服飾流行趨勢，「時尚」不是今天才有的概念，古代文獻中已經出現「時尚」或「時世裝」的詞彙，各個時期也存有服飾時尚流變的文獻紀錄，這說明不同朝代都存在日常服飾的流行趨勢，只是相關研究滯後。其次，服裝史研究的相關論文，數量相當大，但基本停留在形制探討的層面，對形制背後的服飾文化卻關注不多，研究深度難以彰顯。至於研究方法，相對比較單一，就服飾討論服飾的情況比較普遍，跨學科整合其他領域的知識和研究方法的相對少見。上述情況表明，中國古代服飾研究在沈從文先生等老一輩學者的研究成果之後，雖然也取得了一些成績，但突破性進展仍需時日。然而，新的考古發現以及大資料時代材料的豐富，給今天的研究提供了良好的契機。基於此，本書的研究對象主要鎖定在中國古代女子的日常服飾，希望借此引出古代女子時尚的相關討論，彌補服飾通史以禮服為主敘事不足的缺憾，重新評價所謂服飾史的主體到底為何。肯定一種多元地瞭解歷史的維度，同時，也符合史學研究的新方向：專題生活史研究。專題生活史的研究可以有非常廣泛的主題，如飲食、服飾、建築、旅行、娛樂、生命循環、性別與私人生活等諸多領域，我們鎖定在服飾領域。

研究中國古代服飾史，如果只是從形制到形制，將無法深入進行下去。倘若只關注服飾領域的知識，同樣難以產生前瞻性的成果。只有採用較新的研究方法，納入多學科的視野考量，才是行之有效的方法。目前，國際上在研究實用器物領域比較新的方法是物質文化史的方法。「物質文化」（material culture）是在美國人類學界首先使用的名詞，之後逐漸在藝術史、經濟史、社會史、科技史等領域運用。牛津大學柯律格（Craig Clunas）教授被推為將「物質文化」用於藝術史研究領域的第一人。他大概從一九八〇年開始使用「物質文化」一詞來代替以前的「裝飾藝術」或「實用藝術」等詞彙。「裝飾藝術」和「實用藝術」，用英語表達即decorative art, applied art，都暗示你所處理的對象是低等級的、二流的、簡單的，不是真正的純藝術。而使用新的詞彙「物質文化」時，不僅沒有暗示研究對象的低等地位，而且彰顯其本身的價值，即不強調對象的等級地位，而強調物質對象的文化屬性。因為「物質文化」是一個比較中性的詞彙，一個學術性很強的詞彙，即使是受過良好教育的英國人，如果不在大學或博物館工作，也從來不會使用這個詞，更不明白它的含義。柯律格認為在英語中使用decorative art這個詞，已經意義不大了，英國學術界已用「物質文化」替代「裝飾藝術」、「實用藝術」或者「工藝美術」。

用物質文化史的方法研究中國古代服飾，必須結合社會學、文化人類學、考古學、歷史學、經濟學、藝術學、民族學、心理學等跨學科的知識，從個案研究入手，逐步深入展開。這種方法不僅關注服飾的形制，更注重與服飾相關的物質文化的各方面，對服飾的研究將更加全面、深入。研究對象或可以相當廣泛，由於時間所限，本書主要觀照先秦、漢代、六朝、唐代、宋遼金元、明清流行的女子服飾，選取典型的個案展開研究，誠然不可涵蓋歷朝歷代女子服飾的全貌，但管中窺豹，或可以明瞭一些具體的問題，並藉由這些問題透射出服飾與當時物質文化的關聯。最終希望採用新材料、新方法、新視角，將宏觀論述、中觀考察、微觀分析結合起來進行綜合研究。

經過多年的努力，我們中國歷代服飾時尚研究學術創新團隊在研究方面已經取得了一點成績，但對比沈從文先生在巨大成就面前還稱自己「好像打前哨的，小哨兵樣子，來做些試探，探路子」，我們還有什麼理由驕傲自滿呢?中國古代服飾研究學科建設薄弱，我們也只是剛剛開始取得初步的成果，向前看，任重而道遠……

目錄

Contents

Contents

第一章

衣裳之始：先秦女子服飾時尚

在中國古代傳說中，盤古開天闢地之後，未有人民，女媧便模仿自己和兄長伏羲的模樣摶土造人，從此有了人類的開始❶。伴隨著天地初開與男女出現，裸態的人類如何披上了第一件衣裳，他們如何邁出創造服飾的第一步；服飾的男女之別始自何時；一枚骨針，一個紡輪，一縷絲線，如何經由歲月之手化為服用之必需，再經時風磨礪吹拂，終成時尚之物，更替演變……讓我們從眾多的歷史資料中抽絲剝繭，探尋女子服飾的起源與先秦女子的風雅之美。

第一節　女子服飾的起源

關於服飾起源，後世的人們有著種種猜測——保護說、裝飾說、遮羞說等。眾多說法中，或許遠古人類生存的本能與生活的基本需要，更易解釋為服飾產生最根本的動因，這也更加符合《釋名．釋衣服》之解，即「衣，依也，人所依以庇寒暑也」❷。對服飾有案可稽的最早紀錄可追溯到黃帝堯舜時期，《周易．繫辭下》有：「黃帝、堯、舜垂衣裳而天下治，蓋取諸乾、坤。」❸王逸〈機賦〉有：「蓋始機織爾，古者衣皮即服製也，特衣裳未辨。羲、炎以來，裳衣已分，至黃帝而袞章等衰大立……。」這些記述大致描繪了衣服形成的過程：上古時代人們所圍披的皮毛就是衣服，到黃帝堯舜時不僅結束了史前服裝的簡單圍披狀態，並且將服裝定型為上衣下裳，服裝的功用也從物理上的遮寒避暑上升為精神所需，而至商周，中國服裝體系的文化屬性逐步明朗。

女子服飾起源的條件

勞動，創造了工具也創造了服飾。

雖然關於遠古時代紡織服飾的實證資料極其有限，但可以推斷大約在距今五十萬至四十萬年的舊石器時代，人類開始裝扮自身，而在距今四萬至一萬五千年的舊石器時代晚期，原始衣物已漸為發達。到了新石器時代，麻葛、蠶絲、紡輪已經普遍應用，原始織造技術趨向成熟。材料、工具、技術三大因素的完善，為原始成衣提供了物質上的保障，這一切令服裝的出現成為可能，並直接促成了人們經由對自然物的改造而獲得為我所用的服裝。

1. 材料

(1) 羽皮。中國先民利用動物毛羽的歷史，也可以追溯到很遙遠的時代。由於毛織物在中原溫濕氣候下難以保存，在歷年的考古發掘中鮮有發現。但在諸多古代文獻中，我們可以找到人們利用羽皮的記載。如《禮記．禮運》：「昔者先王未有宮室……未有絲麻，衣其羽皮。後聖有作……治其麻絲，以為布帛。」❹《韓非子．五蠹》有：「古者丈夫不耕，草木之實足食也；婦人不織，禽獸之皮足衣也。」由此可以看出，上古時期的人們已開始狩獵動物而食，並取其皮毛羽毳為衣。

(2) 麻葛。《韓非子．五蠹》記載上古堯帝的服裝是「冬日麑裘，夏日葛衣」。麻葛用於紡織品，在考古發掘中也得到了頗多實證。在江蘇吳縣草鞋山遺址中，出土了三塊距今六千年的炭化

❶（漢）應劭《風俗通》：「俗說天地開闢，未有人民，女媧摶黃土作人，劇務，力不暇供，乃引繩於絙泥中，舉以為人。」

❷（漢）劉熙：《釋名》卷五，中華書局，一九八五年。

❸（宋）朱熹：《周易本義》，中國書店，一九九四年，一一八頁。

❹（元）陳澔：《禮記集說》，中國書店，一九九四年，一八七頁。

葛纖維織物殘片[5]；河南鄭州青臺遺址出土的距今五千五百年的紅陶片上即粘附有麻布[6]；在浙江吳興錢山漾距今四千七百年的居民遺址中，出土的一批織物殘片，經分析也有用苧麻纖維織造而成者[7]……這些材料充分說明，在新石器時代人類使用植物纖維作為衣料已非常普遍。

(3) 蠶絲。中國先民何時開始利用蠶絲，歷來有不同說法，如黃帝時期其正妃嫘祖西陵氏「教民養蠶」的傳說，《古今圖書集成》中關於「伏羲氏化蠶絲為穗帛」的記載，以及民間流傳的「馬頭娘娘」化而為蠶的故事，等等。這些故事雖多出自後人的推想，但其養蠶繅絲之說與事實並不太遠，更多實證也為我們展現了中國絲綢紡織的歷史。如在浙江餘姚河姆渡遺址中發現了距今六千年的象牙骨盅上刻有四條蠶紋[8]，山西夏縣西陰村發現了距今四千七百年的半顆蠶繭[9]，最重要的發現資料是錢山漾遺址中出土的黃褐色的絹片和炭化了的絲線、絲帶[10]（圖1-1）。不難看出，在生產發展極為緩慢的新石器時代，中國的繅絲織綢水準已經相當成熟。

2. 工具

(1) 石器、骨針。距今五十萬年的北京猿人，已經開始大量使用石器（圖1-2），包括砍斫器、刮削器、錐狀器等。那麼當冬季嚴寒之時，他們有否可能用石器削刮獸皮或切割莖葉，磨骨為針，抽筋漬麻為線，連料為衣呢？在距今二萬五千至一萬八千年的山頂洞人遺址中發掘出一枚骨針（圖1-3），針長八十二公釐，直徑三．一至三．

圖1-1 一九五八年浙江吳興錢山漾新石器遺址出土的絹片（趙豐先生提供）

圖1-2 北京人生活情景復原圖（原圖載於《考古中國》第五十四頁）

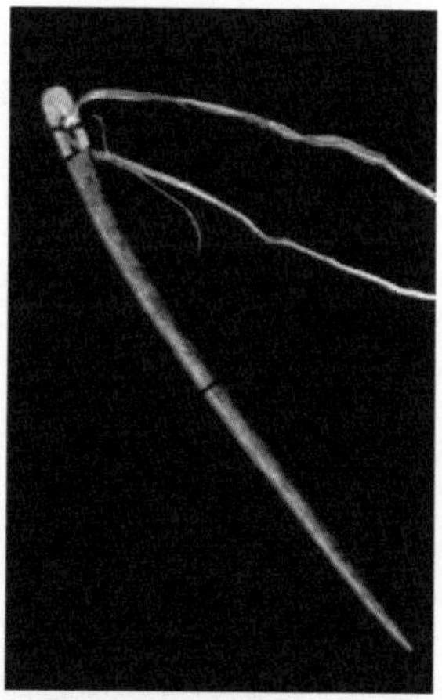

圖1-3 山頂洞人使用過的骨針（北京房山周口店博物館藏，原圖載於《文物天地》）

三公釐，針孔直徑一公釐，針身圓滑，針尖較銳利。而發現骨針數量最多的當屬陝西西安半坡新石器遺址，多達二百八十一枚，針孔僅〇．五公釐[11]，如此細小的針孔，說明其所牽經的「線」一定是經過加工的纖維。骨針的出現，初步證實了原始縫紉的出現。

(2) 紡墜、紡輪。動植物纖維的皮莖需經人工劈分、績接、搓合、紡撚，才能獲得可用的較長纖維，而通過

❺ 南京博物院：〈江蘇吳縣草鞋山遺址〉，《文物資料叢刊》（三），文物出版社，一九八〇年。
❻ 鄭州文物考古研究所：〈滎陽青臺遺址出土紡織物的報告〉，《中原文物》，一九九九年第三期。
❼ 浙江省文物管理委員會等：〈吳興錢山漾遺址第一、二次發掘報告〉，《考古學報》，一九六〇年第二期。
❽ 河姆渡遺址考古隊：〈浙江河姆渡遺址第二期發掘主要收穫〉，《文物》，一九八〇年第五期。
❾ 〔日〕布目順郎：《養蠶的起源和古代絹》，雄山閣出版，一九七九年。
❿ 浙江省文物管理委員會等：〈吳興錢山漾遺址第一、二次發掘報告〉，《考古學報》，一九六〇年第二期。
⓫ 中國科學院考古研究所：《西安半坡》，文物出版社，一九六三年。

紡墜的工作，這些原始纖維才能連接變長，成為可用於紡織的紗線。紡輪是紡墜最重要的組成部分，在已公佈的七千餘處較大規模的新石器文化遺址中，多數都出土有用於紡紗撚線的石製紡輪或陶製紡輪（圖1-4）。現知最早的新石器時代紡輪，出自河北磁山遺址（距今七千年）；而最多的一次發現，是在青海樂都柳灣遺址，達一百多枚。紡輪的發明提高了動植物纖維搓轉與撚合的效率，為後續的織造工作提供了獲得充足紗線的保障。

圖1-4 紡輪（江蘇六合程橋羊角山遺址出土，原圖載於二〇〇二年《文物天地》）

3. 技術

早在舊石器時代晚期，先民們即能搓撚符合穿針引線要求的較細線縷，或編或織，漸漸產生了原始的布帛。隨著人們對天然纖維的瞭解，又發明了工具加工纖維，織製真正的紡織品。而男耕女織[12]的明確原始分工，更是豐富了紡織產品的種類，提升了織造品質。

(1) 手工編織。中國編織技術的出現，至遲應不晚於舊石器時代晚期。《周易．繫辭下》有伏羲氏「作結繩而為網罟，以佃以漁，蓋取諸《離》」。《淮南子．氾論訓》有「伯余之初作衣也，緂麻索縷，手經指掛，其成猶網羅」，這裡提到的「結繩」及「手經指掛」即是編織技術。在中國的新石器時代遺址中，多出有編織物的印痕和實物：西安半坡仰韶文化出土的距今七千年前的陶器中，有一百餘件器物留有織物的痕跡，其紋路為平紋或斜紋編織；浙江錢山漾遺址中還發現了編織的絲帶實物。手工編織技術使鬆散的紗線彼此通過結點相連，讓織物形成多樣的組織結構，直接促成了原始織造的產生。

(2) 原始織造。考古資料表明，中國在新石器時代早期，就已經有了原始腰機和綜版式織機。經復原的河姆渡新石器時代遺址中發現的原始腰機已經具備了機械的功能：提綜、開口、打緯、捲經，類似的織機甚至在今日海南、雲南的少數民族中還有應用。綜版式織機則是利用綜版起到開口作用再進行織造的器具，多用於織帶。相較於手工編織，機織大幅度提升了「線之成布」的效率，可以說，在織造技術發明後，人類才真正進入以布帛為衣的時代。

這些從遠古時代緩緩衍生而來的稚拙紡織工具與技術，在日後歲月的行進中不斷地更新換代，為後世女子服飾的時尚變遷積蓄著最初的發軔力量；而服飾起源中那些或源自生活所需的素樸衣裳，或寄予著巫神之靈的畫繢文章，亦在以後的日子裡不斷變化著形象。伴隨著男女兩性社會性別格局的變化，從以「女性」為中心的母系氏族社會，到女性逐步走向從屬地位的父系氏族社會，再到後世以禮儀約束的時代，「女子穿什麼」似乎不再能由自己決定，而是漸漸產生了許多的「規矩」。

第二節　《詩經》中的女子風雅

《詩經》是中國最早的詩歌總集，漸次成於西周初期（約西元前十一世紀）至東周春秋的中葉（約西元前六世紀）。《詩經》十五國風[13]中的女子形象，可以說是一個時代、一片區域、一種類型

⓬《淮南子．齊俗訓》：神農氏「身自耕，妻親織」。

⓭流傳地域約在今天的陝西、山西、河南、山東等地。

女子的群體塑像，那些頻繁出現的女子形象鮮有剪裁與修飾，我們得以看到以「女性」自身為參照物的審美取向——桑間河下、城隅麻田，渴望及時于歸的女子，追求忠貞愛情的佳人，追求德孝勤儉的淑女，她們舉手投足之間，衣香鬢影縈繞，此哀彼樂之時，裙衫衣裳搖曳……她們豐富的精神世界中，靈動著健康而鮮活、自在而真實的生命本色。

一、「碩女」之美

碩人其頎，衣錦褧衣。齊侯之子，衛侯之妻。東宮之妹，邢侯之姨，譚公維私。
手如柔荑，膚如凝脂，領如蝤蠐，齒如瓠犀，螓首蛾眉，巧笑倩兮，美目盼兮。
碩人敖敖，說于農郊。四牡有驕，朱幩鑣鑣。翟茀以朝。大夫夙退，無使君勞。
河水洋洋，北流活活。施罛濊濊，鱣鮪發發。葭菼揭揭，庶姜孽孽，庶士有朅。

——《詩經．衛風．碩人》

如此這般風雅的碩人，面目清晰地出現在《衛風》的歌謠中，這位被稱為《詩經》中第一美人的女子便是嫁於衛莊公的齊國公主——莊姜。〈碩人〉一詩，即是在其出嫁時，衛國人為其美貌和氣勢所撼，欣然而作。不同於《詩經．秦風．蒹葭》一篇「所謂伊人，在水一方」之美的朦朧迷離，〈碩人〉從莊姜的身世容貌到服飾衣料，一筆一畫細緻勾勒，由表及裡，由內而外，真實可觸，實為「千古頌美人者，無出其右，是為絕唱」[14]。碩，是先秦時期生殖崇拜觀念下女性健美的典範。「碩人其頎」、「碩人敖敖」均突出了對形體高挑頎長女子的讚美。此外，在《詩經．陳風．澤陂》中亦有對美人的描寫：「有美一人，碩大且卷。……有美一人，碩大且儼。」更是對「碩美」極力推崇。另有《詩經・唐風・椒聊》中「椒聊之實，蕃衍盈升。彼其之子，碩大無朋。椒聊且，遠條且。椒聊之實，蕃衍盈掬。彼其之子，碩大且篤。椒聊且，遠條且」以多籽的椒聊喻女子的碩大。彼時「敦厚碩美」之流行，一如後世男性主導的審美觀中對女性嬌小玲瓏之美的青睞，這種對女性壯碩豐滿的讚揚，帶著中國母系社會對女性尊重的歷史慣性。

錢鍾書先生曾在《管錐編》中說：「（詩經中）衛、鄘、齊風中美人如畫像之水墨白描，未渲染丹黃。」[15]桃之夭夭灼灼其華的美人，桑間河畔談情說愛的女子，蒹葭蒼蒼在水一方的佳人……無不執著果敢地追求著愛與自由，這些毫不著色的女性「素然真率」之美，閃耀著至真至純的人性光輝，給今天的我們留下無限想像的空間。

《詩經》往往取自然之物，喻女子的天然之美。「縞衣綦巾」、「縞衣茹藘」[16]，是男子表述在眾多如雲如荼的女子中，只深愛著白衣綠巾（紅巾）的樸素姑娘；「綢直如髮」[17]，是詩人讚美不加修飾的自然之美；「顏如舜華」、「顏如舜英」[18]、「華如桃李」[19]、「手如柔荑」[20]，均取自然之物「舜」、「桃」、「李」、「荑」，形容女子之麗質天成。經由這些對女性容貌、服裝、飾物的描寫，我們找不到受周禮約束的謹小慎微、循規蹈矩的女子形象，相反，卻感受到一股撲面而來的「野性質樸」的氣息，如一美人，清揚婉轉，與我們邂逅。

---

[14] （清）姚際恒：《詩經通論》。

[15] 錢鍾書：《管錐編》第一冊，中華書局，一九七九年。

[16] 《詩經・鄭風・出其東門》。

[17] 《詩經・小雅・都人士》。

[18] 《詩經・鄭風・有女同車》。

[19] 《詩經・召南・何彼襛矣》。

[20] 《詩經・衛風・碩人》。

二、服色之美

打開《詩經》這幅彩色的歷史畫卷，五彩的畫面呈現眼前：夏日裡女子「終朝采藍」在念著良人歸來，男子思戀著「縞衣綦巾」的愛人毫不為如雲如荼的美女動心，辛勤的女工「染黑染黃」為公子製著衣裳……這些與色彩有關的描述，或者敘述時裝的色彩搭配，或者講述衣料的染色過程，抑或蘊含著與染材有關的種種資訊。歸納這些色彩，可以得到女子服飾品類的五大色系，即青色系、紅色系、黃色系、白色系、黑色系。

青色系涉及的色名有藍、綠、青、綦、菼、蔥。《詩經・小雅・采綠》中有：「終朝采綠，不盈一匊。予髮曲局，薄言歸沐。終朝采藍，不盈一襜。五日為期，六日不詹。」妻子思念逾期未歸的丈夫，無心勞動，遐想連篇。文中提到的「采綠」、「采藍」即指古代植物染材的採集過程。其中「藍」為藍草，用來染青色，「青青子衿，悠悠我心」[21]中青色的衣領即由藍草染製而成；而「綠」則為藎草，本是一種黃色染料，經加銅鹽作為媒染劑可以染得鮮豔的綠色。綦，則指青黑色。《詩經・鄭風・出其東門》有「縞衣綦巾，聊樂我員」。《詩經》中提到的菼與蔥色，亦為青色系，但不特指女裝。《詩經・王風・大車》中有「大車檻檻，毳衣如菼」，菼，釋義為蘆之出生者也，指淺青色，便是毳衣的顏色。蔥色則是對玉色的解讀，蒼色如蔥也，《詩經・小雅・采芑》中「有瑲蔥珩」即是如此。

紅色系包括的色名有朱、赤、韎、璊。染紅色的染材有茹藘，即茜草。《詩經・鄭風・東門之墠》中「東門之墠，茹藘在阪」描述的就是生在山坡上的茜草。而《詩經・鄭風・出其東門》一篇中提到的「縞衣茹藘」亦是用茜草染得的紅巾。《詩集傳》解「茹藘可以染絳，故以名衣服之色」，《釋文》中說：「茹藘，茅蒐，茜草也。」赤，在殷商甲骨文中即已出現，《說文》中說：「赤者，火色也。」《詩經》中多處提到赤色，如「三百赤芾」、「赤舄几几」、「赤芾金舄」、「赤芾在股」，雖均對應男子朝服而言，但可見赤色的應用。朱色，字形從木，《山海經·西荒經》曰：「蓋山之國有樹，赤皮，名朱木。又朱赤，深也。」後人西晉傅玄曾說：「近朱者赤。」那究竟，朱與赤有何區別？唐人孔穎達在解釋《禮記·月令》「駕赤騮」時有「色淺曰赤，色深曰朱」，可知朱色略深於赤色。而關於朱色本身的深淺，漢鄭玄注《儀禮·士冠禮》有「凡染絳，一入謂之縓，再入謂之赬，三入謂之纁，朱則四入」。華夏先民相信朱色代表著長生，用朱漆的棺槨和「墨染其外，而朱畫其內」[22]的祭物告慰先人。朱色也是當時的「正色」，屬尊貴的顏色，《論語·陽貨》一篇說「惡紫之奪朱也」，即是厭惡以邪代正、以異端充正理。《詩經》中，多處提到朱色，《詩經·豳風·七月》中有「我朱孔陽，為公子裳」，《詩經·魯頌·閟宮》有「朱英綠縢」，《詩經·唐風·揚之水》也有「素衣朱襮」、「素衣朱繡」。雖並非特指女裝，但亦可知朱色為當時的流行色，並常與素色、綠色搭配使用。韎，出現在《詩經·小雅·瞻彼洛矣》「韎韐有奭」中。《詩集傳》解釋為：「韎，茅蒐所染色也。」《毛傳》[23]：「韎韐者，茅蒐染韋也，一入曰韎。」可知，韎韐為紅色皮質蔽膝，而「韎」為茜草一入皮革得到的紅色。璊，出現在《詩經·王風·大車》一篇「毳衣如璊」中，《詩集傳》解釋為：「璊，玉赤色，五色備則有赤。」《說

[21]《詩經·鄭風·子衿》。

[22]《韓非子·十過》。

[23]《毛傳》是《毛詩故訓傳》的簡稱，是一部研究《詩經》的著作，共三十卷。關於《毛傳》的作者和傳授淵源，自漢迄唐，諸說不一。現代一般根據鄭玄《詩譜》、陸璣《毛詩草木鳥獸蟲魚疏》所記，定為毛亨（大毛公）所作。毛亨，秦漢間人，生卒不詳。

文》：「璊，玉赬色也。」《爾雅・釋器》有：「一染謂之縓，再染謂之赬。」由此可推斷紅色系中，由淺到深，韎為一入茜草染液，為最淺的紅色；其次為璊，二入茜草染液；再深的為赤色，略淺於朱；朱色是最深的顏色。

黃色在《詩經》中也多有出現，如「充耳以黃乎而」㉔、「載玄載黃」㉕、「狐裘黃黃」㉖。《說文》：「黃部，地之色也。」《釋名・釋采帛》說：「黃，晃也，猶晃晃，象日光色也。」古代可染黃的植物染材有梔子、黃檗、槐米等。天玄地黃，是原始先民對大自然最早的認知，玄衣黃裳，是最嚴肅與隆重的服飾配色。到東周時，五行學說日漸確立，對應東西南北中五方的觀念，黃色被認為是居於四方中間的「中央之色」，是黃、玄、赤、青、白五色之首，地位至高無上。一首《詩經・邶風・綠衣》道出黃色被僭越的幽歎：「綠兮衣兮，綠衣黃裡。心之憂矣，曷維其已。綠兮衣兮，綠衣黃裳。心之憂矣，曷維其亡。綠兮絲兮，女所治兮。我思古人，俾無訧兮。絺兮綌兮，淒其以風。我思古人，實獲我心。」朱熹的《詩集傳》中對〈綠衣〉一詩曾有言曰：「莊公惑於嬖妾，夫人莊姜賢而失位，故作此詩……綠，蒼勝黃之間色。黃，中央之土正色。間色賤而以為衣，正色貴而以為裡，言皆失其所也。」可見，作為混合色的綠色不夠純粹，在古人看來是一種較為低賤的顏色，而黃色是原色、純色，高貴的顏色，「綠衣黃裡」諷刺賤妾尊顯而正嫡幽微，同時也暗示了當時的服飾配色法則——用綠色布料做衣服的面料，用黃色做裡料，是一種不合禮法、本末倒置的穿法。

白色系在《詩經》中以「白」、「素」、「縞」、「雲」、「荼」字體現。「素」字如「素絲」、「素衣」、「素冠」、「素韠」㉗。素，《說文》解釋為「素，白致繒也」，即本色而未染的帛，就色彩而言，是白色的、無塗飾的色彩。「縞」、「雲」、「荼」，皆謂白色，出現在《詩經

·鄭風·出其東門》一篇：「出其東門，有女如雲。雖則如雲，匪我思存。縞衣綦巾，聊樂我員。出其闉闍，有女如荼。雖則如荼，匪我思且。縞衣茹藘，聊可與娛。」眾多人中，總是那淡雅脫俗的白衣女子最是令人思慕。

黑色系在詩經中以「玄」、「緇」得見。玄，《說文》：「玄，幽遠也。黑而有赤色者為玄。」《毛傳》：「玄，黑而有赤也。」玄色可以視為華夏先民對「天地玄黃，宇宙洪荒」世界混沌初開最早的理解。《詩經·豳風·七月》有「載玄載黃」，即指將布料染黑又染黃。古代可以染黑的染材有橡斗、皂斗等。緇，《說文》：「緇，帛黑色也。」《詩經·鄭風·緇衣》以「緇衣」暗示即將歸來的賢人：「緇衣之宜兮，敝予又改為兮。適子之館兮，還予授子之粲兮。緇衣之好兮，敝予又改造兮。適子之館兮，還予授子之粲兮。緇衣之席兮，敝予又改作兮。適子之館兮，還予授子之粲兮。」同為黑色系，玄色和緇色有何區別？《周禮·考工記》記載：「三入為纁，五入為緅，七入為緇。」七入過程經茜染得到紅色系的縓、赬、纁三色，再經藍染得到青中帶赤的紺、緅兩色，最後再經皂染得到玄、緇兩色。可以確定，玄色為黑中帶紅的顏色，而緇色是比玄色更黑的顏色。

---

24 《詩經·齊風·著》。

25 《詩經·豳風·七月》。

26 《詩經·小雅·都人士》。

27 《詩經·檜風·素冠》：「庶見素冠兮，……庶見素衣兮，……庶見素韠兮……」。《唐風·揚之水》：「揚之水，白石鑿鑿。素衣朱襮，……揚之水，白石皓皓。素衣朱繡……」。《召南·羔羊》：「羔羊之皮，素絲五紽。……羔羊之革，素絲五緎。……羔羊之縫，素絲五總……」。《鄘風·干旄》：「……素絲紕之……素絲組之……素絲祝之……」。

三、女服用料

七月流火，九月授衣。一之日觱發，二之日栗烈。無衣無褐，何以卒歲！三之日于耜，四之日舉趾。同我婦子，饁彼南畝。田畯至喜。
七月流火，九月授衣。春日載陽，有鳴倉庚。女執懿筐，遵彼微行，爰求柔桑。春日遲遲，采蘩祁祁。女心傷悲，殆及公子同歸。
七月流火，八月萑葦。蠶月條桑，取彼斧斨。以伐遠揚，猗彼女桑。七月鳴鵙，八月載績。載玄載黃，我朱孔陽，為公子裳。

——《詩經·豳風·七月》

上文呈現了如下的場景：春暖桑柔，豳地女子手執懿筐，採桑養蠶，八月裡開始績麻紡織，染色製衣裳，以備冬日之需。詩中按節令有條不紊地敍說了與製衣相關的採桑、養蠶、紡織、染色、製衣的種種步驟。通觀《詩經》中的紡織記載，可以確定的是，周代的服裝衣料至少有三大品類：麻葛、絲織品、裘皮。

1. 麻、葛

麻、葛是中國古代重要的服用材料，不同於我們今日對棉布的理解，麻布與葛布是古時的「布衣」之料。《詩經》中有多首涉及麻、葛種植的詩，如「丘中有麻」、「旄丘之葛兮」、「彼采葛兮」等。

麻，有大麻（火麻）、苧麻。《詩經・陳風・東門之池》：「東門之池，可以漚麻。彼美淑姬，可以晤歌。東門之池，可以漚紵。彼美淑姬，可以晤語。東門之池，可以漚菅。彼美淑姬，可以晤言。」其中，「紵」即是東周時期苧麻（也稱「苧布」）的稱謂。詩中提到的「漚」，則是植物麻變成織物麻必須經過脫膠的過程，《詩集傳》也曾對此解釋：「漚，漬也，治麻者必先以水漬之。」

葛，又名葛藤、葛麻。它的製作方法，《詩經・周南・葛覃》一篇有：「葛之覃兮，施于中谷，維葉萋萋。黃鳥于飛，集於灌木，其鳴喈喈。葛之覃兮，施于中谷，維葉莫莫。是刈是濩，為絺為綌，服之無斁。」《毛傳》解釋：「濩，煮之也。精曰絺，粗曰綌。」後人孔穎達也說：「於是刈取之，於是濩煮之，煮治已迄，乃緝績之，為絺為綌。」即割下葛藤，熱水煮爛，再在流水中捶洗乾淨，取其纖維再做紡織。水煮，是葛的初加工方法，而根據製作的精細程度，又將葛料分為精梳的絺與粗梳的綌。關於絺綌的穿用季節，《詩經》中有三篇分別提及：《邶風・綠衣》有「絺兮綌兮，淒其以風」（粗細葛布製成的衣裳，穿著淒淒透風），《小雅・大東》及《魏風・葛屨》都有「糾糾葛屨，可以履霜」（葛麻的鞋子，豈可踩踏寒霜），可知葛是夏季製衣、製鞋的用料。

2. 絲織類

《詩經》三百篇中，涉及蠶、桑、絲的詩很多：「十畝之間兮，桑者閑閑兮……十畝之外兮，桑者泄泄兮……」[28]「十畝之間」可見當時桑樹種植範圍之廣，而「桑者閑閑」描繪出採桑女子歸

㉘《詩經・魏風・十畝之間》。

來時悠閒快樂的場面（圖1-5）；「桑之未落，其葉沃若」[29]展現了桑葉的茂盛；而「虻之蚩蚩，抱布貿絲」則說明當時絲織品已經在市場上流通交易。從眾多詩句中可以看出，黃河流域的桑蠶絲織業極為發達。《詩經》，並《周禮》、《儀禮》、《尚書》、《禮記》等書中，均蘊含著豐富的絲綢資訊，不難得出，絲織物是此時的高級服裝用料，有輕薄的「絹」、厚重的「綈」、細密的「縑」、彩色的「錦」、素色的「縞」、稀疏的「紗」、絞經的「羅」、高撚度的「縠」等。

值得重要一提的是錦，現有的紡織考古資料顯示，錦在西周之後就有出現（遼寧朝陽西周墓出土）。「織彩為文曰錦」，錦是多彩提花織物，因製作工藝複雜，耗時費功。《釋名》：「錦，金也，作之用功重，其價如金，故字從金帛。」因此，錦是絲織品中最華貴精美的珍品，《詩經．小雅．巷伯》中「萋兮斐兮，成是貝錦」言各色絲線交織可以織成美錦。《毛傳》：「萋斐，文章相錯也。貝錦，錦文也。」《鄭箋》[30]：「錦，女工之集采色以成錦文。」所謂織彩為文，《詩經．衛風．碩人》有「衣錦褧衣」，《詩經．鄭風．豐》亦有「衣錦褧衣，裳錦褧裳」，即說錦的珍貴，穿錦衣錦裳時，需在外面罩上麻衣麻裳。《詩經．秦風．終南》中「君子至之，錦衣狐裘」，更是將錦與狐裘並列為昂貴的衣料，這些色彩斑斕的錦製成的衣裳，均用於對貴族的描述，足可見衣錦是身份地位的象徵。

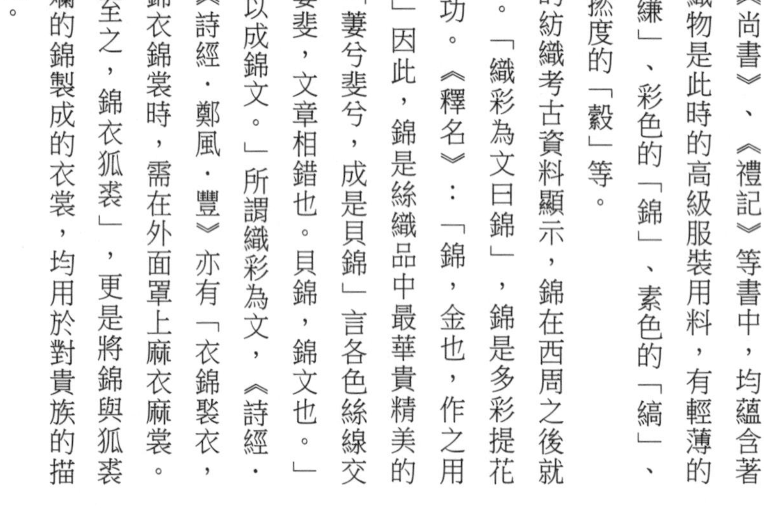

圖1-5 戰國銅壺上的採桑習射紋（原圖載於沈從文：《中國古代服飾研究》）

3. 裘皮

除了麻、葛、絲織品，《詩經》中多處提到與毳、裘、皮、革有關的用料，雖非特指女裝，也在此一併提及。

《詩經．王風．大車》：「大車檻檻，毳衣如菼……大車檻檻，毳衣如璊……」《說文》：「毳，獸細毛也。」細毛製成的毳毛大衣，染成「如璊」、「如菼」的顏色，該是多麼奢華的衣料。《詩經．召南．羔羊》：「羔羊之皮，素絲五紽。退食自公，委蛇委蛇。羔羊之革，素絲五緎。委蛇委蛇，自公退食。羔羊之縫，素絲五總。委蛇委蛇，退食自公。」《詩經．周南．旄丘》：「狐裘蒙戎，匪車不東。」可以確定用於製作皮革、皮裘的動物有羔羊及狐。《詩經．秦風．終南》：「錦衣狐裘。」《傳疏》㉛：「《玉藻》：『君衣狐白裘，錦衣以裼之。』錦衣狐裘，諸侯之服也。」昂貴的錦再搭配不菲的狐裘，恐怕也只有諸侯貴族才可享用吧。

如前所述，《詩經》中女子製衣的用料已很多樣：漬麻煮葛得到麻葛衣料，養蠶繅絲織成精美絲品，取毛鞣皮獲得羔皮……再經由練染、畫繢、文繡，使得衣料更加豐富，並向著更加精美的方向發展。畫繢工藝常「草石並用」，即在草木染的衣料上用調和後的礦物顏料塗繪成各色圖案。周時，畫繢與繡往往共同使用。《周禮．考工記．畫繢》：「畫繢之事，雜五色，……五采，備謂之繡，……凡畫繢之事，後素功。」可見繡與畫繢的密切聯繫。繡，在《詩經》中多處出現，《唐風．揚之水》有「素衣朱繡」，《豳風．九罭》有「袞衣繡裳」，《秦風．終南》有「黻衣繡裳」等。以針代筆，以線代墨，刺繡在日後漸漸成為女服重要的裝飾手法。

㉙《詩經．衛風．氓》。

㉚（漢）鄭玄作《毛詩傳箋》的簡稱。

㉛（清）陳奐作《詩毛氏傳疏》的簡稱，也稱《毛詩傳疏》，是研究《詩經》的著作。

四、女服品類

君子偕老，副笄六珈。委委佗佗，如山如河，象服是宜。子之不淑，云如之何？玼兮玼兮，其之翟也。鬒髮如雲，不屑髢也。玉之瑱也，象之揥也，揚且之皙也。胡然而天也？胡然而帝也？

瑳兮瑳兮，其之展也，蒙彼縐絺，是紲袢也。子之清揚，揚且之顏也。展如之人兮，邦之媛也！

——《詩經．鄘風．君子偕老》

這一篇是呈現服飾資訊最多的一首。詩中這位氣質如山如河的「邦媛」就是衛宣公「新臺納媳」的齊國公主——宣姜。全詩極力詠歎宣姜來嫁時的服飾之盛、儀容之美，以美寫醜，諷刺「子之不淑」。其中涉及的服裝、配飾，詳細解讀如下。詩中女服提及四種，分別是象服、翟、展、紲袢。其中，前三種均為女子禮服，後一種為女子燕服，「詩首言褘衣，次言翟衣，次言展衣，各舉其一以明服飾之盛」[32]。《周禮》記載，王后的禮服共六種，分別是「褘衣、褕狄、闕狄、鞠衣、展衣、褖衣」，其形制都是衣裳相連的深衣之制[33]，合稱六服。六服都用素色生絹為衣裡，從而襯托女子的品德尊貴與專一。褘衣、褕翟、闕翟這三種祭服都刻繒五彩翬翟紋，合稱「三翟」。

「象服」，畫象之服，與冕服十二章（編按：十二章又稱十二文章，即禮服上的十二種紋飾，分別為日、月、星辰、山、龍、華蟲、宗彝、藻、火、粉米、黼、黻）章象之義相同，以物象取義，為玄色，彩繪翬文，是三翟中最隆重的一種。《毛詩正義》[34]：「象服，尊者所以為飾。」《孔疏》㉟：「翟而言象者，象鳥羽而畫之，故謂之象。故知畫翟羽亦為象也。」清人馬瑞辰在《毛詩傳箋通釋》中有解：「詩上言副笄六珈，則所云象服者，蓋褘衣也。〈明堂位〉、〈祭統〉並言『夫人副、褘立于房中』，此首服副則衣褘衣之證。」

「翟」，指翟衣，從周代至明代，翟衣為后妃隆重的禮服。《周禮．天官．內司服》鄭玄注：「褘衣畫翬者，褕翟畫搖者，闕翟刻而不畫。此三者皆祭服，從王祭先王則服褘衣，祭先公則服褕翟，祭群小祀則服闕翟。」褘衣，如前述，是隨王拜祭先王時素穿的衣服；翟，為青色深衣，畫繢有五彩翟文，祭祖先時所穿；闕翟，是祭群小祀所穿的服裝，翟紋「刻而不畫」。

「展」，展衣，女子朝服㊱。《周禮》鄭玄注：「展衣，以禮見王及賓客之服。字當為襢。襢之言亶，亶，誠也。」《釋名．釋衣服》：「襢，坦也，坦然正白，無文采也。」可知展衣為白色，穿在素色葛布縐絺絏袢（內衣）之外，其外再罩。

絏袢，屬於燕服。《毛傳》：「絺之靡者為縐，是當暑袢延之服也。」《鄭箋》：「展衣，夏則裡衣絺縐。」而《孔疏》：「絺縐是當暑絏去袢延烝熱之服也。……絏袢者，去熱之名，故言袢延之服。袢延是熱之氣也。」由此可以推斷，絏袢當屬女子內衣，材質為稀鬆的葛布，在夏日裡貼身穿著。如此之內衣，在《詩經．周南．葛覃》一篇裡描繪了一個要回娘家的孝順兒媳：「言告師

㉜（清）馬瑞辰：《毛詩傳箋通釋》。

㉝（漢）鄭玄《周禮注疏》：「婦人尚專一，德無所兼，連衣裳，不異其色……六服皆袍制，以白縛為裡，使之張顯。」

㉞（唐）孔穎達作《毛詩正義》，簡稱《正義》。

㉟（唐）孔穎達作《左傳正義》來解釋晉朝杜預的《春秋左傳集解》，簡稱為《孔疏》。

㊱《鄭箋》：「后妃六服之次，展衣宜白。……此以禮見君及賓客之盛服也。」

氏，言告言歸。薄汙我私，薄浣我衣。」此處的「私」，毛亨認為即是「燕服」中的貼身裡衣[37]。

在服飾品類中，用於對女子服飾稱謂之詞還有「衣」、「裳」、「服」、「褻衣」、「縞衣」、「帨」等。而用於指代服裝各部位的術語中，「襮」、「衿」，指衣領，「袺」、「襭」、「裾」，指衣襟，「袂」與「袪」指袖子，其中袂為袖弧寬大的部分，袪指袖口收緊的部分。

裳、服，《詩經．衛風．有狐》：「有狐綏綏，在彼淇梁。心之憂矣，之子無裳。有狐綏綏，在彼淇厲。心之憂矣，之子無帶。有狐綏綏，在彼淇側。心之憂矣，之子無服。」

襮，《詩經．唐風．揚之水》：「素衣朱襮。」

襭，《詩經．周南．芣苢》：「采采芣苢，薄言采之。采采芣苢，薄言有之。采采芣苢，薄言掇之。采采芣苢，薄言捋之。采采芣苢，薄言袺之。采采芣苢，薄言襭之。」

帨，《詩經．召南．野有死麕》：「舒而脫脫兮，無感我帨兮，無使尨也吠。」

在〈君子偕老〉篇中，對女子的時尚頭飾、髮式均有提及，包括「髢」、「副」、「笄」、「瑱」、「六珈」、「揥」。

「髢」，即假髮，「鬒髮如雲，不屑髢也」，意在強調女子不須假髮墊襯的天然之美。在湖北馬山東周墓出土的女主人頭部即有如此假髮，佩戴假髮令女子頭髮看起來烏黑豐美，當為時尚。

「副」，即覆蓋在頭頂的假髮組合，《釋名．釋首飾》：「王后首飾曰副。副，覆也，以覆首。亦言副貳也。兼用眾物成其飾也。」鄭玄在《周禮注疏》中對副也有解釋：「副之言覆，所以覆首為之飾，其遺象若今之步搖矣，服之以從王祭祀。」《廣雅》：「假結謂之髢，髢與副同。」由此可知，「副」當為包含假髮的頭飾組，並且根據穿著者身份地位的高低搭配不同的衡、笄、六珈等物。

「笄」，綰髻之物，是周代成年女子的頭飾，女子十五歲時行成年禮，可以許嫁，梳髻插笄，謂之「及笄」。笄的材質有木、玉、竹、象牙等，長度根據其固髮、固假髻等的不同有長短之別。

「瑱」，《毛傳》有：「瑱，塞耳也。」從漢代的諸多壁畫、木俑中的女子形象可以看出，「瑱」即是掛在耳上的玉飾，類似男子佩戴的「充耳」，《周禮注疏》：「婦得服翟衣者，紞用五采，瑱用玉；自餘鞠衣以下，紞用三采，瑱用石。」

「六珈」，是「副」的加飾，毛亨、鄭玄對「珈」的注疏分別為「珈，笄飾之最盛者，所以別尊卑」，「珈之言加也，副既笄而加飾，如今步搖上飾。古之制所有，未聞」。當知六珈是與副匹配的頭飾，數量為六。在漢代畫像石中，有類似「副笄六珈」的形象，稱為「花釵大髻」。

「揥」，清人馬瑞辰在《毛詩傳箋通釋》中認為：「揥者，搔頭之簪。」詩中「象之揥也」，即以象牙為材質的簪子，可固髮髻，增添美觀。

玉佩飾當為此時期的流行之物，《詩經》中多篇提及，名目不一，如「佩玉」、「瓊琚」、「瓊瑤」、「瓊玖」、「雜佩」等。詩中或以玉喻人，或以玉傳情，足可見玉佩飾在生活中的常見與重要。「巧笑之瑳，佩玉之儺」㊳是借玉來形容女子的行為舉止優雅有度，「投我以木瓜，報之以瓊琚。……投我以木桃，報之以瓊瑤。……投我以木李，報之以瓊玖」㊴，借由贈與美玉象徵著「投木報瓊」之情誼，「知子之來之，雜佩以贈之。知子之順之，雜佩以問之。知子之好之，雜佩以報

㊲《毛傳》：「私，燕服也。」

㊳《詩經．衛風．竹竿》。

㊴《詩經．衛風．木瓜》。

之」[40]，則是以「珩、璜、琚、瑀、沖牙」之類約束佩帶者的德行容止；「將翱將翔，佩玉將將」[41]則以「將將」之聲道出了男子對同車女子舉手投足優雅氣質的仰慕。

皇皇一部《詩經》中以桑、蠶、絲、麻、衣為題材的詩甚多，涉及的地域甚廣，再現了周代與織染繡相關的女子服飾風尚。此時女子的自然之美不同於後世，在服飾上得以盡情展現。從製衣的用料，我們可以得知桑蠶絲、麻葛、裘皮這三大品類；從服飾色彩來講，呈現出素衣之美以及色彩本身的長幼尊卑；從服裝的款式看，包括衣裳與袍等；服裝的配飾，髮笄玎璫六珈亦逼真地出現在文學作品中。在這個風雅的時代，女子服飾亦散發著風雅之美。

[40]《詩經．鄭風．女曰雞鳴》。
[41]《詩經．鄭風．有女同車》。

第二章

楚漢風韻：楚漢女子服飾時尚

不同於《詩經》中呈現的北國敦厚溫柔之風，楚地這個「寬柔以教，不報無道」的「南方之強」❶，此時卻瀰漫在一派奇異想像、光怪陸離、情感熾烈的神化世界中——美人香草，芳澤衣裳，繽紛佩飾……無不釋放著人們狂放的意緒與無羈的想像。漢起源於楚，楚漢文化一脈相承，其服飾在內容和形式上與楚有著明顯的繼承性和連續性，永續著漢未央的光芒。

第一節　長袖善舞多屬楚

楚人的淵源可以追溯到上古傳說時代的祝融與三苗，祝融的後裔熊繹在周成王分封諸侯時被封在楚地❷，他帶領族人披荊斬棘地打拚，終於「篳路藍縷，以啟山林」，開創了楚國的基業。這段始自中原而至荊楚的文化遷徙，將中原華夏文化帶到了南方的苗蠻之地，因此楚文化兼具著中原傳統的理性秩序與南方蠻夷的原始活力。

彼時《詩經》裡如白描般的健碩女子，在此時的《楚辭》中似乎難覓蹤影，她們不再觸手可及，不再於田野間「采葑采薇」地勞動著，而是如「旦為朝雲，暮為行雨……湫兮如風，淒兮如雨」❸的巫山神女般閒居一隅，在山澤森林或殿閣之中癡情悵惘地等待情人的到來，或熏沐著芬芳的香料，手執燦爛的鮮花和雉羽，載歌載舞，以娛諸神。她們的服飾一如那率真、熱烈、濃郁的情感，「浴蘭湯兮沐芳，華采衣兮若英」❹，縱放著奇美、奔放、浪漫的光芒。

楚服對前朝周代的服飾形制有著變通與發展，深衣是較好的一例說明。深衣是一種古老的服裝樣式，在戰國至漢時頗為流行，這在諸多文物中可以找到圖像及實物依據，有曲裾深衣和直裾深衣之分❺。孫機先生認為「從淵源上說，楚人著深衣係效法北方各國。但及至西漢，由於開國君臣多為楚人，故楚風流佈全國，北方原有的著深衣之習尚為楚風所扇而益盛」❻。漢鄭玄注《禮記·深衣》：「深衣，連衣裳而純之以采者。」深衣以「衣裳相連，被體深邃」而得名，並應「規、矩、繩、權、衡」，是「可以為文，可以為武，可以擯相，可以治軍旅」的服裝。拋卻其「萬能」的功能不說，深衣的特徵為上衣下裳相連、續衽鉤邊，按鄭玄的注解「續猶屬也。衽，在裳旁者也。屬連之，不殊裳前後也。鉤，讀如鳥喙必鉤之鉤，鉤邊若今曲裾也」，這續衽鉤邊之形制，在諸多楚墓木俑女裝上得到證實（圖2-1）。此外，在出土的帛畫中女服也是此類深衣（圖2-2），只見這位女子在龍鳳下方，合掌祈禱，纖腰一握，似翩然欲飛，其所著服裝即為深衣，下襬褒博，一大片拖曳其後。

沈從文先生在其《中國古代服飾研究》一書中說：「楚服的特徵是男女衣著多趨於瘦長，領緣較寬，繞襟旋轉而下，衣多特別華美，紅綠繽紛，衣上有著滿地雲紋，散點

圖2-1 河南信陽長臺關二號戰國楚墓出土木俑（原圖載於沈從文：《中國古代服飾研究》）

❶（漢）戴聖：《禮記·中庸》。

❷《史記·楚世家》：「熊繹當周成王之時，舉文、武勤勞之後嗣，而封熊繹于楚蠻，封以子男之田，姓羋氏，居丹陽。」

❸（戰國）宋玉：〈高唐賦〉。

❹（戰國）屈原：〈雲中君〉。

❺曲裾深衣多見於西漢早期，到東漢一般多為直裾深衣。

❻孫機：〈深衣與楚服〉，《中國古輿服論叢》，文物出版社，二〇〇一年。

圖2-2 長沙子彈庫楚墓出土帛畫中的女子服飾（原圖載於沈從文：《中國古代服飾研究》）

雲紋，小簇花紋，邊緣多較寬做規矩圖案，一望而知，衣著材料必出於印、繪、繡等不同加工，邊緣則使用較厚重織錦。」

曲裾深衣的形制並非憑空而來，它與當時內衣的形制有關。那時的下裝並非合襠之褌，而是兩條褲管並不縫合的脛衣，為避免內衣外露的不雅，外穿的曲裾深衣在下襟並不留開衩扣，而是在腰間用衣衽纏裹，形成身後如燕尾之形。

直裾深衣在馬山楚墓中有實物可見，根據彭浩先生的整理，楚式衣袍共有三種款式，在細節處雖有差別，但共同點皆為右衽、直裾、上下分裁、腋下有「襠」，與周代服飾有諸多相同之處，兩者之間存在著明顯的承繼關係（**圖2-3**）。雖然出土實物的尺寸及下裳分幅並不合乎〈深衣〉中「制：十有二幅，以應有十二月」的定制，但可以確定的是這與後代所說「深衣制」，即衣裳連屬制存在關聯。筆者傾向於贊同周錫保先生對此的觀點：漢代鄭玄，對那時婦人服飾應能見到，但他只就漢時的曲裾形式以譬之古代深衣的續衽，未說漢時婦人服飾即為古代的深衣，可知深衣與漢時婦人服在形制上也是不完全一樣，漢時婦人禮服用衣裳相連屬則與古代深衣相同，所以漢制稱婦人禮服為深衣制，這是統言服式之上下相連者的稱謂。

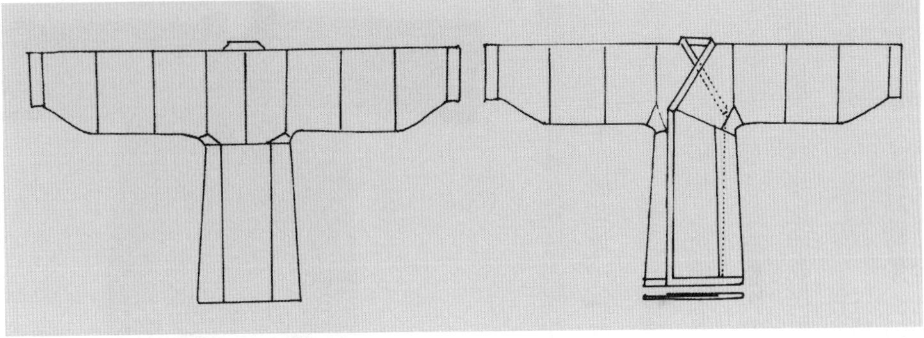

圖2-3 馬山楚墓出土楚式直裾深衣形制（原圖載於《湖北江陵馬山磚廠一號墓出土大批戰國時期絲織品》）

儘管如此，楚服並不完全混同於北方各國，相反，在服裝款式、衣料、色彩、圖案上都有著地處南國的特色。《戰國策．秦策》中有這樣的記載：「不韋使楚服而見（華陽夫人）。王后悅其狀，高其知，曰：『吾楚人也。』而自子之。」姚宏注：「楚服，盛服。」鮑彪注：「以王后楚人，故服楚制以悅之。」可見，此刻用以博得王后注目的是不同於北國的楚鄉服飾。又據《史記．劉敬叔孫通列傳》：「叔孫通儒服，漢王憎之；乃變其服，服短衣，楚制，漢王喜。」可知短衣是除深衣之外楚地的經典款式。湖北曾侯乙墓編鐘虡上的銅人女子所穿上襦款式極為清晰，交領、右衽、彩飾寬領緣，值得一提的是襦的下襬並不平直，而是右高左低，於對稱規矩中破立新奇。孫機先生認為雖然曾侯乙墓不是楚墓，但是出土物帶有濃重的楚風，當與楚墓並論，列入廣義的楚文化範疇。「短衣」的流行，當與楚國地處林山湖泊之中有關，是自然環境使然。《淮南子．原道訓》：「九嶷之南，陸事寡而水事眾，於是民人……短綣不絝，以便涉游，短袂攘卷，以便刺舟，因之也。」九嶷之南多為南方土著所居之地，楚地多水澤，他們這樣穿著目的在「以便涉游」。短衣的實證，可見馬山楚墓出土的「緅衣」（圖2-4），如按其形制放大兩倍，穿著時其長度在腰膝之間，袖長及肘。短衣在文獻中的記

圖2-4 緥衣。殉葬用衣，衣長四五．五公分，袖通長五二公分，袖寬十．七公分，腰寬二六公分（湖北江陵馬山磚廠一號楚墓出土，原圖載於《中國美術全集．工藝美術編印染織繡》）

圖2-5 戰國玉舞人（上海博物館藏）

載，有《左傳．昭公十二年》言：「昔我先王熊繹，辟在荊山，篳路藍縷，以處草莽。」《左傳．宣公十二年》稱若敖、蚡冒「篳路藍縷，以啟山林」，其中「藍縷」即「襤褸」。《說文》的《衣部》有：「襤，裯謂之襤褸。襤，無緣衣也。」「裯」及「藍縷」，均是楚地短衣。

浪漫必稱楚，這種浪漫體現在服飾的飄逸之風，猶以舞女的長袖細腰為妙，《戰國策》、《墨子》都有「楚王好細腰，宮中多餓死」的典故，屈原《大招》中稱讚美女「小腰秀頸」。細腰的目的不僅使身材更加頎長高眺，而且腰肢的纖細靈活更加襯托出女子的輕柔之美（圖2-5）。長沙黃土嶺戰國楚墓中出土的一件彩繪人物漆奩上所繪的十一個舞女中，有兩個正在長袖細腰地翩翩起舞，旁邊三個女子悠然靜坐，另有一個女子挽袖揮鞭指揮，還有五個女子正含笑注目欣賞（圖2-6）。如此女子舞袖而起的一剎那，當是飄逸至極。這種浪漫還更多地體現在楚服的圖案中。

楚人相信自己是火神的後代嫡傳，以浴火重生的鳳凰為崇拜物❼。鳳是人間最美的生靈，身披五彩，能歌善舞，品性高尚，至真至善，鼓力而風，能使國家安寧。諸多戰國楚墓出土的絲綢製品，紋樣多為鳳鳥，令我們想到屈原《離騷》中的場面「吾令鳳鳥飛騰兮，繼之以日夜」，又猶如《大招》中的呼喚：「魂乎歸來，鳳凰翔只。」以湖北馬山楚墓出土的刺繡品為例，發掘的絲織品紋樣有蟠龍飛鳳紋、對龍對鳳紋、龍鳳相蟠紋、龍鳳相搏紋、鳳舞飛龍紋、飛鳳紋、鳳鳥花卉紋、鳳鳥踐蛇紋、鳳鬥龍虎紋……這些紋樣以各種各樣的鳳鳥、龍、蛇、虎、花為主題，嚴格遵循對稱的原

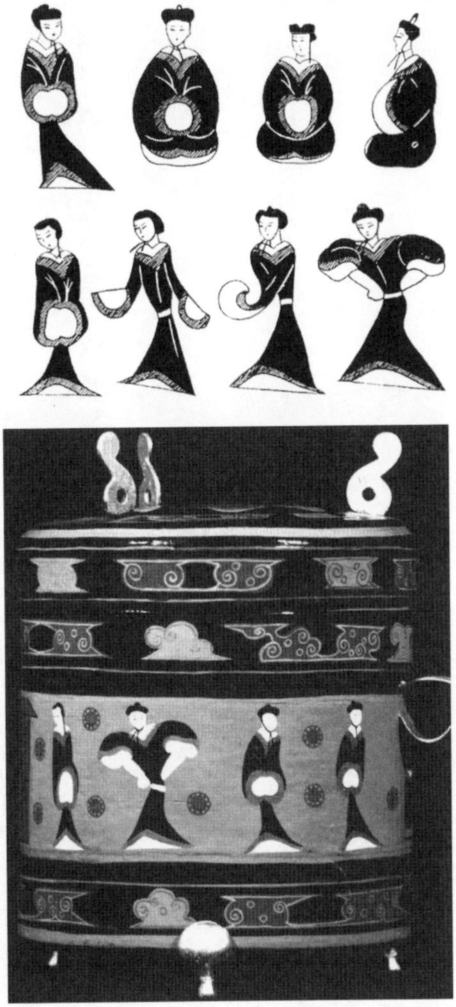

圖2-6 長沙黃土嶺戰國楚墓出土的彩繪人物漆奩上之女子服飾（原圖載於沈從文：《中國古代服飾研究》）

❼《白虎通義．五行篇》：「炎帝者，太陽也。其神祝融，祝融者……其精為鳥，離為鸞。」

則，同時又以流暢的線條來做誇張的構圖，色彩繽紛又穩重統一。楚人崇鳳、華夏崇龍、巴人崇虎早已是不爭的事實。以「鳳」為主角的服飾紋樣也許正是楚人強盛時期的心態反應，「鳳搏龍虎」也正是遠古不同民族的鳳文化與龍虎文化之爭鬥的延續（圖2-7）。

圖2-7 湖北江陵馬山磚廠一號楚墓出土絲繡品紋樣——鳳搏龍虎紋（湖北荊州博物館藏）

第二節　嚴妝漢服永未央

漢文化就是楚文化，楚漢不可分。儘管在政治、經濟、法律等制度方面，「漢承秦制」，但是，在意識形態的某些方面，特別是在文學藝術領域，漢卻依然保持了南楚故地的鄉土本色。美學家李澤厚先生在其《美的歷程》一書中就「楚漢之源」表述了他的觀點，認為：「漢代藝術更突出地呈現著本土的音調傳統：那由楚文化而來的天真狂放的浪漫主義，那人對世界滿目琳琅的行動征服中的古拙氣勢的美。」如此，「楚人的文化實在是漢人精神的骨子」❽。那麼，浪漫的楚文化，在時間和空間上對漢文化影響有多深？而影響後世頗深的漢代服飾中，又有多少楚文化的痕跡呢？

一、漢代刺繡

「靈殷殷，爛揚光，延壽命，永未央。」[9]漢代服飾經歷了從秦代不守舊制、不守周禮到東漢重定服制、尊重禮教的轉變過程，不僅顯示出儒家思想以及冠服制度在政治上日益突出的統治作用，亦對後世各朝服裝的形成與發展產生重大影響。我們通過長沙馬王堆西漢墓出土的女性服飾可感受漢代藝術「深厚雄大」之美，其服飾與繡品，技藝高超絕倫、天工巧奪，堪為後世實踐研究之典範。漢代刺繡承繼著楚繡的奇美與靈巧，在工藝上延續了傳統的鎖線繡，並增加了平繡與鋪絨繡。馬王堆出土的繡品中，四十件為鎖線繡，其他輔以平繡。

鎖線繡，即以針套線，拉出鎖鏈的繡法，在中國出土的早期繡品中，多見鎖線繡，這也是中國最古老的繡法之一。鎖線繡擅長表達圓順、修長、流暢的線條，針法不囿於圖樣，線條灑脫靈動，於規整中釋放自由。

平繡即以針線將紋樣平鋪以繡之，馬王堆出土繡品之平繡見於兩類：一是棋格紋繡片中的圓點，一是棺槨外層滿繡的幾何紋圖。田自秉先生將漢代裝飾風格歸納為「質、動、緊、味」四字，用於形容漢代刺繡。「質，它具有古拙、樸質的特點，但古拙而不呆板，樸質而不簡陋。動，流動的雲氣紋，使裝飾面產生多樣的變化。生動的飛禽走獸，富有勁健的生命力。……緊，漢代的裝飾是滿而不亂，多而不散，它是密中求疏，疏中有密。……緊湊而不是繁縟，填充卻不是堆砌。味，這裡指的是裝飾味。漢代的紋樣具有它獨特的風格，即樣式化的裝飾美。」[10]總之，漢代刺繡風格呈現出古拙中見深沉，飛動時呈雄大的美感。

[8] 李長之：《司馬遷之人格與風格》，天津人民出版社，二〇〇七年。
[9] 《漢書・禮樂志》。
[10] 田自秉：《中國工藝美術史》，知識出版社，一九八五年。

1. 信期繡

信期繡繡品是馬王堆出土繡品中數量最多的一種，共十九件。紋樣單元大小不等，內容為穗狀流雲和卷枝花草，有疏有密，有繁有簡，針腳一般長〇．一至〇．二公分，顏色多為棕紅、橄欖綠、紫灰色、黃色等。信期繡名稱來歷有二：一說為遣冊名，因為繡有這種樣式花紋的三件香囊、一副手套和一件包裹九子奩的夾袱，在遣冊中均稱為「信期繡」；一說因紋飾中的長尾小鳥似燕，而燕為定期南遷北歸的候鳥，寓意「忠可以寫意，信可以期遠」，故稱「信期」（圖2-8）。

2. 長壽繡

馬王堆漢墓中共出土長壽繡繡品七件。長壽繡是漢代鎖線繡中，線條最為流暢的，圖案單元較大，每個單元包括多朵穗狀流雲。用色為紫灰色、棕紅色、淺棕紅、墨綠色。長壽繡的名稱來歷：一說為遣冊名，因繡有這種樣式花紋的几巾、鏡衣和夾袱，在遣冊上均稱為「長壽繡」；一說朵朵捲曲的祥雲舒展在仙樹的枝葉間，細看則是茱萸、鳳鳥、龍等象徵著長生的吉祥生物顯現在

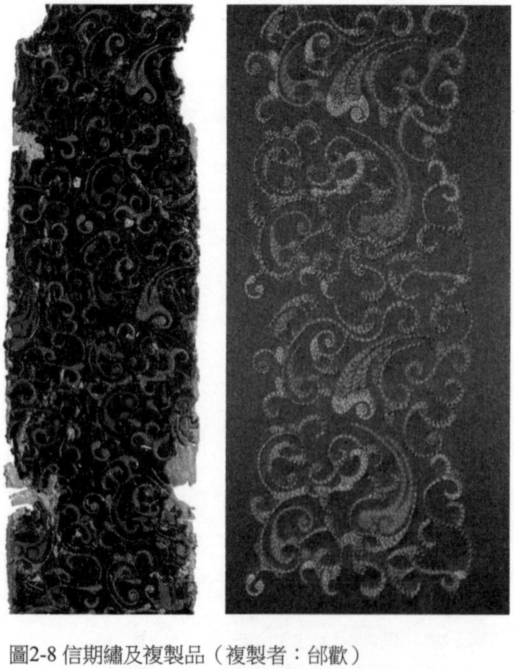

圖2-8 信期繡及複製品（複製者：郤歡）
注：圖 2-8至圖 2-17中馬王堆出土繡品圖均引自《長沙馬王堆一號漢墓》，文物出版社，一九三七年。

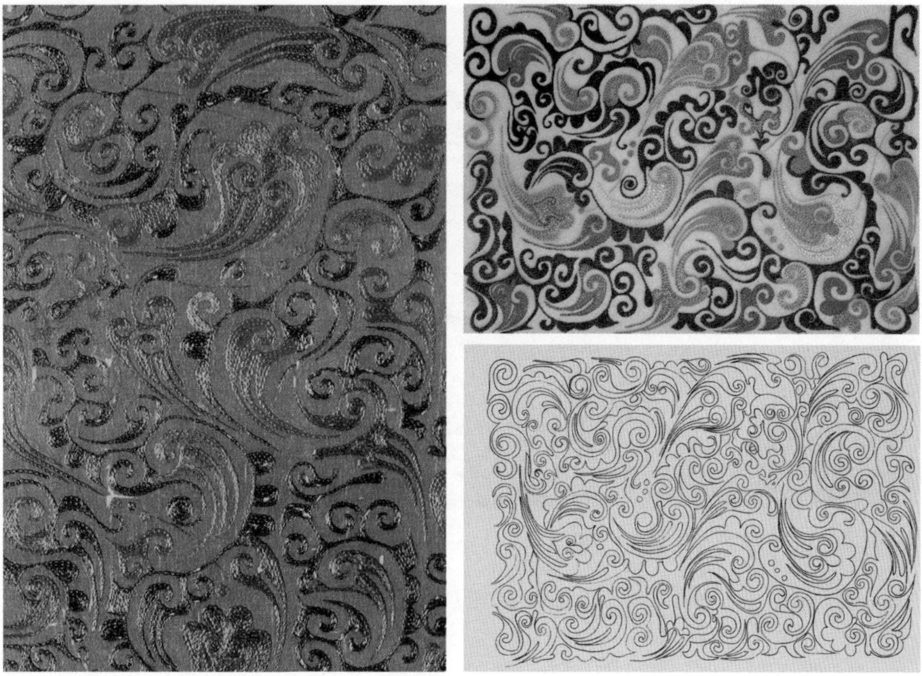

圖2-9 馬王堆漢墓出土長壽繡及複製品（複製者：徐美玉）

雲中，屈原《楚辭》中有「吾令鳳鳥飛騰兮，繼之以日夜」句，鳳鳥出現，天下大康寧，也使人長壽，故有「長壽繡」之名（圖2-9）。

3. 乘雲繡

馬王堆漢墓共出土乘雲繡繡品八件。以綺作繡地，用朱紅、淺棕紅、橄欖綠色等絲線繡出帶有眼狀的桃形花紋和流雲紋，和僅露出頭部的鳳鳥紋，並輔以幾何紋、植物紋和動物紋。乘雲繡的名稱來歷：一說為遣冊名，因為繡有這種類型花紋的枕巾，在遣冊上均稱為「乘雲繡」；一說在翻騰飛轉的流雲霧中隱約可見露頭的鳳鳥，寓意「鳳鳥乘雲」，故稱「乘雲繡」。雲氣紋的應用，除了馬王堆漢墓，在河北滿城、北京大葆臺、南京雲居山、山東日照以及蒙古的諾因烏拉等漢墓中都有發現，在

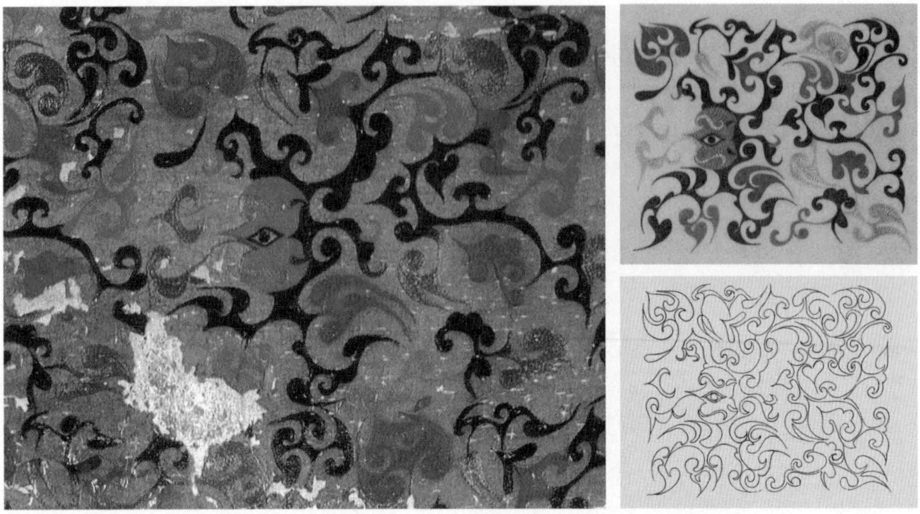

圖2-10 乘雲繡及複製品（複製者：王曉旭）

這裡它並不只是單純的紋樣，還作為基本骨骼聯繫著鳳鳥或其他穿插於其中的動物紋樣（圖2-10）。

4. 茱萸紋

茱萸是一種益草，早在楚繡的紋樣中即已出現，多與鳳鳥組合成裝飾紋飾。《禮記．內則》記有「三牲用藙」，鄭玄注：「藙，煎茱萸也。」可見茱萸還有一定的宗教文化意義。佩戴香草茱萸，是楚人濃厚巫術意識的反應，《九章．思美人》：「惜吾不及古人兮，吾誰與玩此芳草？解扁薄與雜菜兮，備以為交佩。佩繽紛以繚轉兮，遂萎絕而離異。」至漢時，經學昌盛，讖緯之學盛行，茱萸更是成為去惡消災、長生不老的祥瑞之物。而藥用的茱萸果，有暖胃燥濕、治寒驅毒、止痛、理氣的功效。茱萸根可以驅蟲，茱萸葉更是可以治療霍亂，是瘟疫的剋星。馬王堆出土了一件茱萸紋殘衣。「茱萸紋」由考古發掘者命名，並未見於遣冊。紋樣整體造型為菱形，花頭有二至四個分叉，下為彎曲的花柄，枝蔓方折。《西京雜記》中有：「……佩茱萸，食蓬餌，飲菊花酒，令人長

圖2-11 茱萸紋及複製品（複製者：邵盼盼）

壽。」配色為四色，枝葉深藍色，花蕾、花瓣、蒂為朱紅色、棕紅色、棕色（圖2-11）。

5. 方棋紋

馬王堆出土方棋紋繡品共二件。方棋紋因形似棋格而被命名。此件以絲線繡成長寬各為三公分的斜向方格，格內點間排列帶蒂圓點和半包圍圓圈。配色為三色，方格為墨綠色，點與蒂為棕色、淺綠色（圖2-12）。方棋紋圖案以棋格為骨架，內填圓點為紋樣，由一個個有限的單元，構成了無限的紋樣。

6. 鋪絨平繡

鋪絨平繡見於馬王堆內棺外面的裝飾，以絹為地，用朱紅、黑、煙三色絲線繡成。圖案為長寬各四公分的正方形斜向方格，平針滿繡，不露底料，針腳整齊，排列均勻（圖2-13）。在楚漢時期的絲織刺繡品中，多見紅色，充分反映了楚人尚赤的傳統，並流風於漢，朱草、彤弓、朱戶、朱庭、朱漆、朱繡……遍及漢人的世界。

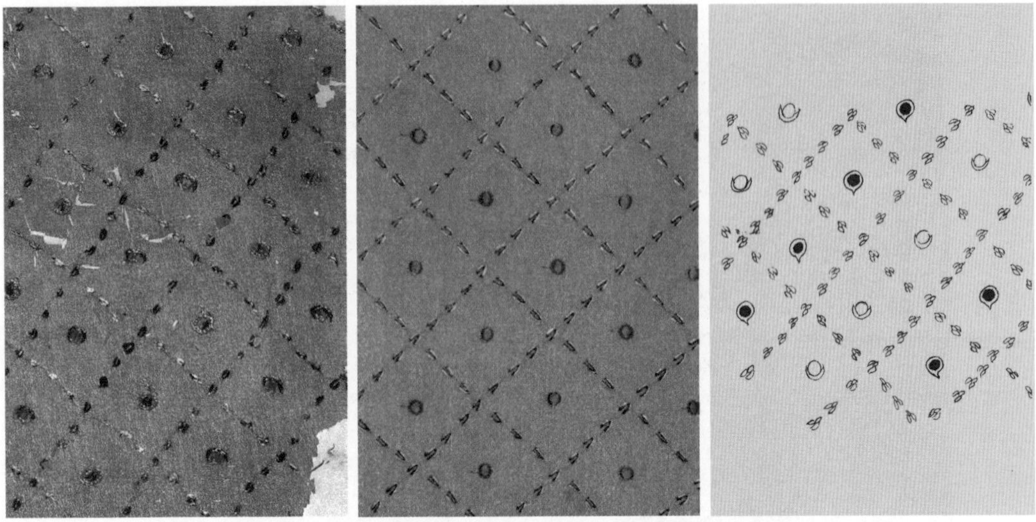

圖2-12 方棋紋及複製品（複製者：朱祥珍）

圖2-13 馬王堆漢墓出土鋪絨平繡及複製品（複製者：朱祥珍）

二、漢代服飾

《後漢書·輿服志》記載，秦至西漢的貴族服飾，並沒有明確的制度，晚至東漢明帝永平二年（西元五十九年）方才定「南北郊冠冕車服制度」。漢時的服飾形式多樣，襦裙是頗有代表性的服飾配伍，〈陌上桑〉中「頭上倭墮髻，耳中明月珠。緗綺為下裙，紫綺為上襦」。緗綺裙與紫綺襦，生動地刻畫了女子的穿著。辛延年〈羽林郎〉有「胡姬年十五，春日獨當壚。長裾連理帶，廣袖合歡襦。頭上藍田玉，耳後大秦珠。兩鬟何窈窕，一世良所無」。展現的是明媚春光下美貌俏麗的胡姬獨自守壚賣酒的畫面，那些沿著絲綢之路而來高鼻美目、身材健美的胡姬，穿著漢式襦裙，又是如何的窈窕多姿。此外，女服中以深衣制的袍服為貴，其特點有如深衣的「衣裳相連、被體深邃」，樣式有長有短，衣裾有曲有直，多為大袖，袖口部分收縮緊小，古拙深沉，領緣與袖緣較楚服衣緣更加寬博。尤其是曲裾深衣的寬領，似不是用來束頸，而是用來裹身的，揚之水先生趣稱此種風格為「領邊繡」[11]。馬王堆漢墓出土的女子服飾為漢代女服研究提供了實證，墓中出土了保存完整的衣服十二件，其中九件為曲裾深衣，三件為直裾深衣，筆者對其進行了部分成衣實踐復原。

1. 曲裾深衣的成衣實踐

原件描述（參照物為馬王堆出土信期繡茶黃羅綺曲裾綿袍）：曲裾、交領、右衽，由上衣和下裳兩部分組成。裡襟掩入左側身後，外襟裹於胸前，衽角折到右側腋後。《爾雅·釋衣》稱袖口緊窄部分為「祛」，袖身寬大部分為「袂」，「連袂成蔭」，正是對這種寬大衣袖的描繪。而燕居時

[11] 揚之水：〈領邊繡〉，《終朝采藍》，三聯書店，二〇〇八年。

多穿禪衣，即單衣，形制與袍相同，無襯裡。衣料為茶黃羅綺面，素絹裡，素緣。

仿製品描述：形制、尺寸與原件同。上衣共六片，紗向正裁，其中衣身兩片，寬約五十公分，兩袖各兩片，其中一片寬五十公分，一片寬二十五公分。袂呈胡狀，領口呈琵琶形。下裳共四片，紗向斜裁按五十公分遞減，底邊略作弧形。領緣、袍緣及底緣皆為斜裁，多片組成。袖緣為寬度二十五公分的直紗條拼合斜捲而成。

衣料一：裡、面、緣材料均為綃，紋樣仿泥金銀色火焰紋，印花，素色衣緣。（圖2-14）

衣料二：裡、面、緣材料均為絹，紋樣仿印花敷彩紗紋，手繪，素色衣緣。（圖2-15）

2. 直裾深衣的成衣實踐

原件描述（參照物為馬王堆出土印花敷彩黃紗直裾綿袍）：直裾、交領、右衽，由上衣和下裳兩部分組成。穿著時，裡襟掩入左側腋下，外襟折到右側身旁，底襬略呈弧形。印花敷彩黃紗面，素紗裡，素緣。

圖2-14 仿馬王堆出土漢代泥金銀火焰紋印花紗曲裾深衣（模特兒：孫豔婷，攝影：武泳獻）

曲裾深衣尺寸（公分）：

身長	通袖長	袖寬	袖口寬	腰寬	下襬寬	領緣寬	袖緣寬	襬緣寬
155	243	35	27	60	70	28	30	28

圖2-15 仿馬王堆出土印花敷彩紗紋曲裾深衣（模特兒：孫豔婷，攝影：武泳獻）

仿製品描述：形制、尺寸與原件同。上衣共四片，紗向正裁，其中衣身兩片，兩袖各一片，寬均為五十公分。袂較肥大，下垂呈胡狀，領口為琵琶形。下裳正裁三片，裡外襟均一片，寬各五十公分，後身尺寸略寬。領緣、側緣及底緣皆為斜裁，多片組成。袖緣用寬為二十五公分的白紗直條斜捲而成。

衣料一：裡、面、緣材料均為綃，面料紋樣為仿長壽繡，繡花，素色衣緣（**圖2-16**）。

衣料二：裡、面、緣材料均為綃，面料紋樣為仿乘雲繡，印花，素色衣緣（**圖2-17**）。

經由成衣實踐，我們可以找到漢代女子服飾的用料及配色對陰陽規律的有意識應用——服裝的整體與局部均存在著陰陽互補的關係。在整體的服色配伍中，衣身與衣緣的色彩互補，而衣身之中的服裝底色與刺繡配色亦存在陰陽互補，就局部的刺繡單元而言，也追求色彩的相錯平衡⑫。深究服飾色彩的應用，不難看出其不僅受陰陽五行說的影響，亦在儒家思想盛行且推崇禮學的時代，還囿於尊卑有序的社會規範。

直裾深衣尺寸（公分）：

身長	通袖長	袖寬	袖口寬	腰寬	下襬寬	領緣寬	袖緣寬	襬緣寬
130	250	39	25	51	66	20	44	37

三、漢代服飾之禮

漢末詩篇〈古詩為焦仲卿妻作〉中，「雞鳴外欲曙，新婦起嚴妝。著我繡夾裙，事事四五通。足下躡絲履，頭上玳瑁光。腰若流紈素，耳著明月璫。指如削蔥根，口如含朱丹。纖纖作細步，精妙世無雙。」刻畫了貌美持重、勤勞能幹、溫柔有禮的女子劉蘭芝的形象。禮儀，是服章的生命。所謂「有服章之美謂之為華，有禮儀之大謂之為夏」。現代人身著漢式服裝，舉手投足間往往缺乏風度、神韻。深究原因，往往是不懂服裝背後的禮儀規範。因而，要還原漢人傳統生活的風貌，不

圖2-16 仿長壽繡紋直裾深衣（模特兒：周詎燕，攝影：李岩）

圖2-17 仿乘雲繡直裾深衣（模特兒：孫豔婷、劉一飛，攝影：李岩）

能僅限於對服裝本身的模仿，所謂「禮儀制度，衣服正之」，賈誼《新書．禮》：「禮者，所以固國家，定社稷，使君無失其民者也。」先正衣冠，後明事理。言行之間，當受禮儀約束，萌芽於周代的禮教經漢儒的整合發展，在漢代服務於現實，甚至出現了專門針對女子教養的著述《列女傳》和《女誡》。如下，摘取《新書．容經》以共睹。

容經

賈子曰：「容有四起：朝廷之容，師師然翼翼然整以敬；祭祀之容，遂遂然粥粥然敬以婉；軍旅之容，湢然肅然固以猛；喪紀之容，怮然慴然若不還。」

容貌有四種表現：在朝廷之中的容貌，互相師法小心謹慎、嚴肅恭敬；祭祀時的容貌，要跟隨大眾，謙恭尊敬而和順；在軍隊中的容貌，要忠誠嚴肅、穩健勇猛；在喪事中的容貌，憂愁恐懼，如同一去不返。

視經

賈子曰：「視有四則：朝廷之視，端沜平衡；祭祀之視，視如有將；軍旅之視，固植虎張；喪紀之視，下沜垂綱。」

⑫ 王藝璿：〈社會思想塑造的設計——漢代服飾色彩現象〉，《二〇一一第八屆世界絞纈染織研討會論文集》，香港理工大學出版社，二〇一一年，二六八－二七二頁。

目光要遵循四項法則：在朝廷之中的目光，正眼平視；在祭祀時的目光，目光中要有所表達；在軍隊中的目光，要如同猛虎一樣威武地張大眼睛堅定注視；在喪事中的目光，視線需低垂，並注視下方。

言經

賈子曰：「言有四術：言敬以和，朝廷之言也；文言有序，祭祀之言也；屏氣折聲，軍旅之言也；言若不足，喪紀之言也。」

說話有四種方式：語氣恭敬而溫和，是在朝廷說話的方式；用語文飾，抑揚頓挫，是祭祀時說話的方式；壓低聲音小聲說話，是在軍隊中說話的方式；說話像氣力不足，是在喪事中言談的方式。

立容

賈子曰：「固頤正視，平肩正背，臂如抱鼓，足間二寸，端面攝纓，端股整足，體不搖肘曰經立；因以微磬曰共立；因以磬折曰肅立；因以垂佩曰卑立。」

站立時要收緊面頰，目光平視，肩膀放平，後背挺直，雙臂相合像抱鼓一樣掩在袖子裡，兩腳微張相距二寸。面容要端莊，帽帶要收緊，不能手腳無所拘束，否則會被視為無禮。經立時身體和手均不能搖擺，恭立時身體要微微向前傾，肅立時身體的曲度與磬要相符，卑立時身體要彎曲到能使胸前的佩玉懸垂下來。

坐容

賈子曰：「坐以經立之容，胻不差而足不跌，視平衡曰經坐，微俯視尊者之膝曰共坐，俯首視不出尋常之內曰肅坐，廢首低肘曰卑坐。」

按經立的姿勢坐下，膝蓋和小腿並緊，臀部坐在腳跟上，腳背貼地，目光平視，頭微微低下，雙手自然放在膝蓋上，稱之為經坐。恭坐在經坐基礎上，目光注視對面坐者膝蓋，肩部自然放鬆。肅坐時要低頭，身體微前傾，目光不超過身邊數尺。卑坐時頭需完全低下，手肘自然下垂。

跪容　拜容

賈子曰：「跪以微磬之容，揄右而下，進左而起，手有抑揚，各尊其紀。拜以磬折之容，吉事上左，凶事上右，隨前以舉，項衡以下，寧速無遲，背項之狀，如屋之丘。」

跪時，身體微微向前躬曲，揮動右手跪下，進而左手，站起來，手揮動的幅度，各自遵從各自的規矩。拜的時候，身體向前傾曲，遇到喜事時將左手放在右手上面，凶事時右手放在左手上面，手向著前方舉起，頸項平衡向下，寧可快些拜也不要遲緩，脊背和後頸的形狀要像屋脊一樣。

服飾，謳歌著女子自由鮮活的生命——先秦北國的理性精神，呈現出風雅時代的碩女之美；而長袖善舞的女子楚服似乎傳遞著老子的「法天」[13]與莊子的「齊物」[14]；後世的漢文化，承接了浪漫楚風在時間和空間上的雙重影響，一派嚴妝盛服。這些對女子服飾風尚的描寫，展現了傳統禮制完善之初，中國社會女權逐漸失落，而男權逐步確立的時代背景下女性服飾審美發生的微妙轉折。

⓭《老子》第二十五章有「人法地，地法天，天法道，道法自然」。法天，即人心雖能知，但人力不能及，法自然而得道，追求與自然相貼近的服飾風格。

⓮《莊子．天地》：「萬物一府，死生同狀……是亦彼也，彼亦是也。」

第三章

靈動飄逸：六朝女子服飾時尚

曹植〈洛神賦〉在描寫洛水女神時，云其風姿「翩若驚鴻，婉若游龍」，極盡飄逸靈動之美。觀顧愷之《洛神賦圖》，身穿衫裙的洛水女神，大袖盈盈、衣帶飄飄，同樣給人靈動飄逸之感。結合魏晉南北朝時期出土的圖像和實物資料，我們可以發現，魏晉人所崇尚的自然靈動之美，在女子服飾上也留下了相同的印跡。在此，我們選取了裲襠衫、袴褶、五兵佩、步搖花、步搖冠等個案，來展現六朝女子服飾的基本風貌，雖然不免以偏概全，但卻可以讓我們具體而微地感受到六朝女子的穿戴時尚。

穿戴既是一種時尚，自然就會打著時代的烙印，體現著那個時代的歷史與文化情調。因此，除了讓大家瞭解六朝女子的服飾風貌及其基本樣式外，我們還力爭把它們放在當時的歷史環境中，揭示其背後所隱含的社會文化、生活狀態與情趣。因為服飾不僅僅是一個物件，更是人們社會生活的體現，擁有豐富的文化內涵。衫裙翼翼、步搖生輝，在六朝女子靈動、飄逸的形象背後，還有很多故事等待我們去發掘、去品味。

第一節　紅粉佳人效戎裝

任何藝術的發展都烙有時代的印跡，新的藝術形式往往在繼承傳統樣式的同時，又有所突破和創新，而這種創新便是時代打上的烙印，這一點在服飾藝術的變遷上顯得尤為突出。戰爭在中國古代對女子服飾發生過深遠的影響，魏晉南北朝時期便是如此。長年累月的戰爭，不僅在人們的心中留下了創傷，也在愛美女性的服飾上留下了痕跡。在戰爭時期，戎裝往往閃耀著奇異的色彩，甚至成為人們羨慕的對象，這為戎裝元素融入日常服飾，打下了必要的社會文化心理基礎。在六朝女子服飾中，裲襠衫、袴褶、五兵佩等服裝飾物，無疑都具有一定的戎裝特色。

一、裲襠衫：「內衣外穿」效軍容

東晉干寶《搜神記》卷七：

> 至元康末，婦人出兩襠，加乎交領之上，此內出外也。……晉之禍徵也。❶

兩襠，也就是裲襠，有時也寫作「兩當」。交領，即交領上衣，此處應指六朝時期所流行的衫子。元康，為晉惠帝年號，元康末正值西晉末年，八王之亂已經嚴重動搖了西晉王朝的根基，而北方少數民族則趁機南下，最終導致晉室東遷。根據《搜神記》所載，西晉元康末年，女子上身的服飾發生了一個顯著的變化，那就是「內出外」，即內衣外穿。此種穿著方式，即將本該內穿的裲襠加在交領衫子的外邊，也就是六朝時期所流行的裲襠衫（**圖3-1**）。嚴格說來，裲襠衫並非一種新的服裝款式，而只是一種新的穿戴方法，或者說僅僅是一種穿著方式上的創新。這

圖3-1 南北朝婦女裲襠衫示意圖（原圖載於《中國織繡服飾全集．歷代服飾卷上》）

❶ 上海古籍出版社編：《漢魏六朝筆記小說大觀》，上海古籍出版社，一九九九年，三三四頁。

在今天其實屢見不鮮，比如有些女孩子的上身，外罩短小，而內衣長大；還有些女孩子，乾脆將短褲穿在長褲的外邊，等等。今人對此種奇異裝束早已見怪不怪，而干寶卻認為「裲襠衫」是西晉禍亂的一種徵兆。唐人房玄齡等所著《晉書》，將此條列入《五行志．服妖》，也認為它是西晉喪亡的徵兆之一。《晉書》在引用《搜神記》關於裲襠衫的怪異穿著之後說：

> 干寶以為晉之禍徵也。……至永嘉末，六宮才人流冗沒于戎狄，內出外之應也。❷

永嘉末年（三一三年），西晉都城洛陽被王彌、劉曜等攻下，晉懷帝被俘，六宮女子流落於戎狄之手。唐人認為這正好應驗了裲襠衫的「內出外」，即西晉王朝淪喪，內宮女眷被虜而出的狀況。

晉人干寶和唐代史家，都把裲襠衫看作「服妖」，或曰妖服，認為它是戰亂的一種徵兆。其實，任何社會局勢的發展與變遷，都會出現各種表徵，奇裝異服也是其中之一。所謂奇裝異服，無非就是一些違逆社會傳統的著裝方式，它們的出現，恰恰是時移勢易、人心思變的一種表現，至於是否嚴重到能預示一場戰亂的發生，那也不一定。不過，如果從另一個角度著眼，奇裝異服的確可以作為一面鏡子，來觀察世態人心的變化；或者說，奇裝異服本來就是社會生活風尚的一種體現。就裲襠衫而言，我們以為它是社會動盪與戰爭在女子服飾上留下的痕跡，即女性服飾對戎裝的效仿。女子們將襠加裲於衫子之外的舉動，其實並非什麼突發奇想，而只是把將士們外穿裲襠鎧、內穿上衣的戎裝樣式（**圖3-2**），轉化為女子的日常裝束而已。女子們將戎裝元素引入自己的日常服飾，可以看作是女性對戎裝的一種特殊審美心理需求。

圖3-2 南北朝身著裲襠鎧與衫子的擁劍儀門衛士（河南鄧縣出土南北朝畫像磚墓門壁畫）

要說明裲襠衫與戎裝之間的關係，就必須先釐清衫子、裲襠、內衣外穿等基本問題。衫子是一種上衣，大約出現在漢魏之際。《說文》中沒有「衫」字。漢末劉熙《釋名．釋衣服》曰：「衫，芟也，芟末無袖端也。」❸揚雄《方言》卷四：「或謂之襌襦。」東晉郭璞注：「今或呼衫為襌襦。」❹可見衫與襦相近，都屬於上衣，但二者又有所不同。漢代的襦，通常袖子中間寬大，袖端有收口，較中間窄小，稱為袪，即袖端；袖端與肩中間下垂的部分呈弧形，稱為袂（圖3-3）。照劉熙所言，芟除掉袖端「袪」的襌襦就是衫，袖子沒有了收口，袪袂合一、袖口廣大、像一個喇叭筒（圖3-4）。

《說文》稱：「襌，衣不重。」❺又《釋名．釋衣服》云：「有裡曰複，無裡曰襌。」❻襌和複都是就衣服而言，有襯裡（夾層）的稱為複，沒有襯裡的稱為襌。襌襦，就是沒有襯裡的上衣。既然衫能夠稱為襦，可知衫子是一種沒有夾層的單薄上衣。

❷（唐）房玄齡等：《晉書》，中華書局，一九七四年，八二三頁。
❸（清）王先謙：《釋名疏證補》，上海古籍出版社，一九八四年，二五五頁。
❹周祖謨：《〈方言〉校箋》，中華書局，二〇一一年，二六頁。
❺（清）段玉裁：《說文解字注》，上海古籍出版社，一九九八年，三九四頁。
❻（清）王先謙：《釋名疏證補》，上海古籍出版社，一九八四年，二五五頁。

〈古詩為焦仲卿妻作〉：「朝成繡夾裙，晚成單羅衫。」❼

《搜神記》卷十：「吳選曹令史劉卓，病篤，夢見一人，以白越單衫與之，言曰：『汝著衫汗，火燒便潔也。』卓覺，果有衫在側，汗輒火浣之。」❽

圖3-3 漢代長襦中的袖、袂、袪（原圖載於《中國織繡服飾全集·歷代服飾卷上》）

圖3-4 南北朝時期對襟、直領女衫示意圖（原圖載於《中國織繡服飾全集·歷代服飾卷上》）

夾即「裌」，指有夾層的衣服，與「複」同義。繡夾裙，是指帶繡花的複裙，也就是有襯裡的繡花裙。在此，「繡夾裙」與「單羅衫」相對而言，前者為複，後者為禪，可知衫子是沒有襯裡的單薄上衣，故詩稱之為「單羅衫」。《搜神記》提到了漢魏以降來自異域的火浣衫，髒了不用水洗，而是用火加以燒灼，隨之便可潔淨。這種神奇的衣物，今人對之已不甚了了。干寶在文中稱之曰「白越單衫」，可見它也是一種單層的上衣。

既然東晉人稱衫子為襌襦，那麼衫子的長度也應該與襦相仿。《說文》：「襦，短衣也。」段玉裁注云：「《急就篇》曰：『短衣曰襦，自膝以上。』按：襦若今襖之短者，袍若今襖之長者。」❾由是可知，漢代的襦屬於短衣，長短大約應該在膝蓋以上，是一種短小的綿衣。而衫子應該也是這樣一種短衣。五代馬縞《中華古今注》說：

> 衫子，自黃帝垂衣裳，而女人有尊一之義，故衣裳相連。始皇元年，詔宮人及近侍宮官人，皆服衫子，亦曰半衣，蓋取便於侍奉。❿

衣裳相連，即為深衣之制，其下襬長至足跗，甚至曳地而行。就女子服飾而言，今天可以稱之為連衣裙。馬縞說衫子始於秦始皇元年，未必可信。但他說衫子「亦曰半衣」，表明他所見的衫子

❼（陳）徐陵編，（清）吳兆宜注，程琰刪補，穆克宏點校：《玉臺新詠箋注》，中華書局，二〇〇四年，五一頁。
❽上海古籍出版社編：《漢魏六朝筆記小說大觀》，上海古籍出版社，一九九九年，三五四頁。
❾（清）段玉裁：《說文解字注》，上海古籍出版社，一九九八年，三九四頁。
❿《文淵閣四庫全書》（影印本），臺灣商務印書館，一九八六年，第八五〇冊，一二七頁。

圖3-5 河南鄧縣出土南北朝畫像磚中穿半長衫子的侍從

只有深衣的一半長短，這和晉人所說襦的長度恰好吻合，足見衫子就是一種長不過膝的短上衣。這一點在六朝圖像資料中，也不乏例證（圖3-5）。

就衫子的材料而言，主要有紗、羅、縠、練、絹等，晉《東宮舊事》云：「太子納妃，有白縠、白紗、白絹衫。」[11]從質地上講，紗、羅、縠、練、絹都屬於輕薄、柔軟的絲織品，用它們製成的單衫，顯然並不是為了保暖，更多考慮的是穿著時的舒適以及視覺上的審美需求，尤其後者。

> 誰家妖冶折花枝，衫長釧動任風吹。（梁・劉孝威〈東飛伯勞歌〉）[12]
>
> 小衫飄霧縠，豔粉拂輕紅。（北齊・蕭慤〈臨高臺〉）[13]

劉孝威的〈東飛伯勞歌〉，描寫的是風華正茂的少女攀折花枝的情景，皓腕伸出，素臂輕揚，胳膊上釧子滑動、光彩奕耀，衫子的衣襟和長袖被清風拂起，映襯著她綽約的身姿。風中飛舞的衫子，讓折花少女顯得靈動、嫵媚，平添了幾分楚楚動人之態。而在蕭懿筆下，翩翩起舞的少女們身穿縠衫，舞袖飛舉，輕飄的衫袖就如同薄薄的霧一般，縈繞著她們柔美、嬌巧的身軀，宛若仙子下凡。因此就女子而言，輕薄透明、隨風飛舞的衫子，無疑更加凸顯了女性自身的柔情與魅力。儘管衫子並非女性的專有服飾，但它的質地，似乎更能體現女子的陰柔美。

根據《釋名》記載，衫子的得名，似乎與袖子直接相關。因為衫的袖子芟去了收口（袪），所以稱為衫（芟）。事實上也基本如此，六朝時期的衫和漢代以前的上衣相比較，確實袖端沒有收口，而是呈敞開狀。從圖像資料來看，六朝時期衫子的袖長也不盡相同，有的長得幾乎可以及地（**圖3-6**），有的則要短小一些（參見**圖3-5**）。因此，六朝時期的衫子雖多稱大袖衫，但袖子的大小卻不一而足，只是整體上顯得袖口廣大而已。

圖3-6 龍門石窟賓陽中洞北魏《文昭皇太后禮佛圖》中所見大袖衫（原圖載於宮萬瑜：《龍門石窟線描集》）

衫子有直領和交領之別。直領衫為兩襟在胸前垂直而下，呈對襟之勢，故

⓫（唐）徐堅：《初學記》，中華書局，一九六二年，六三一－六三二頁。
⓬（宋）郭茂倩：《樂府詩集》，中華書局，一九九八年，九七八頁。
⓭（宋）郭茂倩：《樂府詩集》，中華書局，一九九八年，二六〇頁。

可以稱之為對襟直領衫（圖3-7）。交領衫則兩襟在胸前相互交叉，左襟壓右襟向身體右側掩者，稱右衽，通常為中原人、南朝人所穿（圖3-8）；右襟壓左襟向身體左側掩者，稱左衽。左衽衫、右衽衫在北朝圖像資料中都有發現（圖3-9、3-10）。衫子本為魏晉中原漢人的裝束，漢人著上衣的習慣是右衽。後北方少數民族南下，在文化上為漢民族所同化，服飾也趨於漢制，衫子亦在北方貴族間流行開來，但襟式上卻有左有右，充分體現了其在漢化過程中的複雜心理。

裾開見玉趾，衫薄映凝膚。（梁．沈約〈少年新婚為之詠〉）⑭

回履裾香散，飄衫釧響傳。（梁．劉孝儀〈和詠舞詩〉）⑮

圖3-7 身著對襟直領衫的北魏貴族女子（河南洛陽龍門北魏皇甫公窟）

圖3-8 顧愷之《洛神賦圖》中身穿右衽衫的洛水女神——副本

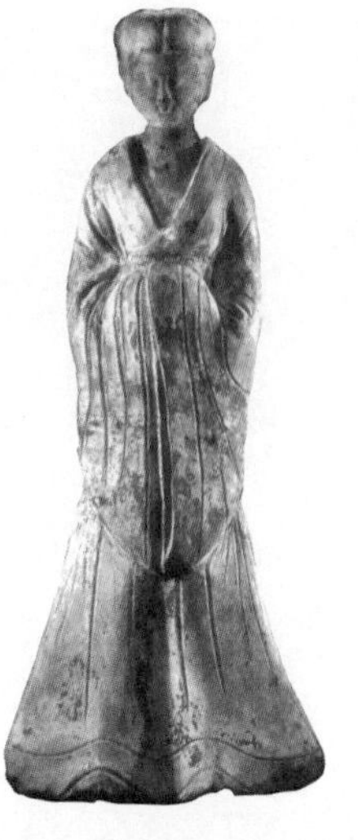

圖3-9 身著交領右衽衫的北魏女俑〔法國吉美國立東方美術館（Musée national des Arts asiatiques-Guimet）藏〕

沈約用了一句「衫薄映凝膚」，便將新娘子的妖嬈、嫵媚之態展現在讀者腦海中，引起人的無限遐思。輕薄透明的衫子掩映著新娘凝脂一般的肌膚，隨著她優雅的舉止，衫子飄然浮動，令她嬌美的腰身若隱若現，無意間給新娘子增加了幾分溫柔和婉約。「回履裾香散」，即步履轉動時，帶著衫裙上的香氣向四周瀰漫。「飄衫釧響傳」，意謂衫袖隨風飄起，帶動臂上的釧子，悅耳的聲音傳入人的耳鼓。衫裙映襯下的六朝女子，就如芙蓉出水一

圖3-10 穿左衽衫的貴族女子（南北朝寧懋石棺線刻畫）

⑭（陳）徐陵編，（清）吳兆宜注，程琰刪補，穆克宏點校：《玉臺新詠箋注》，中華書局，二〇〇四年，一八五頁。

⑮（唐）徐堅：《初學記》，中華書局，一九六二年，三八三頁。

般，搖曳生姿、靈動飄逸。

裲襠又稱兩當，既有屬於軍容的裲襠鎧，又有日常生活中穿的裲襠衣。劉熙《釋名・釋衣服》曰：「裲襠，其一當胸，其一當背也。」[16]就形制而言，裲襠的樣式應該是前後兩片，一片擋在胸前，一片擋在背後，雙肩及左右下襟各用帶子繫住。此種服裝式樣簡單，製作方便，無論貧富貴賤、男女老幼都可以穿著。在甘肅嘉峪關魏晉六號墓出土的畫像磚上，有兩個童子就穿著這樣的衣服，讓我們得以直觀地看到裲襠的基本樣式（圖3-11、3-12）；這種童子穿的，當然屬於日常服飾。鄭玄注《儀禮・鄉射禮》「韋當」云：「直心背之衣曰當，以丹韋為之。」[17]韋，即經過鞣製的皮革，俗稱熟皮。根據鄭玄的說法，以紅色熟皮製作的韋當，一片當心、一片當背，其實就是裲襠。這裡所說的韋製裲襠，是在鄉射禮上進行射箭比賽時穿的，屬於戎裝，通常稱為裲襠鎧（圖3-13、3-14）。

圖3-11 身穿裲襠、手持弓箭的童子（甘肅嘉峪關魏晉六號墓出土畫像磚）

圖3-12 身穿裲襠的童子（甘肅嘉峪關魏晉六號墓出土畫像磚）

作為戎裝的裲襠鎧，一般用皮革製成。

《太平御覽》卷三百五十六：

（魏）曹植〈表〉曰：「先帝賜臣鎧，黑光、明光各一具，兩當鎧一領，環鎖鎧一領，馬鎧一領。今世以升平，兵革無事，乞悉以付鎧曹。」⑱

（東晉）庾翼〈與燕王書〉……又曰：「鄧百山昔送此犀皮兩當鎧一領，雖不能精好，復是異物，故復致之。」⑲

圖3-13 身穿丹韋裲襠鎧的騎士俑（太原北齊婁叡墓出土）

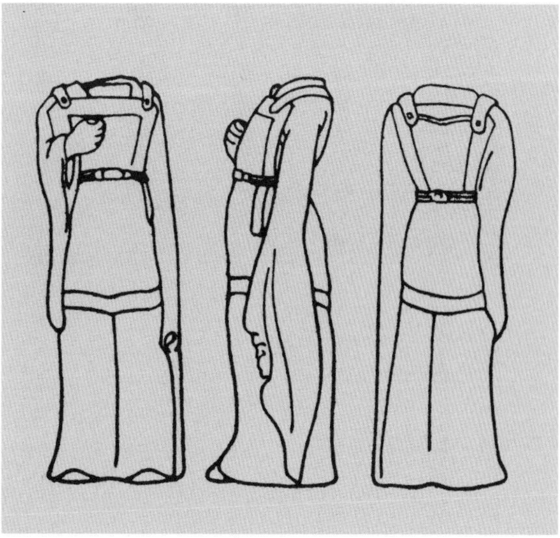

圖3-14 河北省吳橋北朝墓出土武官俑所著裲襠鎧正視、側視、後視圖

⑯（清）王先謙：《釋名疏證補》，上海古籍出版社，一九八四年，二五四頁。

⑰《漢魏古注十三經．儀禮》，中華書局，一九九八年，六七頁。

⑱（宋）李昉：《太平御覽》，中華書局，一九九八年，一六三六頁。

⑲（宋）李昉：《太平御覽》，中華書局，一九九八年，一六三六頁。

（東漢）李尤〈鎧銘〉曰：「甲鎧之施，捍禦鋒矢。尚其堅剛，或用犀兕。內以存身，外不傷害。」⑳

上文中言及「兩當鎧」，既然鎧稱兩當，可見應是胸前、後背各一片的那種鎧甲，而非帶有護臂的鎧甲。裲襠鎧體量小、重量輕，上陣揮臂廝殺方便許多，但防護功能就要差些。庾翼說「犀皮兩當鎧」，而李尤則說鎧甲「或用犀兕」。「犀皮」即犀牛皮，「兕」是一種野牛，皮革厚實堅硬。由此可知優質的裲襠鎧，其材質應是犀牛或野牛之類的皮革，這樣的鎧甲堅固耐用；至於一般的裲襠鎧，也許就只能用各種普通的皮革了。

南北朝時期，還出現了鐵製的裲襠。《樂府詩集》卷二十五〈企喻歌辭〉：

放馬大澤中，草好馬著膘。牌子鐵裲襠，鉦鉾鸐尾條。

前行看後行，齊著鐵裲襠。前頭看後頭，齊著鐵鉦鉾。

男兒可憐蟲，出門懷死憂。屍喪狹谷中，白骨無人收。㉑

鉦鉾，又稱兜牟、兜鍪，即甲胄中的「胄」，也就是頭盔。詩歌描寫戰士們首戴頭盔、身穿鐵質裲襠鎧行軍的場面。詩人感歎男兒生逢此時的不幸，哀歎將士們戰死沙場的場景，就連屍骨可能都無人收拾。將士們身穿裲襠鎧在戰場上廝殺時，一般內穿小袖衣，目的是為了行動便利（圖

3-15）。魏晉以來由於士大夫們的喜愛，穿大袖衫子一時成為風尚，武將們也跟著穿起了衫子，於是裲襠衫的穿著方式也就流行起來（參見圖3-2）。《太平御覽》卷六百九十三：

《齊書》曰：「陽休之除散騎常侍，監修起居注。頃之，坐事左遷驍騎將軍，衣兩襠。文宣郊天，百僚咸從。休之為驍騎將軍，衣兩襠，用手持白梏。時魏收為中書令，嘲之曰：『義貞服采。』休之曰：『我昔為常伯，首戴蟬冕。今處驍遊，身被衫甲。允文允武，何必減卿？』談笑晏然。」[22]

圖3-15 北齊武士俑，身穿裲襠鎧，內穿小袖上衣，下穿縛袴〔美國堪薩斯市納爾遜美術館（Nelson-Atkins Museum of Art）藏〕

北齊陽休之先為散騎常侍，後因事降為驍騎將軍，在文宣帝舉行郊天典禮的時候身穿裲襠鎧，因而受到中書令魏收的嘲笑。他自謂「身披衫甲」，能文能武，並不比魏收低一等。陽休之將「衫甲」並用，可知他當時穿的是衫子和裲襠鎧，也就是屬於戎裝的裲襠衫。這種裲襠衫並非武將的專利，南北朝時期的文官們也時常身穿衫子、外加裲襠鎧（圖3-16）。衫子為六朝士大夫所

[20]（宋）李昉：《太平御覽》，中華書局，一九九八年，一六三六頁。
[21]（宋）郭茂倩：《樂府詩集》，中華書局，一九九八年，三六三頁。
[22]（宋）李昉：《太平御覽》，中華書局，一九九八年，三〇九五頁。

圖3-16 北魏文官俑，身穿丹韋裲襠，內穿大袖衫，下穿長裙（引自《六朝の美術》，大阪市立美術館編，東京：平凡社，一九七六年）

愛，而裲襠鎧則是軍人的標誌，兩者合一，可謂一文一武在服飾上的巧妙結合。

與裲襠鎧相對應的，是日常生活中穿的裲襠衣。《廣雅．釋器》曰：「裲襠謂之袙腹。」㉓袙腹，又作帕腹，是一種貼身內衣。那麼，帕腹和裲襠到底是什麼關係呢？王先謙謂裲襠即「唐宋時之半背，今俗謂之背心。當背當心，亦兩當之義也」㉔。這樣的判斷，大體還是符合事實的，關鍵在於其形制是前心、後背各有一襠（即一塊布幅），這和今人所謂背心也是最為接近的。由此可見，二者都是內衣。《釋名》謂：「帕腹，橫帕其腹也。抱腹上下，有帶，抱裹其腹上，無襠者也。……心衣，抱腹而施鉤肩，鉤肩之間施一襠，以奄心也。」㉕帕腹也就是抱腹，形制約為長條形，兩端設有襻帶，橫裹在胸腹之上，以襻帶相繫，主要為女子的胸腹之衣（**圖3-17**）。心衣即肚兜，主體為一襠，上施鉤肩掛於脖頸之上，中間有帶繫在腰上，主要是女子和兒童的貼身衣，男子當然也可以穿（**圖3-18、3-19、3-20**）。這樣看來，裲襠、帕腹、心衣雖同屬內衣，但形制還是有區別的。關於三者

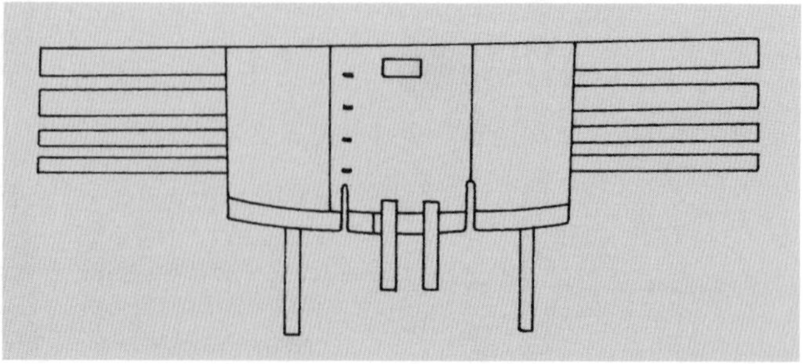

圖3-17 黑龍江阿城巨源金墓出土的「袙腹」線描圖

圖3-18 穿心衣的北朝士人（原圖載於楊子華：《北齊校書圖》）

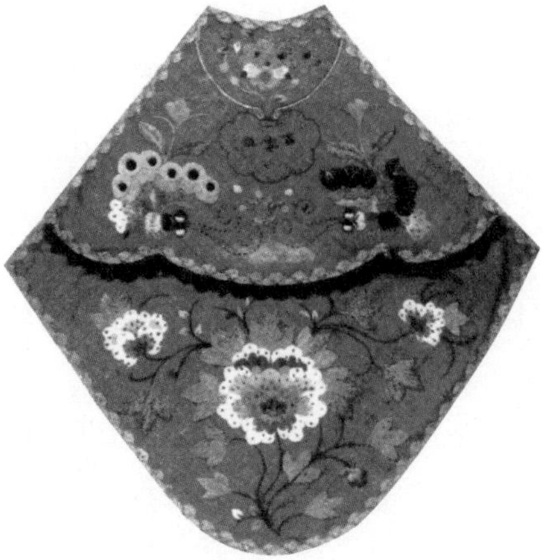

圖3-20 清代肚兜實物圖（原圖載於黃強：《中國內衣史》）

圖3-19 清代依然流行的肚兜樣式，與六朝時並沒有很大變化（原圖載於周汛、高春明：《中國歷代婦女妝飾》）

㉓（清）王念孫：《廣雅疏證》，中華書局，二〇〇四年，二三二頁。

㉔（清）王先謙：《釋名疏證補》，上海古籍出版社，一九八四年，二五四頁。

㉕（清）王先謙：《釋名疏證補》，上海古籍出版社，一九八四年，二五四頁。

的形制及穿著方式，我們還可以從梁人王筠〈行路難〉中，略窺一斑：

> 千門皆閉夜何央，百憂俱集斷人腸。探揣箱中取刀尺，拂拭機上斷流黃。情人逐情雖可恨，復畏邊遠乏衣裳。已繰一繭催衣縷，復擣百和薰衣香。猶憶去時腰大小，不知今日身短長。裲襠雙心共一袜，袙腹兩邊作八撮。襻帶雖安不忍縫，開孔裁穿猶未達。胸前卻月兩相連，本照君心不照天。願君分明得此意，勿復流蕩不如先。含悲含怨判不死，封情忍思待明年。[26]

從內容看，這是一首閨中女子寫給遠遊蕩子的詩。女主人雖埋怨蕩子薄情，但又擔心他身處邊遠沒有衣裳穿，於是收拾刀尺、整理織機，又繰絲來又擣香，準備給愛人做衣服。她做的衣服中就有貼身的襠、心衣和袙腹，以示兩人雖然遠隔千萬里，但依舊心心相印、兩情相悅。袜（音末），即袜肚，也就是肚兜、心衣。劉緩〈敬酬劉長史詠名士悅傾城〉：「釵長逐鬟髮，袜小稱腰身。」吳兆宜注云：「袜為女人脅衣。崔豹《古今注》謂之腰彩，今吳人謂之袜胸。」[27]袜胸，也就是抹胸、心衣、肚兜，通常是女子的貼身小衣。但從王筠的詩來看，女主人似乎也為心上人做了袜肚，大概這可以算作兒女間私相授受之衣吧？

「裲襠雙心共一袜」，意思是說，襠衣雖然前後有兩片，但穿在身上時，中間卻共擁一個肚兜，意謂二人相連、同心同意。這句詩同時也告訴我們，心衣和裲襠的穿著方式是，心衣貼身，而裲襠則著於心衣之外，都屬內衣。「袙腹兩邊作八撮」，撮即襵，也就是衣褶、衣縫，是說袙腹兩邊共有八道衣褶，每邊各四道。這八道衣褶應該是由縫製在衣上的襻帶造成的。下文接著說「襻帶雖安不忍縫，開孔裁穿猶未達」，即是為袙腹添製襻帶、挖扣眼（或曰紐鼻）。黑龍江巨源金墓出土的一方袙腹（參見圖3-17），和王筠詩中所描繪的樣式十分吻合，不僅每邊各有四條襻帶，還有四個紐鼻；穿著時橫裹於胸腹，折向背後，右邊四條襻帶繞過身後、穿過紐鼻，與左側四條襻帶相結繫於右腋之下。王筠的詩，讓我們在一千多年以後，依然可以大概瞭解裲襠、袙腹和心衣的基本樣貌。

裲襠雖然是內衣，但在愛美女性的眼裡，即便內衣也是要著意修飾的，尤其是給心上人縫製的小衣。這一點，恰恰體現了閨房之私的情趣與奧妙，和女性對二人世界的精心詮釋。南北朝時期的裲襠衣有繡花的，還有用織錦做成的。

> 裲襠與郎著，反繡持貯裡。汗汙莫濺浣，持許相存在。（〈上聲歌八首〉之一）㉘
>
> 獨柯不成樹，獨樹不成林。念郎錦裲襠，恒長不忘心。（〈紫騮馬歌〉）㉙

〈紫騮馬歌〉提到了錦裲襠，寓意二人同心，永不相忘。〈上聲歌八首〉之一的女主人則更加細心，她給愛人做的繡花裲襠衣，將花繡在了裡邊，讓它緊貼著愛人的心，寓意自己和愛人心貼

㉖（宋）郭茂倩：《樂府詩集》，中華書局，一九九八年，一〇〇四頁。

㉗（陳）徐陵編，（清）吳兆宜注，程琰刪補，穆克宏點校：《玉臺新詠箋注》，中華書局，二〇〇四年，三四五—三四六頁。

㉘（宋）郭茂倩：《樂府詩集》，中華書局，一九九八年，六五六頁。

㉙（宋）郭茂倩：《樂府詩集》，中華書局，一九九八年，三六六頁。

心；她還意味深長地告訴愛人，即便裲襠衣被汗水沾汙了，也不要輕易浣洗，就讓汗汙留在上面好了，這樣兩人就可以永遠不分開了。

對於成年女性來說，裲襠衣本應內穿，自然是不能輕易示人的。就此而言，女性們將裲襠衣加在衫子之上，創立了女子裲襠衫的著裝樣式，確實是一個大膽而新奇的創意。但如果換一個視角，就戎裝中的裲襠鎧本就外穿，以及軍容裲襠衫的出現而言，女子裲襠衫無非是對戎裝的一種借用與效仿。河南鄧縣出土的南北朝畫像磚，其中左側兩名貴族女子就穿著這種裲襠衫（**圖3-21**）。《中國織繡服飾全集．歷代服飾卷上》繪有裲襠衫示意圖，將它和畫像磚上的圖例相比較，二者還是有很大出入的（參見**圖3-1**）。綜合歷史文獻所述，我們認為，畫像磚上的裲襠衫，一是指大袖衫子，二是指束腰上下、從肩至臀的那部分無袖的外穿罩衣；兩者合一，即為裲襠衫（參見**圖3-21**左二女裝）。

裲襠衫在南北朝時期十分流行，男女都有穿著。

新衫繡兩襠，迮著羅裙裡。行步動微塵，羅裙隨風起。（〈上聲歌八首〉之一）[30]

琅琊復琅琊，琅琊大道王。陽春二三月，單衫繡裲襠。（〈琅琊王歌辭〉）[31]

圖3-21 身著裲襠衫的貴族女子（左一和左二，河南鄧縣出土南北朝畫像磚）

虜初縱突騎，眾軍患之，安都怒甚，乃脫兜鍪，解所帶鎧，唯著絳衲兩當衫，馬亦去具裝，馳奔以入賊陣，猛氣咆𠴲，所向無前，當其鋒者，無不應刃而倒。㉜

〈上聲歌八首〉之一描寫的是在春光明媚的日子裡，一個年輕女性身著裲襠衫匆忙外出的情景。女主人身穿新做的衫子、外加繡花裲襠衣，倉促間將裲襠紮在了羅裙裡邊。結合河南鄧縣畫像磚所見，我們推測女子穿裲襠衫時，衫子的下襬應該是放在裙子裡邊，裲襠作為罩衣則出於裙外，而後於胸腹之間偏上的位置加紳帶以束腰。這種外穿的裲襠衣，應該經過了一定的加工和改造，以適應其作為罩衣的特點。六朝時期的男子也穿這種裲襠衫，琅琊王在陽春二三月穿的「單衫繡裲襠」中的裲襠，顯然不是裲襠鎧，而是繡花的裲襠衣。作為日常生活便裝的裲襠衫，軍人作戰時也有穿著的，比如《宋書》提到的戰將薛安都。薛安都在和北魏作戰時，為了振作士氣，居然脫掉身穿的頭盔和鎧甲，只穿著絳衲裲襠衫，咆哮著闖入敵陣，左衝右突，無人可以阻擋。絳，為深紅色；用碎布塊兒縫合、連綴，叫做衲。

《宋起居注》曰：「太始二年，御史丞羊希奏山陰令謝沉親憂未除，常著青絳衲兩襠，請免沉前所居官也。」㉝

㉚（宋）郭茂倩：《樂府詩集》，中華書局，一九九八年，六五六頁。
㉛（宋）郭茂倩：《樂府詩集》，中華書局，一九九八年，三六四頁。
㉜（梁）沈約：《宋書》，中華書局，二〇〇六年，一九八四頁。
㉝（宋）李昉：《太平御覽》，中華書局，一九九八年，三〇九五頁。

此中所言「青絳衲兩襠」，和薛安都所穿的絳衲裲襠，應該是一種由布塊拼合而成的裲襠衣，目的大概是為了效仿鎧甲的效果，但實則是一種日常服飾而非戎裝。由是可知，衲裲襠也是當時流行的一種裲襠衣式樣。謝沉的父母去世了，服喪期未過就常常穿青絳衲裲襠，違背了喪服禮，自然會受到御史大夫的彈劾。而薛安都穿著作為常服的裲襠衫作戰，則更顯其英勇無畏。

那麼，女性穿裲襠衫到底是什麼時候開始的呢？干寶說是在西晉元康末年，這多少帶有一定的政治色彩，不一定就準確。至少有一點我們可以推斷，那就是連干寶本人，恐怕也不確定女子裲襠衫出現的準確時間。因為《搜神記》中的另一條資料，和他所稱「元康末」是矛盾的：

潁川鐘繇，字元常，嘗數月不朝會，意性異常。或問其故，云：「常有好婦來，美麗非凡。」問者曰：「必是鬼物，可殺之。」婦人後往，不即前，止戶外。繇問：「何以？」曰：「公有相殺意。」繇曰：「無此。」勤勤呼之，乃入。繇意恨，有不忍之，然猶斫之，傷髀。婦人即出，以新綿拭，血竟路。明日，使人尋跡之。至一大塚，木中有好婦人，形體如生人，著白練衫，丹繡裲襠。傷左髀，以裲襠中綿拭血。[34]

以上故事雖屬於志怪、傳說類，不能作為正史資料，但它也告訴我們，在故事傳說者的心目中，漢魏士大夫、著名書法家鐘繇，就曾經遇到過身穿「白練衫、丹繡裲襠」的美麗女子。儘管這女子可稱為鬼魅，但裲襠衫已經出現在她的身上了，而且她穿的還是綿襠，屬於冬衣。干寶為東晉人，他自己應該已經親眼目睹女子著裲襠衫的風采，因此我們大體可以說，女性裲襠衫應出現在魏晉之際，而流行於南北朝，並成為當時的一種社會風尚。

二、袴褶服：女子也「戎裝」

北朝民歌〈木蘭詩〉二首之一：

木蘭代父去，秣馬備戎行。易卻紈綺裳，洗卻鉛粉妝。馳馬赴軍幕，慷慨攜干將。[35]

說到南北朝女子穿戎裝，那就要數北朝民歌中的花木蘭了。《樂府詩集》卷二十五錄有兩首〈木蘭詩〉，分別描述了花木蘭女扮男裝、代父從軍的事蹟，故事大同小異。花木蘭既然從軍，那麼就要和男子一樣穿戎裝行軍、作戰。詩中說木蘭秣馬厲兵、置辦從軍用具，「易卻紈綺裳，洗卻鉛粉妝」，意思是說她卸去平時的鉛粉女妝，脫掉女孩子穿的紈綺裙裳，換上戎裝準備出發。南北朝時期，男子戎裝大體為袴褶制，一般為上褶下袴（即上衣下褲），而後外面套裝甲冑以防身（圖3-22）。花木蘭的裝束應該也是如此[36]，只有這樣才能不被同行者所發覺。

袴褶制原本是北方少數民族的騎射之服，目的是為了行動方便、敏捷。而中原地區的上衣下裳之制，則不便於騎馬射箭，所以在戰國時期以前，中原地區的戰爭多為車戰，而少騎射。可以說，趙武靈王的胡服騎射將北方少數民族的騎射之服，首次正式引進中原戰場，並逐漸改造為一種正規

[34] 上海古籍出版社編：《漢魏六朝筆記小說大觀》，上海古籍出版社，一九九九年，四〇七頁。

[35] （宋）郭茂倩：《樂府詩集》，中華書局，一九九八年，三七四頁。

[36] 關於花木蘭戎裝與常服的情況，可以參照南北朝時期戎裝與女子服飾的具體樣貌，但這些也只是推測。詳情可參考宋丙玲：〈花木蘭的著裝——北魏女性服裝的圖像學研究〉，《藝術設計研究》，二〇一〇年第二期，四三—四八頁。

圖3-22 南北朝時期的戎裝，上穿窄袖褶、下穿縛袴，外披甲冑（原圖載於《中國織繡服飾全集．歷代服飾卷上》）

戎裝。袴褶制，大約即從胡服騎射演化而來[37]。晉宋以降，南北朝都保留並發展了此種服制，尤其在南朝，袴褶製作為戎裝，上自天子，下至百官、兵士，都可以穿著。

> 袴褶之制，未詳所起，近世凡車駕親戎、中外戒嚴服之。服無定色……（《晉書．輿服志》）[38]

> （楊）濟字文通，歷位鎮南、征北將軍，遷太子太傅。濟有才藝，嘗從武帝校獵北芒下，與侍中王濟俱著布袴褶，騎馬執角弓在輦前。（《晉書．楊濟傳》）[39]

> 上以行北諸戍士卒多襤褸，送袴褶三千具，令奐分賦之。（《南齊書．王奐傳》）[40]

車駕親戎，是指天子乘車駕親自參與軍事活動，包括親身臨戰、校閱部隊、行圍打獵等；中外戒嚴，是指因發生緊急狀況而實行於朝廷內外的軍事管制，同樣屬於軍事行為。在這兩種情況下，天子可以著袴褶服，以示和將士們上下一心、同仇敵愾。至於官員，像太傅楊濟、侍中王濟這樣的朝中元老、重臣，在陪晉武帝司馬炎在北邙山下檢閱軍隊並行獵時，也身著袴褶、騎馬彎弓在御輦左右護駕，可見其為能文能武的將佐之才。至於一般隨行官員，在皇帝出巡時，也要穿袴褶，目的是為了方便行事。作為普通士卒，征戰之服自然也少不了袴褶，所以當南齊武帝蕭賾看到北征的士卒大多衣衫襤褸之時，便送去三千套袴褶服，命鎮北將軍王奐分發給士兵。

袴褶服雖為戎裝，但隨著時代的發展，南北朝的官吏士庶乃至皇帝，也時常把它當作常服來使用。

> 拜愛姬潘氏為貴妃，乘臥輿，帝騎馬從後。著織成袴褶，金薄帽，執七寶縛矟，戎服急裝，不變寒暑，陵冒雨雪，不避坑阱。（《南齊書．東昏侯紀》）[41]
>
> （帝）常著小袴褶，未嘗服衣冠。（《宋書．後廢帝紀》）[42]

---

37 王國維〈胡服考〉云：「胡服之入中國始于趙武靈王。其制，冠則惠文；其帶具帶；其履靴；其服，上褶下袴。」（《觀堂集林》，中華書局，一九九四年，一〇六九—一〇七四頁。）觀堂先生以為，趙武靈王胡服騎射，其所服戎裝即為上褶下袴。但「袴褶」一詞首見於魏晉時期，概此前雖有上衣下褲的著裝方式，卻未形成定制。袴、褶二字合成一詞，意味著魏晉時期「袴褶制」已獲得了較為普遍的認可，這從出土文物和歷史文獻兩個方面，都可以獲得足夠的材料支撐。

38 （唐）房玄齡等：《晉書》，中華書局，一九七四年，七七二頁。

39 （唐）房玄齡等：《晉書》，中華書局，一九七四年，一一八一頁。

40 （梁）蕭子顯：《南齊書》，中華書局，二〇〇七年，八四九頁。

41 （梁）蕭子顯：《南齊書》，中華書局，二〇〇七年，一〇三頁。

42 （梁）沈約：《宋書》，中華書局，二〇〇六年，一八九頁。

（叟）每至貴勝之門，恒乘一牸牛，敝韋袴褶而已。……于（高）允館見中書侍郎趙郡李璨，璨被服華靡，叟貧老衣褐，璨頗忽之。叟謂之曰：「老子今若相許，脫體上袴褶衣帽，君欲作何計也？」譏其惟假盛服。璨惕然失色。（《魏書．胡叟傳》）㊸

南齊皇帝東昏侯行為乖張，平時即喜歡著戎裝，騎馬馳騁，寒暑不變。他拜愛姬潘氏為貴妃的時候，竟然讓她乘坐臥輿前行，而自己則身穿袴褶，手持寶矟，騎著馬跟在後面做隨從。而宋後廢帝劉昱也喜歡穿袴褶，不著南朝衣冠。像此種情況，袴褶服便不再是戎裝，而近於常服了。在北朝，袴褶更是常常為士庶所用常服。北魏胡叟雖為賢達士人，卻不喜為官、不置產業，所以家貧如洗，即便與權貴交接，也只穿一身破舊的皮袴褶。一次，他在高允家碰到中書侍郎李璨，李璨衣著光鮮，見他衣服破舊，便對他很怠慢。胡叟心中不悅，便說：「假如老子樂意，脫了身上的袴褶、衣帽，你覺得怎麼樣？」意謂李璨只是衣帽華麗，但沒有真才實學，憑此驕人，實為可惡。由此可知，北魏士人在日常生活中還是常常穿袴褶的。

南北朝時期，袴褶已經逐漸成為男子的一種常服（**圖3-23**），這可以說是戎裝的日常化。如果說花木蘭女著戎裝、身穿袴褶是一個特例，那麼日常化後的袴褶出現在六朝女子身上，也就較為普遍了（**圖3-24**）。

《世說新語》曰：「武帝嘗降王武子家，武子供饌，並不用盤，悉用琉璃器。婢子百餘人，皆綾羅袴褶，以手擎飲食。」㊹

圖3-24 穿袴褶的侍女（南朝《斫琴圖》）

圖3-23 身穿袴褶的北朝男子（海外藏傳世實物，引自《中國織繡服飾全集．歷代服飾卷上》）

陸翽《鄴中記》曰：「皇后出，女騎一千為鹵簿，冬月皆著紫綸巾、熟錦袴褶。」[45]

王武子即王濟，太原晉陽人，晉陽就在今天的山西太原附近。武帝司馬炎曾經到王武子家做客，武子動用了家裡的上百名婢女，手持稀有的玻璃器皿供給飲食，而且婢女們個個身穿綾羅袴褶，以示其富貴與豪奢。今本《世說新語》所言與此大同小異，唯「袴褶」作「絝纚」。絝與袴通，二者含義基本相同。「纚」音洛，《宋本玉篇》：「纚，力賀切，女人上衣也。」[46]據此而言，絝乃屬於上衣下袴的裝

43（北齊）魏收：《魏書》，中華書局，二〇〇三年，一一五一頁。

44（宋）李昉：《太平御覽》，中華書局，一九九八年，二一六八頁。

45（宋）李昉：《太平御覽》，中華書局，一九九八年，三〇六七頁。

46 宋本《玉篇》（據張氏澤存堂本影印），中國書店，一九八三年，五〇五頁。

束，亦即袴褶制，和《太平御覽》所引在意義上是一致的。王濟祖居晉陽，這一帶自兩漢以來已有大批胡人湧入，至西晉末年已經呈現匈奴、鮮卑等少數民族與漢人雜居的局面。袴褶制來自胡人，而王武子家的婢女們身穿綾羅袴褶，很可能是受到了當時少數民族服飾的影響。在山西太原壙坡北齊張肅俗墓出土的陶俑中，我們就可以看到頭梳雙髻、身穿大口袴褶服的彩繪女侍俑（圖3-25），或可作為王武子家婢女形象的一個參照。

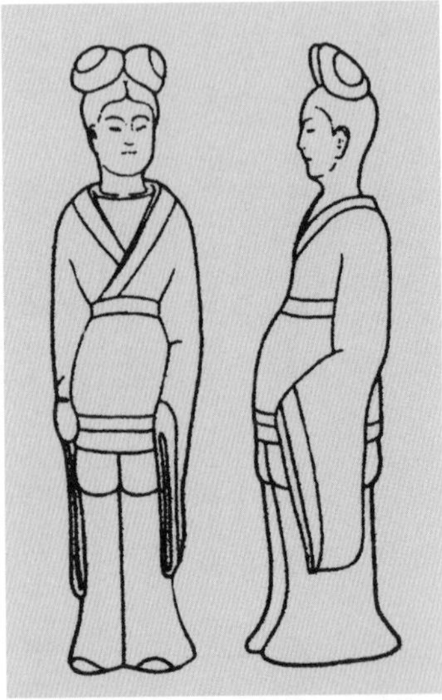

圖3-25 女俑，上穿大袖衫，下穿大口縛袴（山西太原壙坡張肅俗墓出土）

鹵簿，是指中國古代帝王、后妃、太子及王公大臣等出行時的儀仗隊。《鄴中記》載後趙之時，石虎用一千女騎士作為皇后出行時的儀仗隊，在冬季，女騎士們都身穿熟錦袴褶，頭戴紫綸巾。這裡的袴褶，顯然是作為儀仗隊禮服來使用的，這和皇帝車駕戎行時侍臣與其他隨行人員的袴褶，在性質上是一致的。既然是冬季出行，那麼衣褲應該是綿（棉）的，以便抵擋風寒。而且作為儀仗隊的禮服，從形制到布料、花色，自然是華麗非凡。今天我們已經無從得知其具體細節與樣貌，但作為常服，我們還是可以從出土資料上，獲得一些關於冬季袴褶的資訊。

河南偃師前杜樓村北魏石棺墓出土三件身著綿袴褶的女侍俑，其中標本M1:35：「頭梳箕形髻，上穿毛領短袖襖，內穿圓領寬袖橘紅上衣，下著褲，胸束藍彩寬帶，結挽於胸前，胸左側似有佩飾，赤膊，臂殘缺……」[47]（圖3-26）此俑上穿毛領短袖襖，內襯圓領寬袖橘紅上衣，下穿大口縛袴，看上去雍容典雅，只有官宦、富貴人家的婢女，才可能穿得起這樣的綿袴褶。而石虎皇后的

（左）圖3-26 身穿綿袴褶的女侍俑（河南偃師前杜樓村北魏石棺墓出土）

（右）3-27 身穿緊身袴褶女俑（河南焦作化電集團西晉墓出土）

女騎士們所著熟錦袴褶，或屬於此類。另，河南焦作化電集團西晉墓出土女俑兩件：「頭戴巾，長臉，尖下頦，內著緊身衣，外穿右衽交領窄袖短襖，腰束帶，腰間絲帶垂於腿外側，兩手交叉於袖內，置於腹部，下穿窄褲，褲口緊紮，腳穿鞋。」㊽（圖3-27）發掘簡報沒有說明女俑的身份。從圖像資料看，似應屬於下層勞動階層婦女，其所穿上衣（短襖）和下褲均為緊身、小口，在北方寒冷的冬季，這樣的服裝對於勞動者來說，依然可以滿足便捷之需。

《後魏書》：「方舞四人，假髻，玉支釵，紫絲布褶，白大口袴，五彩接袖，烏皮靴。」㊾

《西河記》曰：「西河無蠶桑，婦女著碧纈裙，上加細布裳。且為戎狄性，著紫纈襦袴，以外國色錦為袴褶。」㊿

㊼ 洛陽市第二文物工作隊：〈偃師前杜樓北魏石棺墓發掘簡報〉，《文物》，二〇〇六年第一二期，四〇頁。

㊽ 焦作市文物工作隊：〈河南焦作化電集團西晉墓發掘簡報〉，《中原文物》，二〇一二年第一期，七頁。

㊾ （宋）李昉：《太平御覽》，中華書局，一九九八年，二五七一頁。

㊿ （宋）李昉：《太平御覽》，中華書局，一九九八年，三六一八頁。

圖3-28 身著袴褶的女舞俑（河南偃師杏園村北魏染華墓出土）

除了普通婢女，舞女也有著袴褶的。《後魏書》記載，北魏初年有一種方舞，四人一組，舞女頭戴假髻、玉支釵，上穿紫色絲布褶，下穿白色大口絝，腳蹬烏皮靴。河南偃師杏園村北魏染華墓出土女舞俑一尊，即身穿袴褶服（圖3-28）。發掘簡報說：「女俑。頭梳雙髻。著圓領寬袖衫，袖攏於肩，褶皺清晰。腰束博帶。縛褲。」[51]該俑上衫下褲，也是當時較為常見的一種袴褶搭配方式。

《西河記》為東晉喻歸所撰，記述當時西河地區的社會風情。西河即今天山西省呂梁市離石一帶，西晉時期在此設置西河國，北魏時期為西河郡，治所就在離石。魏晉以來，北方少數民族已經南下移居此地。到南北朝時期，北魏西河郡北部為羌胡所得，僅餘晉西地區，可知當地民俗已深受胡風影響。喻歸說西河人為戎狄性，應是當時的實情。按他的說法，西河人沒有自己的桑蠶業，用的布料多來自異域。婦女們通常身著碧纈裙，即青綠染織印花的裙子，外加細布裳。另外一種常服與胡服相近，上襦下褲，均為紫色染織印花布料所做，她們還時常穿著用外國異色錦製成的袴褶。從裙裳與袴褶並用這一點看，西河婦女的服裝已經胡漢一體，彼此融通了。受少數民族服飾文化影響，西河婦女穿袴褶已經是一種日常化的行為。從喻歸的語氣不難猜測，貴族婦女們恐怕也捲入到了這場服飾文化變遷的潮流中。

關於袴褶的形制，王國維〈胡服考〉[52]與沈從文〈北朝景縣封氏墓著袴褶俑〉[53]均認為上褶下袴（上衣下褲），是和上襦下裙相對而言的。學界基本認同此種觀點，唯五代馬縞《中華古今注》和

《急就篇》注似有不同觀點。

《中華古今注》釋「袴」云：

> 蓋古之裳也。周武王以布為之，名曰褶。敬王以繒為之，名曰袴，但不縫口而已，庶人衣服也。……今太常二人，服紫絹袴褶，緋衣，執永籥以舞之。[54]

《急就篇》顏師古注云：

> 黃氏曰：「褶，音習，袴也。」[55]

馬縞認為袴即古代的裳，周武王時稱褶，周敬王時稱袴，不知他有什麼依據。在中國古代，袴、褲、絝三字的含義雖有差異，但均指下身之服，是套在腿上的裝束。既然「袴」可以稱作「褶」，說明褶也是下身的裝束，那麼「袴褶」連用也就指的是褲子；馬縞下文將「紫絹袴褶」與「緋衣」對言，就說明了這一點。黃氏即北宋詩人、書法家黃庭堅，他也認為「褶」就是袴。馬縞是五代人，袴褶在當時還在使用，而黃庭堅距五代尚不遠，二人的說法似有一定依據。

[51] 偃師商城博物館：〈河南偃師兩座北魏墓發掘簡報〉，《考古》，一九九三年第五期，四一七頁。
[52] 參見《觀堂集林》，中華書局，一九九四年，一〇六九頁。
[53] 參見《中國古代服飾研究》，上海世紀出版集團，二〇〇五年，二一九頁。
[54] 《文淵閣四庫全書》（影印本），臺灣商務印書館，一九八六年，第八五〇冊，一三〇頁。
[55] （漢）史游：《急就篇》，岳麓書社，一九八九年，一四四頁。

劭左右引淑等袴褶，又就主衣取錦，截三尺為一段，又中破，分斌、淑及左右，使以縛袴。（《宋書．袁淑傳》）[56]

劭因起，賜淑等袴褶，又就主衣取錦，裁三尺為一段，又中裂之，分斌與淑及左右，使以縛袴褶。（《南史．袁淑傳》）[57]

圖3-29 女俑，上穿大袖衫，下穿大口縛袴（河南偃師杏園村北魏染華墓出土）

以上兩段文字記述南朝宋時太子劉劭叛亂，曾強迫袁淑等人和他一起謀事，並分發袴褶給眾人，準備發動兵變。因漢化後袴褶的褲管十分肥大，為了行動方便常常用帶子繫紮起來，史稱大口縛袴（圖3-29），劉劭命人將織錦撕成布條就是用來綁褲腿的。梁人沈約等作《宋書》說「使以縛袴」，是切中要害；而唐人李延壽等所著《南史》則稱「使以縛袴褶」，此處「袴褶」則主要是指袴。大約到了隋唐之際，有時人們雖稱「袴褶」，但內含則僅僅是指袴而言。唐魏徵等著《隋書．禮儀七》有相似的文句：

侍從則平巾幘，紫衫，大口袴褶，金玳瑁裝兩襠甲。……侍從則平巾幘，紫衫，大口袴，金裝兩襠甲。……侍從則平巾幘，絳衫，大口袴褶，銀裝兩襠甲。[58]

上文中間一句，以「衫」和「大口袴」相對，前後兩句則以「衫」和「大口袴褶」相對。衫子既然是大袖口上衣，那麼「大口袴褶」就只能是指「大口袴」，即下身的褲子。以「袴褶」稱褲子，可能在唐代只是一種習慣性用法。但就袴褶制而言，從南北朝至隋唐，還是指一種上衣下褲的著裝方式。

《北疆記》曰：「盧主南郊，著皇斑褶、繡袴。」[59]

其乘輿黑介幘之服，紫羅褶，南布袴，玉梁帶，紫絲鞋，長靿靴。（《隋書．禮儀七》）[60]

《北疆記》說「皇斑褶、繡袴」，而《隋書》則稱「紫羅褶，南布袴」，二者都將褶和袴作為兩種不同的服飾分而言之，可見「袴褶」作為一種服制，就是指上褶下袴，而非單指下袴。

褶，古又稱襲，是一種上衣。劉熙《釋名．釋衣服》：「褶，襲也。覆上之言也。」[61]意謂在漢魏之際，褶是一種罩於上身的衣服。《說文》：「襲，左衽袍。」[62]先秦時期，中原人著衣皆右衽，

---

[56]（梁）沈約：《宋書》，中華書局，二〇〇六年，一八四〇頁。
[57]（唐）李延壽：《南史》，中華書局，二〇〇三年，六九九頁。
[58]（唐）魏徵等：《隋書》，中華書局，二〇〇〇年，二五九－二六〇頁。
[59]（宋）李昉：《太平御覽》，中華書局，一九九八年，三一〇四頁。
[60]（唐）魏徵等：《隋書》，中華書局，二〇〇〇年，二六七頁。
[61]（清）王先謙：《釋名疏證補》，上海古籍出版社，一九八四年，二五二頁。
[62]（清）段玉裁：《說文解字注》，上海古籍出版社，一九九八年，三九一頁。

即上衣左襟長、右襟短，穿在身上時為左襟掩右襟；但去世的人則著左衽，以示與生人之別，同時也是禮樂文化的要求。北方少數民族不受禮樂文化約束，所以也著左衽；直至南北朝時期，北方少數民族統治地區依然保留著左衽的風俗（圖3-30）。隨著北方少數民族的南遷，袴褶制也逐漸進入中原地區。當身著左衽上衣、下穿長褲的著裝樣式最初進入中原文化視野時，中原人的自我優越感必然作怪，而戲稱之為「袴褶（音襲）」，也就很自然了。

圖3-30 左衽文官俑、右衽女官俑（河北景縣封氏墓出土）

褶在古文中有三種讀法：一音「者」，是指衣服上的褶皺；二音「襲」，即左衽上衣；三音「疊」，是指夾衣。《禮記・玉藻》：「纊為袍，禪為絅，帛為褶。」鄭玄注「褶」云：「有表裡而無著。」[63]唐陸德明《經典釋文》：「（褶）音牒，夾也。」[64]漢鄭玄認為，「褶」是有表面和襯裡而沒有棉絮的上衣，這種上衣就是夾衣，陸德明讀作「牒」（音疊）。又《宋本玉篇》：「褶，徒頰切，衣有表裡而無絮也。又似力切，袴褶也。」[65]明確將作為夾衣的「褶」讀作「疊」，而「袴褶」中的「褶」讀作「襲」。可知在唐宋人的心目中，「褶」作為夾衣應讀「疊」。而「袴褶」中的「褶」有單衣、夾衣，還有綿衣，故讀作泛稱的「襲」更為合適，《宋本玉篇》也是這種看法。

六朝時期，戎裝包括了袴褶以及罩之於外的甲冑，因此袴褶可以看作戎裝中的便服，而甲冑則是作戰服。女子日常所穿的袴褶，應是從戎裝中的便服演化而來。其形制為上褶下袴，即上衣下褲的著裝樣式。從圖片資料可以發現，上褶包括單衣（衫子）、夾衣（左衽袍）和綿衣（襖）等；袖子有寬有窄，還有大袖小袖之別；長度有的在腰際、有的在膝蓋上下，但都明顯露出褲管。下袴的褲管有窄有寬，褲口有大有小，還有的用布帶將膝蓋部位捆住，稱為縛袴。從地域上看，女子著袴褶主要分佈在黃河以北，這裡是北方少數民族南下和定居的首要之地，故女子服飾受胡風的影響比較大，要遠遠超過南朝地區。

三、佳人佩「五兵」

戎裝在六朝女子服飾上的另一個體現，是她們身上的佩飾。唐房玄齡等所著《晉書・五行志（上）》載：

> 惠帝元康中，婦人之飾有五兵佩，又以金銀玳瑁之屬，為斧鉞戈戟，以當笄。干寶以為「男女之別，國之大節，故服物異等，贄幣不同。今婦人而以兵器為飾，此婦人妖之甚者。於是遂有賈后之事」。終亡天下。[66]

唐人的這段話，顯然來自東晉干寶的記述，只是在文字上略有不同。干寶《搜神記》卷七：

> 晉惠帝元康中，婦人之飾有五佩兵。又以金、銀、象角、玳瑁之屬，為斧、鉞、戈、戟

63 《漢魏古注十三經・禮記》，中華書局，一九九八年，一〇九頁。
64 （唐）陸德明：《經典釋文》，中華書局，二〇〇六年，四〇五頁。
65 宋本《玉篇》（據張氏澤存堂本影印），中國書店，一九八三年，五〇五頁。
66 （唐）房玄齡等：《晉書》，中華書局，一九七四年，八二四頁。

而載之，以當笄。男女之別，國之大節，故服食異等。今婦人而以兵器為飾，蓋妖之甚者也。於是遂有賈后之事。[67]

干寶所云「五佩兵」亦即《晉書》中的「五兵佩」，是一種模擬兵器式樣的佩飾。按干寶所述，五兵佩出現在西晉惠帝元康時期，也就是皇后賈南風擅權專政導致「八王之亂」的時候，和上文襧襠衫一樣都被看作妖異的服飾。同時出現的妖異飾物，還有用金銀、象角（象牙）、玳瑁（龜殼）等製作的異形髮笄，其形狀模仿斧、鉞、戈、戟等兵器樣式。干寶認為，婦人佩戴兵器是一種不祥之兆，意味著女人專政，將導致天下兵戈之禍，是賈后亂國、西晉喪亡的徵兆。唐人著《晉書》也徵引此事，以警告後人引以為戒。

一九八一年，內蒙古烏蘭察布盟達茂旗（現屬包頭市）西河子鄉發掘一處南北朝窖藏，出土金鏈一條，上面裝飾著兩枚梳子和五枚兵器的模型（**圖3-31**）。金鏈上的兵器包括兩枚盾牌、兩支戟和一把鉞，這與「五兵佩」十分吻合。孫機先生認為此即五兵佩，應該是一條項鏈，它和古印度紀元前後佛教造像中的項飾十分相似；尤其在古印度項飾上還綴有劍、戟、斧鉞、盾牌、戰輪等模型，因此，二者應具有一定的承繼關係。[68]此觀點值得重視。但古印度項飾傳入中國，並在一定程度上得以流行，恐怕還是和中國本土的戰爭擁有密切關係。這種帶有異域風情的項飾，很可能是由北方少數民族帶入中原的，因為他們對金飾本來就

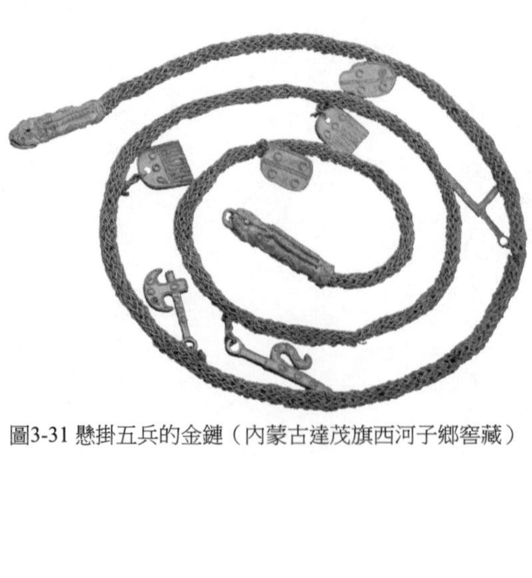

圖3-31 懸掛五兵的金鏈（內蒙古達茂旗西河子鄉窖藏）

情有獨鍾，而且更容易接受佛教的影響，並佩戴這種帶有佛教色彩的飾物。六朝女子的神經長年被戰爭所挑動，兵飾對於她們來說已經習以為常，甚至成了一種時尚，她們能接受五兵佩也就不奇怪了。只是在印度佛教中，斧、鉞、劍、戟乃護法之物，戴在身上如同護身符；而在中原儒家正統文化中，刀兵則是不祥之物，所以婦人佩五兵，也就會招來非議，尤其處在南北朝這樣社會動盪的時期，士大夫們的神經是格外敏感的。

除了五兵佩，在近些年的六朝出土文物中，還發現了帶有兵器形狀的髮簪，這和干寶的說法也是一致的。在南京象山東晉墓中，出土了一支金簪（圖3-32），發掘簡報說：「金簪一件（M9：10）。一端有卷雲形飾，通長十九公分。」[69]從圖片資料看，「卷雲形飾」其實是一支鉞，而這座墓是東晉振威將軍王建之及其妻劉媚子的合葬墓，一位將軍的妻子頭戴鉞形金簪，還是合乎情理的。陝西省旬陽縣大河南東晉墓出土銅釵一支（圖3-33），首似矛，為菱形；還有一支戟形銀簪（圖3-34）。簡報稱：「（銀）簪一件（M3：7-1）：基本完整，尾部四．五公分處上折一百一十度。簪形似戟狀，簪首扁平，頂端尖，一側有一個上彎曲齒，其

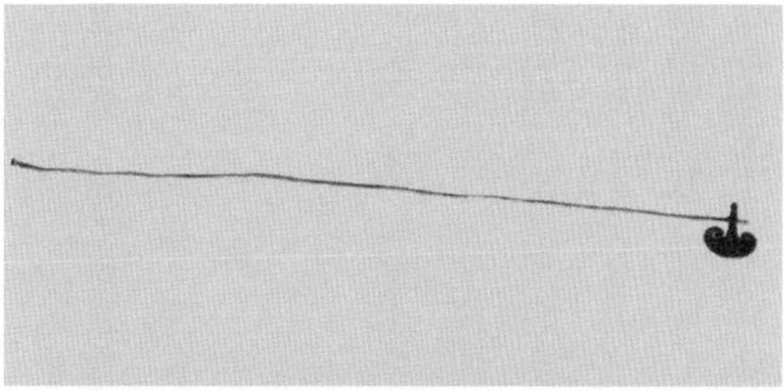
圖3-32 鉞形金簪素描圖（南京象山東晉墓出土）

[67] 上海古籍出版社編：《漢魏六朝筆記小說大觀》，上海古籍出版社，一九九九年，三三七頁。
[68] 孫機：〈五兵佩〉，《中國聖火——中國古文物與東西文化交流中的若干問題》，遼寧教育出版社，一九九六年，一〇七－一一九頁。
[69] 南京市博物館：〈南京象山八號、九號、十號墓發掘簡報〉，《文物》，二〇〇〇年第七期，十頁。

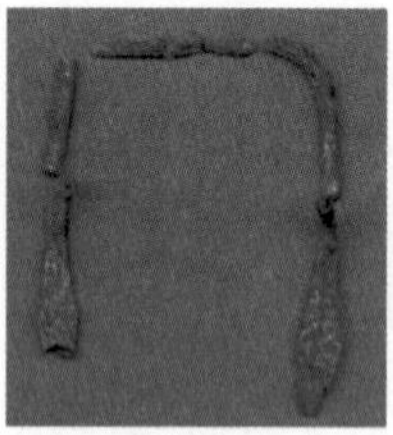

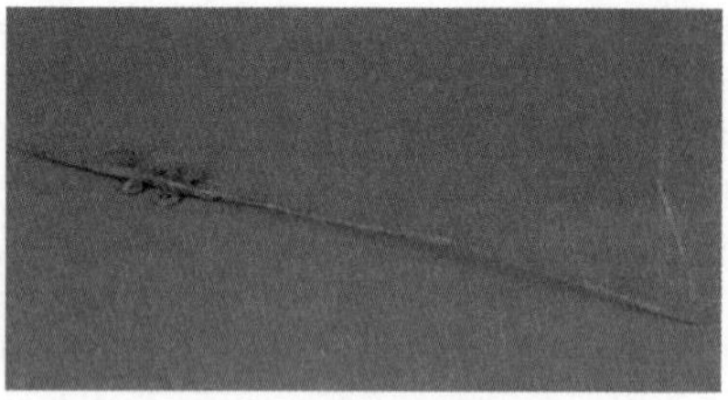

（左）圖3-33 矛形銅釵（陝西省旬陽縣大河南東晉墓出土）

（右）圖3-34 戟形銀簪（陝西省旬陽縣大河南東晉墓出土）

下接由銀絲盤捲而成的兩組對稱卷雲紋狀，細長柄。長三十公分，重量十．四克。」[70]該墓也為夫妻合葬，男子身邊有銅弩機，看來也是一位武將，兵器形簪釵則置於女子頭部。由此看來，東晉女子以兵器為飾，似乎和她們的丈夫為武將擁有一定關係。這同時也說明，干寶的記載是有事實依據的，並非都是今人所謂的「小說家者言」。

永明中，宮內服用射獵錦文，為騎射兵戈之象。至建武初，虜大為寇。（《南齊書．五行志》）[71]

開皇中，房陵王勇之在東宮，及宜陽公王世積家，婦人所服領巾制同槊幡軍幟。婦人為陰，臣象也，而服兵幟，臣有兵禍之應矣。勇竟而遇害，世積坐伏誅。（《隋書．五行志（上）》）[72]

史書記載，在南齊武帝蕭賾執政的永明年間，宮內女子穿的織錦上邊有騎馬射獵的紋飾，史家認為是兵戈之象，預示將有刀兵之禍，即明帝建武初年北魏孝文帝拓跋宏發動的對齊戰爭。隋朝開皇年間，房陵王楊勇東宮裡的女子及宜陽公王世積家的女眷，所佩戴的領巾和軍中的旗幟在形制上十分相像，被看作二人有殺身之禍的徵兆。後來楊勇被奪了太子位，隋煬帝登基，便賜死了楊勇；而王世積則被人誣告謀反，也死於非命。儘管二人都是因政治鬥爭而死，史家們卻歸罪於女子們的領巾，也可以算作一種警誡後人的說辭吧。

六朝女子愛戎裝、兵飾，這在當時是頗有微詞的。但服飾藝術的發展有其自身的規律，當一個社會發生重大變革的時候，形勢變了，社會氛圍與人們的社會文化心理都會隨之而變，新的服飾樣式的誕生也就具備了必要的文化土壤。過去被人貶低的服飾，一時變成了風尚，如女子穿的袴褶。本來內穿的衣服，突然之間被人們罩在了外邊，如裲襠衫中的裲襠。原本被看作不祥之物的刀兵，卻變身為女子身上的佩飾，如五兵佩之類。今天其實也是這樣，悄悄變化的社會文化心理，才是藝術創新的真正主角，不經意的改變，也許會引領時代風尚。譬如，年輕人的奇異髮型，固然是受影視明星影響，但更重要的是表達了他們內在的個性與叛逆心理；帶有革命年代色彩的「紅色」文化衫，表達的未必是對過去艱苦歲月的懷念，而是對一個陌生年代的遙望與獵奇。誰把握了社會人心的脈搏，誰就抓住了藝術創新的契機。

第二節　頭上「步搖」如飛燕

南朝梁人范靖的妻子沈滿願作過一首〈詠步搖花〉，詩云：「珠華縈翡翠，寶葉間金瓊。剪荷不似制，為花如自生。低枝拂繡領，微步動瑤瑛。但令雲鬢插，蛾眉本易成。」[73]從詩的內容看，步

[70] 旬陽縣文物管理所、旬陽縣博物館：〈陝西省旬陽縣大河南東晉墓清理簡報〉，《文博》，二〇〇九年第二期，七—八頁。

[71] （梁）蕭子顯：《南齊書》，中華書局，二〇〇七年，三七三頁。

[72] （唐）魏徵等：《隋書》，中華書局，二〇〇〇年，六三〇頁。

[73] （陳）徐陵編，（清）吳兆宜注，程琰刪補，穆克宏點校：《玉臺新詠箋注》，中華書局，二〇〇四年，二〇八頁。

搖花是插在女性髮髻上的一種首飾，上面綴有珠華、翡翠、寶葉、金瓊等飾物。珠華即珠花，也就是珠玉及花朵樣裝飾；翡翠，當為翡翠色彩的鳥羽，未必一定是翡翠鳥的羽毛；寶葉，即葉片狀飾品；金瓊，意謂各種金、玉裝飾品。由此可見，這種首飾必然十分華麗珍貴、光彩照人。女孩子戴在頭上，走起路來，步搖花上的珠玉、翡翠、飾葉、花朵等輕輕搖曳、熠熠生輝，真不枉了這「步搖」的名稱。

漢魏南北朝時期盛行的步搖：一種可以稱為步搖花，或簡稱步搖，通常為女子頭上的飾物，流行於中原、南朝地區；另一種稱為步搖冠，男子和女子均可以佩戴，主要流行於燕、代地區，即今天的山西、河北北部、內蒙古及遼寧一帶，這裡是當時北方少數民族的聚居地。兩種步搖均以黃金為基本製作原料，故又稱金步搖，屬於奢侈品，只有權貴階層才用得起，是身份和地位的象徵。

一、中原、南朝流行之步搖花

根據文獻記載，漢魏時期的步搖和假髻擁有密切關係，乃至二者常常混為一談，讓今人不易分辨。漢末大儒鄭玄曾多次提及步搖：

> 《周禮．天官．追師》：掌王后之首服，為副編次，追衡笄。鄭玄注：「副之言覆，所以覆首為之飾，其遺象若今步繇矣。」[74]

> 《禮記．明堂位》：夫人副禕立于房中。鄭玄注：「副者，首飾也，今之步搖是也。」[75]

鄭玄認為，王后首服中的「副」是一種首飾，即當時宮廷皇后、嬪妃、貴族婦女頭上所戴的步搖。此種步搖覆之於首，所以稱為「副」，而「副」是一種假髻，乃貴族婦女頭上常用的妝飾。

> 《詩經．鄘風．君子偕老》：副笄六珈。毛亨注：「副者，后夫人之首飾，編髮為之。」[76]

> 《後漢書．東平憲王蒼傳》注：副，婦人首服，三輔謂之假紒。[77]

假紒即假髻，也就是婦女頭上的「副」，即毛亨所謂「編髮為之」的后夫人之首服，是用假髮編綴而成。可是，假髻又和步搖有什麼關係呢？《詩經．鄘風．君子偕老》：「副笄六珈。」鄭玄箋云：「珈之言加也。副，既笄而加飾，如今步搖上飾。古之制所有，未聞。」[78]由於鄭玄對上古「副笄六珈」的制度已經不是十分明瞭，所以只能用當時的步搖之制來加以解釋，即在假髻做好、並用衡笄與真髮固定在一起之後，還要在上邊添加別的飾物，就像當時步搖上的飾物一樣。由此我們可以知道，鄭玄所謂「副」，其實就是安插了各種飾物的假髻，在東漢時也稱為步搖。至於為什麼這種妝飾要稱為步搖，漢末劉熙的《釋名．釋首飾》給了我們一個較為明確的解釋。

---

[74]《漢魏古注十三經．周禮》，中華書局，一九九八年，六〇頁。
[75]《漢魏古注十三經．禮記》，中華書局，一九九八年，一一六頁。
[76]《漢魏古注十三經．詩經》，中華書局，一九九八年，二一頁。
[77]（宋）范曄：《後漢書》，中華書局，一九七三年，一四三九頁。
[78]《漢魏古注十三經．詩經》，中華書局，一九九八年，二一頁。

王后首飾曰副。副，覆也，以覆首，亦言副貳也，兼用眾物成其飾也。步搖，上有垂珠，步則搖動也。[79]

劉熙認為，「副」是戴在王后頭上的首飾，也就是覆首之飾，又稱副貳，意謂附著在真髮之外的假髻，上面安插著各式各樣的裝飾物；由於裝飾物上懸掛著垂珠，珠子在人走動時會不停地搖曳，故此這種首飾便稱為步搖。鄭玄則明確把「副」看作後漢時的步搖，而「副」包含了假髻和假髻上的飾物，也就是說，鄭玄心目中的步搖是指由假髻和假髻上的飾物共同構成的一套裝飾品，很像一個安插著盛飾的假髮套。然而，劉熙的《釋名》似乎將「副」和「步搖」進行了區分，「副」是指假髻和上邊的飾物，而「步搖」則似乎僅僅是指假髻上的飾物，上有垂珠，步則搖動。《三國志》裴松之注所引的一段資料，也證明到魏晉時期，人們對假髻和步搖已經作出了區分。

（孫皓）使尚方以金作華燧、步搖、假髻以千數。令宮人著以相撲，朝成夕敗，輒出更作……（〈江表傳〉）[80]

孫皓是東吳的末代皇帝，為人刻薄，耽於聲色，據說還喜歡剝人的面皮。閒來無聊，他便和宮裡的嬪妃們一起玩鬧，還讓她們戴上假髻和金步搖相互撲打，弄壞了便命人再做。在這裡，〈江表傳〉將假髻和步搖分而言之，還指出步搖是由黃金打製而成，可知此時，步搖已經專指黃金打製的首飾品了。關於步搖的形制與材料，《後漢書．輿服志》的記載可謂詳備，錄以供參考：

皇后謁廟服，……假結，步搖，簪珥。步搖以黃金為山題，貫白珠為桂枝相繆，一爵九華，熊、虎、赤羆、天鹿、辟邪、南山豐大特六獸，《詩》所謂「副笄六珈」者。諸爵獸皆以翡翠為毛羽。金題，白珠璫繞，以翡翠為華雲。[81]

《晉書．輿服志》所記與此大同小異，顯然在資料上是一脈相承的，二者可以相互參照：

皇后謁廟，……首飾則假髻，步搖，俗謂之珠松是也，簪珥。步搖以黃金為山題，貫白珠為支相繆。八爵九華，熊、獸（虎）、赤羆、天鹿、辟邪、南山豐大特六獸，諸爵獸皆以翡翠為毛羽，金題白珠璫，繞以翡翠為華。[82]

以上兩則資料告訴我們，步搖是安於假髻上的首飾，主體以黃金打製，上面還裝置、鑲嵌或懸掛有鳥獸、珠玉、毛羽、花朵等飾物。《晉書》稱，當時人們對它的通俗稱謂是珠松，可知上面應裝飾有眾多珠子之類的飾物。根據《後漢書》、《晉書》、《宋書》的記載，皇后參加宗廟禮儀、長公主入宮覲見可以佩戴步搖，可見步搖一開始主要是宮廷貴婦的妝飾，作為禮儀的一部分，用來體現婦女地位的上下尊卑。

---

[79]（清）王先謙：《釋名疏證補》，上海古籍出版社，一九八四年，二三九頁。
[80]（晉）陳壽：《三國志》，中華書局，一九九八年，一二〇二頁。
[81]（宋）范曄：《後漢書》，中華書局，一九七三年，三六七六頁。
[82]（唐）房玄齡等：《晉書》，中華書局，一九七四年，七七四頁。

山題，是指步搖的基座，用黃金打製而成。「一爵九華」，爵即雀，華即花。此句在《晉書．輿服志》及《太平御覽》所引晉司馬彪著《續漢書．輿服志》中，均為「八爵九華」，而《宋書．輿服志》則為「八雀九華」，今天，我們已經很難確定孰是孰非。熊、虎、赤羆、天鹿、辟邪、南山豐大特應是六種神獸，具有祥瑞和辟邪的雙重作用，寓意驅邪避凶、多福多壽。翡翠在古代有兩意：一指翡翠鳥的羽毛，翡為雄性，稱赤羽雀，毛羽為鮮豔的紅色；翠為雌性，稱青羽雀，毛羽為青綠色。翡翠鳥的羽毛，在古代是極其珍貴的裝飾品，向來為人所珍愛。二指翡翠色的玉石，包括紅、青、綠、碧等色彩的寶石，並非今人所謂來自緬甸一帶的翡翠玉。曹植〈七啟〉云：「戴金搖之熠耀，揚翠羽之雙翹。」[83]其中講到，美人頭戴金步搖熠熠生輝，還有雙翹的翠羽搖曳生風。可見步搖上邊應該裝飾有翡翠色的羽毛，當然不一定非得是翡翠鳥的毛羽，尤其魏晉以後，步搖進入一般貴族家庭，上邊的毛羽應該也會更加寬泛。結合上文所謂「諸爵獸皆以翡翠為毛羽」，我們以為，《後漢書》中金步搖上的「翡翠」，還是理解為「翡翠毛羽」更為貼切。當然，後人將金步搖上鑲嵌的五色寶石亦稱為翡翠，也是情理中的事情。

由此我們可以大體描繪一下《後漢書》中皇后、長公主所戴的金步搖。此種步搖，有一個黃金打製的基座「山題」，在山題上方是串有白珠的桂枝，桂枝彼此相互繚繞，成團行花枝狀，花枝上裝有八隻雀鳥、九朵花；金步搖上還飾有六種神獸，無論鳥雀還是神獸，都用鮮豔的翡翠鳥羽加以裝飾。至於山題、雀鳥、神獸、花朵、桂枝之間的相互關係，史書並沒有詳述。孫機先生根據國內外出土的步搖，主要是中亞，中國內蒙古、遼寧，朝鮮，日本等地出土的步搖冠，提出了六獸與桂枝之間的兩種安排方法：「一種是在六獸中間裝五簇桂枝；另一種則是以二獸為一組，當中各裝一簇，共裝三簇桂枝。」[84]此種安排，無疑是將漢地皇后的步搖設想成了燕、代地區少數民族的步搖冠，冠下方有一個環形的金製框架，六獸裝置在環形框架之上，而桂枝則置於六獸之間，於是便出現了三簇桂枝和五簇桂枝的方案。此種安排與設想，很像一八六四年在頓河下游新切爾克斯克（Novocherkassk）的薩爾馬泰（Sarmatian）女王墓中出土金冠的形制（圖3-35）。此金冠年代約為西元前二世紀，正當西漢中早期。由於廣大中原和長江流域至今還沒有出土相應的金步搖實物，所以我們對此只能存疑。

一九八四年，甘肅省武威市涼州區韓佐鄉紅花村出土了一隻東漢時期的金頭花（圖3-36），高八公分，直徑六．四公分[85]。此花主體為金製，經捶揲、焊接、鑲嵌而成。造型如花枝，上有四片長條形葉片，葉片頂端焊有小圓環，原本應懸掛有飾物，現已亡佚。葉片中間伸出八支彎曲的細莖，莖端有四朵小花、三支花苞，中間一支莖端站立著一隻小鳥，小鳥口部有圓環，下掛一圓形金片。

圖3-35 薩爾馬泰墓出土金冠素描圖（A Sarmatian diadem，阿富汗新切爾克斯克，薩爾馬泰女王墓出土）

圖3-36 金頭花（甘肅省武威市涼州區韓佐鄉紅花村出土）

[83] 趙幼文：《曹植集校注》，人民文學出版社，一九九八年，一〇頁。

[84] 孫機：〈步搖．步搖冠．搖葉飾片〉，《中國聖火——中國古文物與東西文化交流中的若干問題》，遼寧教育出版社，一九九六年，八七頁。

[85] 甘肅省文物局：《甘肅文物菁華》，文物出版社，二〇〇六年，一五二頁。

花心原本鑲嵌有各種色彩的寶石，已經丟失。此金頭花為「一雀七花」，多少讓我們想起了《後漢書》中的「一爵九華」，二者有著驚人的相似之處，只是未見六獸。或許，步搖花本來就不是指一件獨立的飾物，而是一組，分別安插在假髻之上，這才有「副笄六珈」之說。而「六珈」，推測應是用來固定假髻和步搖的六支簪或釵，而在簪頭或釵頭上裝飾著神獸。

這支金頭花的下部是一根空心圓莖，如若佩戴在頭上，下邊應該還會有一個基座，也就是山題，用以和簪釵配合使用。此種金頭花，上面懸掛著金葉等可以搖曳的飾物，完全符合「步則搖動」的標準，可以說是典型的金步搖。類似此種形制的步搖，我們在傳世畫作中還可以看到。

迄今發現最早的步搖形象，出現在長沙馬王堆一號漢墓的墓主人頭上（**圖3-37**）。這座漢墓出土了一幅巨型帛畫，畫面中間有一個老婦人拄杖而立，當為墓主人辛追夫人生前形象。在她的前面有兩個舉案跪迎的男子，身後是三個侍女拱手相隨。考古報告說：「這段畫面中的老嫗，當是死者生前的形象。老嫗髮上所飾帶白珠的長簪，是漢代貴族婦女特有的一種首飾。《續漢書・輿服志》所記載的后夫人首飾，都提到飾以白珠的首飾。」[86]所謂「飾以白珠的首飾」，也就是步搖。這件步搖形制較為簡單，就是幾根花枝，枝上飾有白色的珠子，是否有山題並不清楚。因人像是側面，看不清具體戴法，所以發掘報告稱之為「長簪」，有待商榷。辛追夫人是長沙相軑侯利蒼的妻子，有學者認為她是第一代長沙王吳芮的女兒，曾被漢廷封為「公主」。

圖3-37 帛畫中的貴婦人，頭上所戴珠串形首飾，疑為步搖（馬王堆一號漢墓出土）

無論如何，以辛追夫人的貴族身份，頭戴步搖顯然是地位的一種象徵。

團形花枝狀步搖，我們在東晉顧愷之《女史箴圖》（唐摹本）和《列女圖》（宋摹本）中還可以看到。《女史箴圖》是根據西晉張華的《女史箴》所創作，張華有感於晉惠帝皇后賈南風的專權善妒，引用古代宮廷女子的模範故事，藉以諷喻賈后並教育宮中女子。該圖所繪宮廷女子，大多數頭上都戴有步搖（圖3-38），均為兩支一組，其形象大體相似，下部有一個酷似石榴花花蒂（圖3-39、3-40）的基座，花蒂中伸出彎曲、扶疏的花枝，花枝上似有鳥雀、花朵、珠翠之屬。此種步搖基座以上的部分，與甘肅武威出土的那支金頭花極其相似。

《列女圖》據劉向《列女傳》而繪。

⑧⑥ 湖南省博物館、中國科學院考古研究所編：《長沙馬王堆一號漢墓》，文物出版社，一九七三年，四二頁。

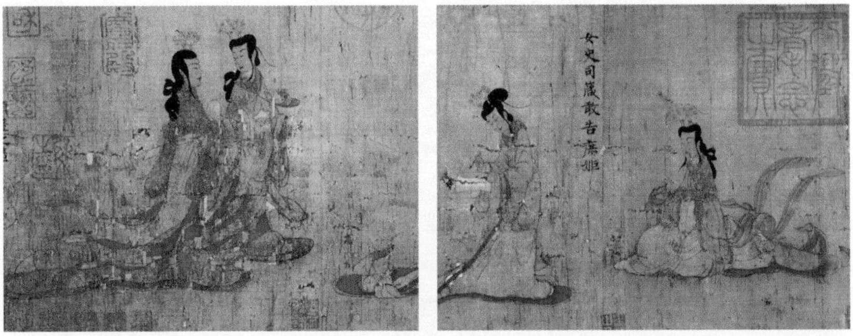

圖3-38 戴步搖的宮廷女子（顧愷之《女史箴圖》）

（左）圖3-39 據顧愷之《女史箴圖》所繪步搖效果圖，其基座與石榴花花蒂相仿

（右）圖3-40 石榴花花蒂

西漢時，漢成帝沉湎於酒色，並寵信趙飛燕姐妹而荒廢朝政，導致外戚專權。劉向有鑑於此，乃編輯自古以來賢妃、貞婦、寵姬等人的故事為《列女傳》，獻給成帝，期望他從中吸取教訓。今日所見《列女圖》中的女子，九人中有六人可以明確是戴有步搖的。她們所戴的步搖有兩種形制：一種與《女史箴圖》中所見相仿，為團形花枝狀，戴者分別是許穆夫人（圖3-41）、衛靈公夫人和晉羊叔姬；另一種為團形花朵狀，比之前者形體較為小巧，下部亦有一石榴花花蒂狀基座，基座上方為一花朵形飾物，戴者分別是衛懿公夫人、孫叔敖母和曹國僖負羈之妻（圖3-42）。沈滿願〈詠步搖花〉說：「剪荷不似制，為花如自生。」衛懿公夫人額頭上方的步搖，便恰似一朵荷花（圖3-43）。

值得注意的是，《列女圖》中的晉羊叔姬、曹僖負羈之妻和孫叔敖母都並非宮廷貴婦，而僅

圖3-41 許穆夫人，頭戴團形花枝狀步搖（顧愷之《列女圖》）

圖3-42 孫叔敖母（左）和曹國僖負羈之妻（右），二人頭上均戴團形花朵狀步搖（顧愷之《列女圖》）

圖3-43 衛懿公夫人，頭戴荷花形步搖（顧愷之《列女圖》）

僅是當時上層社會的婦女，顧愷之卻同樣給她們戴上了步搖，可見魏晉以降，一般貴族女性也是可以戴步搖的。《晉書．志第九》記載行蠶禮云：「蠶將生，擇吉日，皇后著十二笄步搖，依漢魏故事……公主、三夫人、九嬪、世婦、諸太妃、太夫人及縣鄉君、郡公侯特進夫人、外世婦、命婦皆步搖、衣青，各載筐鉤從蠶。」[87]於此可見晉時貴婦頭戴步搖的盛況。這一點到了南朝則更為普遍，而且不再限於禮儀裝束，而是進入了尋常生活。

芳郊拾翠人，回袖掩芳春。金輝起步搖，紅彩發吹綸。湯湯蓋頂日，飄飄馬足塵。薄暮高樓下，當知妾姓秦。（梁．費昶〈春郊望美人〉）[88]

明珠翠羽帳，金薄綠綃帷。因風時暫舉，想象見芳姿。清晨插步搖，向晚解羅衣。托意風流子，佳情詎肯私。（梁．范靖妻沈滿願〈戲蕭娘〉）[89]

春晚駕香車，交輪礙狹斜。所恐惟風入，疑傷步搖花。含羞隱年少，何因問妾家。青樓臨上路，相期覺路賒。（梁．劉遵〈相逢狹路間〉）[90]

---

[87]（唐）房玄齡等：《晉書》，中華書局，一九七四年，五九〇頁。
[88]（陳）徐陵編，（清）吳兆宜注，程琰刪補，穆克宏點校：《玉臺新詠箋注》，中華書局，二〇〇四年，二五〇頁。
[89]（陳）徐陵編，（清）吳兆宜注，程琰刪補，穆克宏點校：《玉臺新詠箋注》，中華書局，二〇〇四年，二〇九頁。
[90]（宋）郭茂倩：《樂府詩集》，中華書局，一九九八年，五一二頁。

圖3-45 部分桃形金葉和金飾殘件（山東臨沂洗硯池M2號晉墓出土）

圖3-44 金花（南京北郊東晉墓出土）

以上詩歌，都是因美人而言及步搖花，寫她們頭戴步搖、熠熠生輝的搖曳姿態與萬般風情。可知在日常生活中，步搖花已經成為南朝佳麗們的珍愛。然而，南朝時期的步搖是否在形制上已經發生了變化，發生了什麼變化，我們並不清楚。有一點可以明確的是，在中原和南朝地區的考古發掘中，尚未發現完整的顧愷之筆下的金步搖實物。只是在不少墓葬中，發現了一些疑似步搖上的金製配件。南京北郊東晉墓出土了兩件金花（圖3-44）和三件雞心形金葉[91]。山東臨沂洗硯池M2號晉墓出土了八件桃形金葉和部分金飾殘件（圖3-45）[92]。南京市郭家山東晉溫氏家族墓M12，出土了四件桃形金葉、一件金飾物和三片金製殘件；M13出土了九件桃形金葉和部分金珠、金薄片、金飾件[93]等。其中的金花有莖，六片花瓣上均飾有金粟；桃形或雞心形金葉，頂端都打有一個小孔，顯然屬於懸掛物，這和金步搖上的搖葉十分相似。二者很可能就是步搖上的裝飾物。但在更多的證據出現之前，我們還只能保持一種謹慎的態度。

六朝步搖也許一直處在不斷的發展過程中，並在形制上有所變化。金步搖在一般貴族婦女中的流行和普及，很可能令步搖的形制與佩戴日趨簡易，這是一種比較合乎常規的推測。基於此，步搖到了唐以後便與釵合二為一，出現了釵頭上綴以鳥雀、蝴蝶、花朵、珠玉等飾物的步搖釵（圖3-46、3-47），也就不會讓人覺得詫異了。《新唐書・五行一》

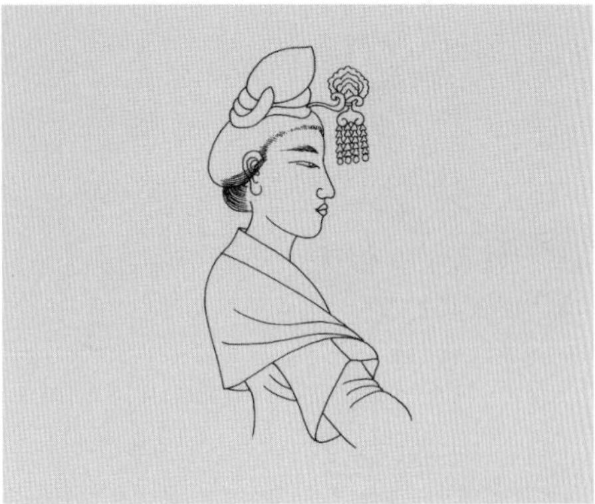

圖3-46 頭插步搖的唐代婦女（陝西省乾縣唐永泰公主墓出土石刻）

圖3-47 四蝶銀步搖釵（左）和金鑲玉步搖釵（右）（安徽省合肥市農學院南唐湯氏墓出土）

載：「天寶初，貴族及士民好為胡服胡帽，婦人則簪步搖釵，衿袖窄小。」[94]又唐代詩人張仲素〈宮中樂〉云：「翠匣開寒鏡，珠釵掛步搖。妝成只畏曉，更漏促春宵。」[95]從中可以看出，釵與步搖已經合二為一，稱為步搖釵了，而且在貴婦和士民女子中間已經十分普及，不再是貴婦們的專利了。

二、燕、代地區流行之步搖冠

根據史書記載，中國北方的燕、代地區，在魏晉南北朝時盛行一種步搖冠，這和出土文物的分佈情況也是基本相符的。北方出土的步搖冠配件，主要分佈在今天的內蒙古、遼寧一帶。從近幾十

91 南京市博物館：〈南京北郊東晉墓發掘簡報〉，《考古》，一九八三年第四期。
92 山東省文物考古研究所、臨沂市文化局：〈山東臨沂洗硯池晉墓〉，《文物》，二〇〇五年第七期。
93 南京市博物館：〈南京市郭家山東晉溫氏家族墓〉，《考古》，二〇〇八年第六期。
94 （宋）歐陽修等：《新唐書》，中華書局，二〇〇三年，八七九頁。
95 （宋）郭茂倩：《樂府詩集》，中華書局，一九九八年，一一五八頁。

年發現的考古實物與學術研究成果[96]看，居住在中國北方的草原游牧部落，很久以來就有戴金冠、金飾的文化傳統，這為步搖冠的流行奠定了必要的文化基礎。正是草原部落自身的這種文化傳統，使得中國北方流行的步搖冠和中原、南朝地區流行的步搖花，在形制和佩戴上，都體現出了許多不同點。

較早記載北方少數民族戴步搖的文獻資料是《後漢書・烏桓傳》：「婦人至嫁時乃養髮，分為髻，著句決，飾以金碧，猶中國有簂步搖。」[97]句決是一種首飾，其形制今人已不清楚。簂疑為幗，即巾幗（一種假髻），是用假髮（如黑色絲、毛、線）等編製而成的類似於假髻的飾物，用時直接戴在頭上。劉熙《釋名・釋首飾》：「簂，恢也，恢廓覆髮上也。」[98]清人厲荃《事物異名錄》云：「按：簂即幗也，若今假髻，用鐵絲為圈，外編以髮。」[99]當然，漢代人的巾幗未必是用鐵絲為圈，或許用的是別的材料，但幗是假髻這一點則是可以肯定的。儘管我們還沒有出土實物可以參照，但從漢代圖像資料（**圖3-48、3-49**）來看，此種假髻大概通常和巾子一起配合使用，即在假髮套上加巾子以為飾，這或許就是「巾幗」一名所以和「巾」密不可分的原因。

圖3-48 頭戴巾幗的婦女陶俑線描圖（廣東省廣州市郊東漢墓出土）

圖3-49 頭戴巾幗的婦女陶俑線描圖（四川省忠縣塗井漢墓出土）

烏桓婦女頭上的髮飾，有句決，上面飾金碧，類似於在中原地區的巾幗上加以金步搖。這樣的裝束就很有點兒像金冠了，所以孫機先生說：「如果進一步將巾幗改用更硬挺的材料製成類似冠帽之物，再裝上多

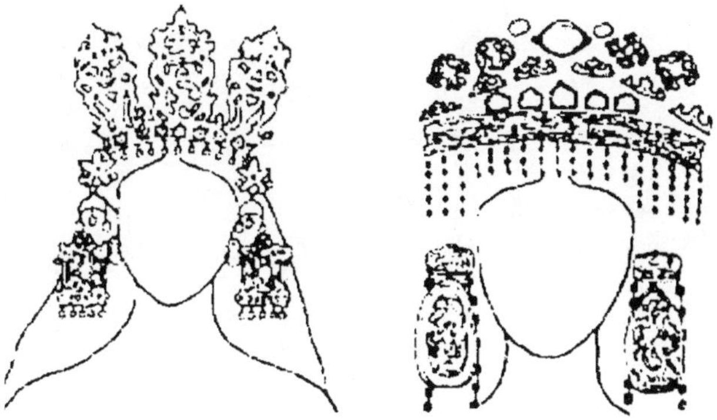

圖3-50 阿富汗北部席巴爾甘（Shibarghan）六號大月氏墓女主人頭部金飾復原圖（左），以及內蒙古西溝畔四號漢代匈奴墓女主人頭部金飾復原圖（右）；兩者應具有一定的承繼關係

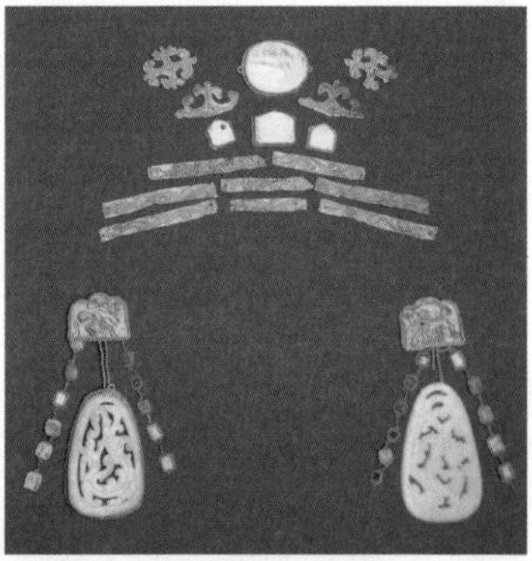

圖3-51 內蒙古西溝畔四號漢代匈奴墓出土金頭飾、耳飾實物圖

件步搖，就可以稱之為步搖冠了。」[100]烏桓婦女的幗步搖是否可以稱為步搖冠，它的具體形制如何，我們可以從出土的一些金飾中得到些許啟示。內蒙古準格爾旗西溝畔四號漢代匈奴墓出土的一套貴婦人的金首飾，有長條形金飾片六十二件，卷雲紋金飾片十五件，包金貝殼飾片六件及大量金屬珠，飾片上邊均留有針孔。孫機先生認為，這些飾片原本應該是縫在巾幗或者帽子上，整體看來就像一件搖曳生輝的金冠[101]（圖3-50、3-51）。這種冠飾或曰帽飾，大約與烏桓婦女的幗步搖裝束

[96] 參見楊伯達：〈中國古代金飾文化板塊論〉，《故宮博物院院刊》，二〇〇七年第六期。

[97]（宋）范曄：《後漢書》，中華書局，一九七三年，二九七九頁。

[98]（清）王先謙：《釋名疏證補》，上海古籍出版社，一九八四年，二四〇頁。

[99]（清）厲荃：《事物異名錄》卷十六，《續修四庫全書》（第一二五二冊），上海古籍出版社，二〇〇二年，六四六頁。

[100] 孫機：〈步搖．步搖冠．搖葉飾片〉，《中國聖火——中國古文物與東西文化交流中的若干問題》，遼寧教育出版社，一九九六年，九一頁。

[101] 孫機：〈步搖．步搖冠．搖葉飾片〉，《中國聖火——中國古文物與東西文化交流中的若干問題》，遼寧教育出版社，一九九六年，九五頁。

十分相似。烏桓，史書又稱「烏丸」，與鮮卑族同屬於東胡部落聯盟的一支。秦朝末年，東胡被匈奴擊破後遷居烏桓山（今遼河上游西喇木倫河以北），並因此而得名。漢武帝擊敗匈奴，遷烏桓於上谷、漁陽、右北平、遼東、遼西地區，為漢朝戍邊，抵禦匈奴的襲擾，並設置了護烏桓校尉，東漢魏晉沿置未變。東漢時竇憲擊破北匈奴，迫其西遷；而烏桓人大部則逐漸南遷，與漢族融為一體。（這樣，來自大興安嶺一帶的鮮卑人，便乘虛入主廣大的漠北草原與內蒙古、燕代、遼西、遼東地區。）烏桓婦女的裝束，想必在很大程度上受到了匈奴服飾文化的影響。

其實，無論匈奴、烏桓婦女的金首飾，還是後來鮮卑民族的步搖冠，與中國西北及北方游牧部落的金冠文化，都是一脈相承的。內蒙古杭錦旗阿魯柴登戰國晚期匈奴墓出土的一只金冠（**圖3-52**），包括冠頂和環形冠箍兩部分。冠箍與冠頂分離，冠頂下部為一半球形，上立一隻雄鷹，俯視大地。二者原本應該與毛製品或棉麻製品等一起連綴成一只完整的冠帽。而新疆吐魯番市交河溝西一號漢墓出土的金冠（**圖3-53**），則僅餘一只半圓形冠箍，未見冠頂。如果這種金冠的冠頂加上一些可以搖曳的飾物，也就可以稱為步搖冠了。巧合的是，在內蒙

圖3-52 金冠（內蒙古杭錦旗阿魯柴登戰國晚期匈奴墓出土）

圖3-53 金冠（新疆吐魯番市交河溝西一號漢墓出土）

古科爾沁左翼後旗毛力吐鮮卑墓葬中，就出土了一件東漢時期的金冠飾[102]（圖3-54），下部為一圓盤形底座，上立一隻鳳鳥，在鳳鳥雙翅和尾翼邊緣上打有小孔，上綴可以搖曳的圓形葉片。在金冠飾的圓形底座上，打有四個小孔，應該是用以連綴冠帽的，或者可以說，這就是一件金冠的冠頂。這樣的金冠，應該就是較早出現的步搖冠的一種。

步搖冠似乎和鮮卑人有著不解的情緣，至今在北方發現的金步搖實物，大都出土於鮮卑墓葬或窖藏中。而關於慕容鮮卑與步搖冠的關係，還有一段歷史傳說：

> 慕容廆，字弈洛瑰，昌黎棘城鮮卑人也。其先有熊氏之苗裔，世居北夷，邑于紫蒙之野，號曰東胡。其後與匈奴並盛，控弦之士二十餘萬，風俗官號與匈奴略同。秦漢之際為匈奴所敗，分保鮮卑山，因以為號。曾祖莫護跋，魏初率其諸部入居遼西，從宣帝伐公孫氏有功，拜率義王，始建國於棘城之北。時燕代多冠步搖冠，莫護跋見而好之，乃斂髮襲冠，諸部因呼之為步搖，其後音訛，遂為慕容焉。[103]

此文說鮮卑慕容部因步搖冠而得名，並不符合事實。《三國志》卷三十，裴松之注「鮮卑」條

圖3-54 東漢時期的金冠飾（內蒙古科爾沁左翼後旗毛力吐鮮卑墓出土）

[102] 趙雅新：〈科左後旗毛力吐發現鮮卑金鳳鳥冠飾〉，《文物》，一九九九年第七期。

[103] （唐）房玄齡等：《晉書》，中華書局，一九七四年，二八〇三頁。

云，東漢桓帝時，鮮卑首領檀石槐稱霸漠北，分鮮卑為三部，「從右北平以西至上谷為中部，十餘邑，其大人曰柯最、闕居、慕容等，為大帥」[104]。可知，東漢時鮮卑部族之一的首領即已稱為「慕容」，而慕容部很可能早已經沿用這個名稱。慕容廆的祖父莫護跋，在曹魏初年率眾入居遼西，他們應該是慕容部的一個分支，因為幫助司馬懿平定遼東公孫淵有功，獲朝廷封賞，便定居此地，遼西也就成了這支慕容氏的發跡之地。

鮮卑與烏桓同為東胡的分支，很久以來就和匈奴人共居中國北方大草原，二者同樣深受匈奴文化的影響。上文稱鮮卑人「風俗官號與匈奴略同」，應該是有根據的。就此而論，鮮卑服飾文化（包括步搖冠）自然會受到匈奴人的影響。而東漢末年燕代地區流行的步搖冠，可能就是北方游牧民族金飾文化的一部分，與其金冠傳統是一致的。身為鮮卑人的莫護跋喜歡步搖冠，是情理中的事情。而黃金步搖冠，無疑是草原民族身份與地位的象徵。這種步搖冠的配件，在今天遼西的朝陽地區發現最多，這和慕容鮮卑的發祥地是一致的。據統計，在遼寧朝陽魏晉及三燕時期的墓葬中，北票房身村墓、田草溝墓、朝陽十二臺磚廠墓、喇嘛洞墓及北票馮素弗墓、王子墳山墓等地，都曾出土過此種器物。

北票房身村晉墓出土金步搖兩件（圖3-55、3-56），一大一小。

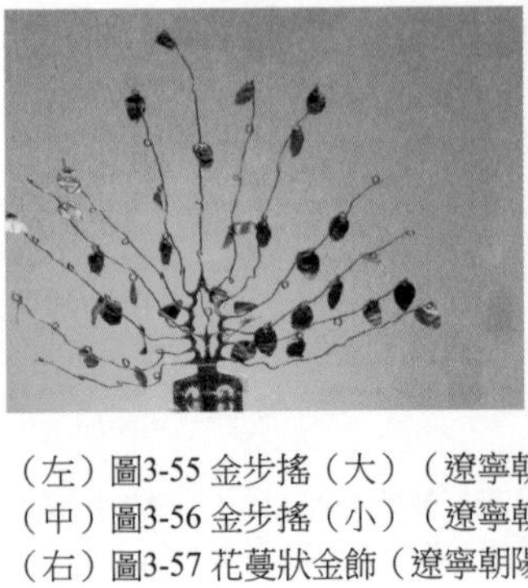

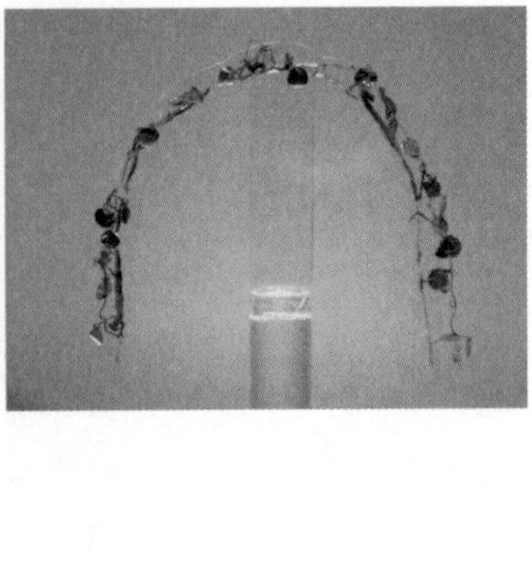

（左）圖3-55 金步搖（大）（遼寧朝陽北票房身村晉墓出土）
（中）圖3-56 金步搖（小）（遼寧朝陽北票房身村晉墓出土）
（右）圖3-57 花蔓狀金飾（遼寧朝陽北票房身村晉墓出土）

發掘報告說，兩件器物的基座均為透雕，四周遍佈針孔，大的四角還各有一穿孔；同墓還出土有花蔓狀金飾兩件（圖3-57），上面懸掛有圓形金葉片，與步搖共用，疑為冠上的圍飾[105]。由於墓中沒有出土簪、釵類飾物，我們推測，花蔓狀金飾和今天稱之為「步搖」的兩件花樹狀金飾，很可能是用絲線類固定在冠（或巾幗）上的飾物，合而言之，也就成了步搖冠。王子墳山晉墓和田草溝晉墓出土的「步搖」（圖3-58、3-59、3-60），基座也是透雕，前者四角也各有一穿孔，基座的鏤空與穿孔，都為用絲線加以固定預留了空間。

馮素弗墓出土的金冠框架，以十字形長條金片彎作弧形，構成冠頂，頂部有基座，上面伸出六根花枝，枝上掛有金葉片（圖3-61）。這支金冠框架，和韓國大丘飛仙洞三十七號伽耶墓出土鎏金銅冠（圖3-62左）的冠頂十分相似，可知它應該是步搖冠的內層框架，即冠頂。即便如此，我們還是無法斷定馮素弗所戴步搖冠的完整形象。馮

[104]（晉）陳壽：《三國志》，中華書局，一九九八年，八三八頁。

[105] 陳大為：〈遼寧北票房身村晉墓發掘簡報〉，《考古》，一九六〇年第一期。

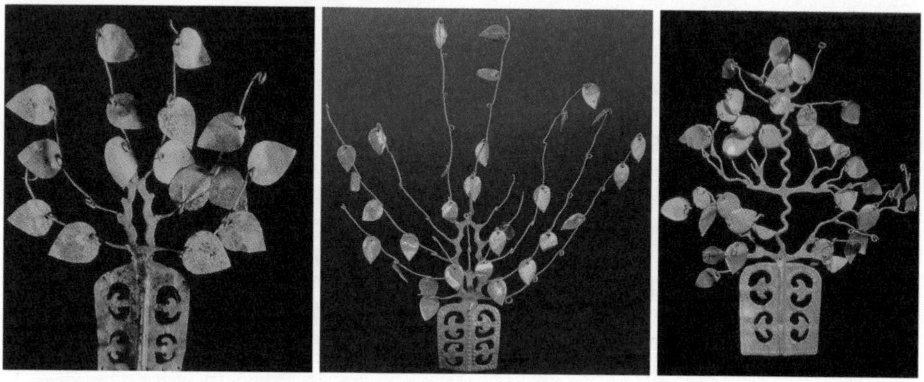

（左）圖3-58 金步搖（遼寧朝陽王子墳山晉墓出土）
（中）圖3-59 金步搖（大）（遼寧朝陽田草溝晉墓出土）
（右）圖3-60 金步搖（小）（遼寧朝陽田草溝晉墓出土）

圖3-61 金冠框架實物（遼寧北票馮素弗墓出土）

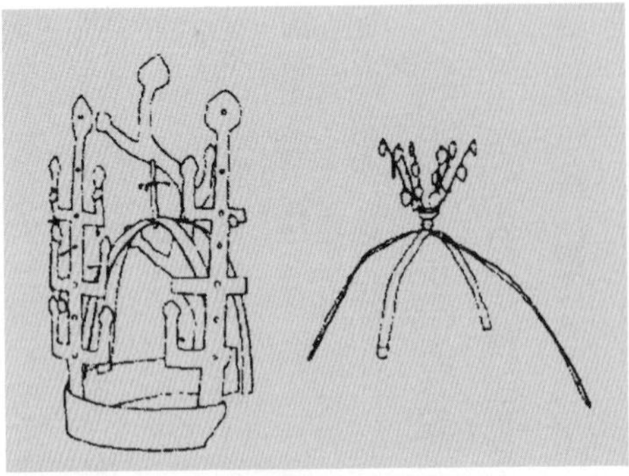
圖3-62 韓國大丘飛仙洞三十七號伽耶墓出土鎏金銅冠（左）與馮素弗墓出土金冠框架（右）線描對比圖

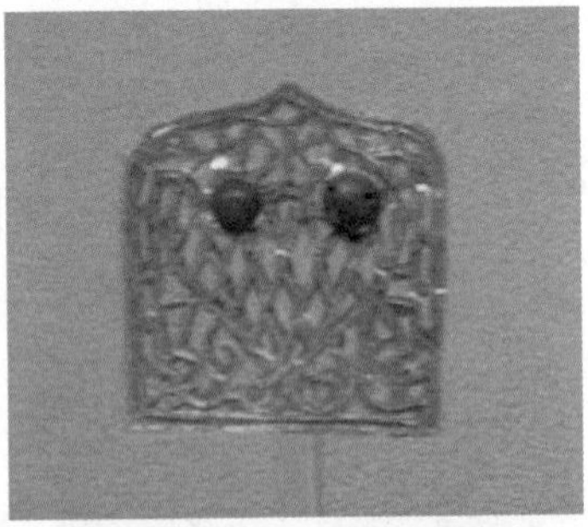
圖3-63 蟬紋金璫（遼寧北票馮素弗墓出土）

圖3-64 金牌飾（遼寧北票馮素弗墓出土）

素弗是北燕太祖天王馮跋的弟弟，官至侍中、車騎大將軍、錄尚書事、遼西公。他的墓中出土有蟬紋金璫（圖3-63），這是當時侍中、常侍的基本標誌，與其身份是完全吻合的。其身份高貴至此，頭戴步搖冠自是常理中的事情。此墓出土文物中還有金牌飾（圖3-64），推測應該與蟬紋金璫、金冠框架同為步搖冠上的構件。

除卻上述慕容鮮卑的步搖冠飾之外，拓跋鮮卑也有戴步搖冠的習俗。在內蒙古烏蘭察布盟達茂旗（現歸屬包頭市）西河子鄉的一處窖藏中，出土了四件步搖冠飾，兩兩相同，恰好是兩對（圖3-65）。漢末魏晉之際，現包頭市一帶為鮮卑拓跋部所居，這裡出土的步搖冠飾，應為拓跋鮮卑人的服飾。這兩對步搖冠飾都鑲嵌有青碧色的料石，有的已經脫落；其中一對的基座似鹿形，另一對的基座似牛

圖3-65　金步搖（內蒙古烏蘭察布盟達茂旗西河子鄉窖藏）

形，基座上方均為鹿角形枝杈，這可能和拓跋鮮卑人的祖先來自大興安嶺擁有密切關係。一九八〇年七月，內蒙古呼倫貝爾盟的文物工作者，在大興安嶺北段的嘎仙洞內，發現了北魏太武帝拓跋燾於太平真君四年（西元四四三年），派遣中書侍郎李敞祭祖時所刻的祝文。這和《魏書》所記基本吻合，證明嘎仙洞就是北魏拓跋鮮卑祖先居住的石室舊墟。《魏書．烏洛侯傳》稱：

> 烏洛侯國，……世祖真君四年來朝，稱其國西北有國家先帝舊墟，石室南北九十步，東西四十步，高七十尺，室有神靈，民多祈請。世祖遣中書侍郎李敞告祭焉，刊祝文於室之壁而還。[106]

這一歷史發現表明，鮮卑人的祖先原本確係居住在大興安嶺的群山中，過著狩獵生活，森林生涯對他們的影響是深入骨髓的。這一帶如今是鄂倫春人的生息地，此處與人關係最密切的食草動物是馴鹿，頭上長枝杈形鹿角，面目似牛、似鹿。因此，達茂旗出土的兩對似牛、似鹿的金步搖飾，應該是拓跋鮮卑人對其祖先森林生活的懷念；其上部枝杈似鹿角、懸掛樹葉形金片，更可以說明他們心靈深處對森林的那份眷戀。而慕容鮮卑人的多件樹杈形步搖，及樹杈上的葉形金片，似乎也說明了這點。不同的是，二者的牌飾，一為動物面形，一為鏤空矩形，說明他們在心理、文化上雖然同源，但也存在一定的差異，這可能和他們生活環境的變遷具有一定關係。

[106]（北齊）魏收：《魏書》，中華書局，二〇〇三年，二二二四頁。

晉室南遷以後，中國北方便長時間處在鮮卑人的統治之下。北魏政權雖然進行過深入的漢化變革，但其自身的服飾文化不可能完全消亡，只可能是在漢化的過程中，逐漸實現二者的優缺互補。部分鮮卑服飾文化，甚至會頑強地生存下去，成為其北方文化基因的一種遺存，步搖冠就是其中一例。在南朝陳人和北周人的詩歌中，我們還可以看到北方任俠少年頭戴步搖冠的景象。

> 長安好少年，驄馬鐵連錢，陳王裝腦勒，晉后鑄金鞭。步搖如飛燕，寶劍似舒蓮。去來新市側，遨遊大道邊。（陳．沈炯〈長安少年行〉）[107]

> 飛甍雕翡翠，繡桷畫屠蘇。銀燭附蟬映雞羽，黃金步搖動襜褕。兄弟五日時來歸，高車竟道生光輝。……少年任俠輕年月，珠丸出彈遂難追。（北周．王褒〈日出東南隅行〉）[108]

南朝陳時，長安是北周的都城，北周乃鮮卑宇文部建立的政權，而長安自北魏以來便歸於鮮卑人的統轄之下。因此，無論是沈炯還是王褒筆下的北方任俠少年，都應該是指鮮卑人或鮮卑化的漢人。鮮卑人原本就是馬背上的民族，任俠尚武，又是通過馬上征戰獲得的天下，所以，騎馬、戎裝自然會成為少年人的時尚追求。從詩歌內容看，他們頭戴金步搖冠，應該屬於貴族，是鮮卑人中的上層統治者，因為只有貴族才可能戴得起這樣貴重的首飾。長安的任俠少年頭戴步搖冠，「去來新市側，遨遊大道邊」的情景告訴我們，鮮卑人從漢末發跡到北朝末年，步搖冠一直是他們引以為傲的盛飾。

流行於燕代地區的金步搖，因直接傳承了中亞及中國北方草原游牧部落的金冠文化傳統，更多保留了金冠的樣式與風貌。今天北方出土的金步搖配件，大多是和冠帽縫綴在一起使用，可以稱為步搖冠。此種步搖冠，男女均可以佩戴。從出土文物的形制看，步搖冠的主要配件「步搖」，有一種是懸掛著金葉片的鳥形，僅有一件；而另一種則比較常見，下部是一個牌型基座，有獸面形和鏤空矩形，上部是呈平面扇形展開的枝杈，枝杈上懸掛著可以搖動的桃形金葉片。兩者均為鮮卑人所佩戴，從其似牛、似鹿的牌型基座和扇形鹿角狀、樹枝狀枝杈，及其搖葉主要為樹葉來看，這可能和鮮卑人的祖先曾經生活在森林裡有密切關係，體現了他們對祖先森林生活的一種懷念。

流行於中原、南朝地區的金步搖，顯然因絲綢之路的文化交流，而受到了草原金冠文化的影響。中原地區擁有自己漫長的衣冠文化傳統，不可能完全照搬外來的首飾樣式與佩戴方法，必然對它進行漢化處理，使之適應中原人的風俗習慣，當然，更重要的是文化理念。因此，草原游牧民族的金步搖，和中原地區的簪釵、珠玉、花朵、翡翠、珍禽、瑞獸等相結合，便產生了中原詩人筆下的步搖花。這種改良以後的步搖花，顯然是女子的專利。對於中原士大夫來說，他們擁有自己的冠冕傳統，那可是祖宗之法，是士人心目中的文化正統，根本不需要金步搖來自抬身價。步搖花的形制，從出土實物和圖像資料看，大體呈團形花枝或團形花朵狀，這和北方平面扇形的步搖枝杈形成了鮮明對比。步搖花是插在髮髻上，推測應與簪釵配合使用才行。無論其形制還是佩戴方式，都體現了中原文化的審美傾向與文化理念。

從整體上看，儘管南北兩種金步搖都受到了中亞異域文化的影響，但因其各自成長於不同的地

107 （宋）郭茂倩：《樂府詩集》，中華書局，一九九八年，九五九頁。

108 （宋）郭茂倩：《樂府詩集》，中華書局，一九九八年，四二二頁。

域環境和文化傳統，所以呈現出兩種不同的樣式與風貌。二者雖然歷史上都被稱作「步搖」，但他們的差異及其背後的文化傳承，還是應該引起我們足夠的重視和深思。

六朝女子服飾上承兩漢之遺緒，下開隋唐之風氣，在中華民族服飾史上具有特殊的歷史地位。魏晉以來，曠日持久的戰爭給世人帶來心靈的傷痛，同時也打碎了人們內心的僵化與保守，胡風南下的同時，北方民族亦開始真誠接受漢文化的洗禮。無論裲襠衫、袴褶，還是步搖花、步搖冠，都是這種民族文化大融合背景下的產物。開放的思想，帶來了民族服飾文化的創新與多樣性。隋唐以降，中外文化的交流日益廣泛和深入，受胡風浸染，華夏女子的裝飾也更趨大膽與開放，乃至女著男裝、胸頸敞露，完全一派大國的自信與張揚，造就了中華民族文明史上的一個衣冠盛世。

第四章

國色天香：唐代女子服飾時尚

在歷經長期的社會變動和民族融合後，唐王朝成為當時世界上最富強繁榮的帝國之一，鼎盛時的勢力範圍東北至朝鮮半島，西達中亞，北至蒙古，南達印度。京城長安成為當時亞洲乃至世界的政治、經濟、文化交流中心。當時與唐朝有過往來的國家和地區一度達到三百多個，正如詩人王維在〈和賈至舍人早朝大明宮之作〉中所描繪的「萬國衣冠拜冕旒」的盛況，每年有大批留學生、外交使節、客商、僧人和藝術家前來長安。他們身著形式各異的異域服裝，給唐代女子服飾注入了新鮮空氣，使其呈現出多姿多彩的新局面。

縱觀唐代近三百年的女性日常服飾風尚，大致經歷了這樣的流變——初期：短衣長裙，繼承了自漢魏北朝以來女性最常用的襦裙式樣；中期：胡服，女效男裝，戎裝盛行；晚期：袒胸，博衣闊裙，大袖長帶，簪釵耀眼，奢華豔麗。

第一節　衣裙與鞋子

唐代聲威文教遍於亞細亞，是最能代表中華民族精神的一個大時代。這二三百年間，文治武功皆曠絕前古，又頗能吸收印度文化與伊斯蘭文化之長，而融合於中國所固有，故美麗而不纖弱，勇邁而不粗悍。❶

唐代女性穿用最多的當屬自漢末以來一直流行的短襦長裙。《說文》：「襦，短衣也。」❷可見，襦並不是一種長服。「裙」是「群」的同源派生詞，意思是將多（群）幅布帛連綴到一起，形成筒狀❸。由於紡織技術的限制，中國古代早期生產的布帛門幅較窄，一條裙子通常由多幅布帛拼製，所以用「群」字。短襦與長裙加上便於搭配的半臂、富於韻律動感的帔子和足尖翹起的雲頭履，構成了唐代女子的時尚風貌。

一、粉胸半掩疑晴雪

直緣多藝用心勞，心路玲瓏格調高。舞袖低徊真蛺蝶，朱唇深淺假櫻桃。粉胸半掩疑晴雪，醉眼斜回小樣刀。才會雨雲須別去，語慚不及琵琶槽。

酒蘊天然自性靈，人間有藝總關情。剝蔥十指轉籌疾，舞柳細腰隨拍輕。常恐胸前春雪釋，惟愁座上慶雲生。若教梅尉無仙骨，爭得仙娥駐玉京。❹

詩中「粉胸半掩疑晴雪」、「常恐胸前春雪釋」都是在描寫唐代盛行的袒領露胸的時裝風尚。中國的禮教對女性要求較嚴，不僅約束其舉止、桎梏其思想，還要求婦女將身體緊緊包裹起來，不允許有稍微的裸露。但唐代國風開放，女子的社會地位和活動空間獲得極大提高和擴展，甚至在服裝上出現了「袒胸裝」——將胸部和頸部曲線裸露在外的著裝時尚。

袒胸裝的流行與當時女性以身材豐腴健碩為佳，以皮膚白皙粉嫩、晶瑩剔透為美的社會審美風氣是分不開的。唐代描寫袒胸裝的詩詞很多，如「漆點雙眸鬢繞蟬，長留白雪占胸前」❺、「兩臉

---

❶賀昌群：〈唐代女子服飾考〉，《賀昌群文集》第一卷，商務印書館，二〇〇三年，二六三—二七九頁。

❷李恩江、賈玉民：《說文解字譯述．衣部》，中原農民出版社，二〇〇〇年，七五三頁。

❸「裙，聯接群幅也。」參見（東漢）劉熙撰，（清）畢沅疏證，王先謙補：《釋名疏證補》，中華書局，二〇〇八年，二五七頁。

❹（唐）方幹：〈贈美人〉四首之二，《全唐詩》卷六五一，中華書局，一九七九年，七四七八頁。

❺（唐）施肩吾：〈觀美人〉，《全唐詩》卷四九四，中華書局，一九七九年，五六〇四頁。

酒醺紅杏妒，半胸酥嫩白雲饒」[6]、「胸前瑞雪燈斜照，眼底桃花酒半醺」[7]等，均是對這種風尚的描寫。最初，袒胸裝多在歌伎舞女中流行，後來宮中佳麗和社會上層婦女也引以為尚，紛紛效仿。《簪花仕女圖》中的仕女個個體態豐盈，半胸酥白，極具富貴之態（圖4-1）。此外，在唐代敦煌壁畫、吐魯番阿斯塔那唐墓出土戴羃䍦女騎俑（圖4-2）和唐懿德太子墓石槨淺雕中也都有袒胸裝的形象。這種流行於宮中的時尚，後來也流傳到了民間，周濆〈逢鄰女〉詩云：「日高鄰女笑相逢，慢束羅裙半露胸。莫向秋池照綠水，參差羞殺白芙蓉。」[8]詩中正是對鄰家女子身著袒胸裝的美麗倩影進行了描繪。

圖4-1 唐・周昉《簪花仕女圖》中的仕女形象

除了開放的社會環境和多元化的審美習慣，唐代女性袒胸裝的形成，也與此時女裙「高腰掩乳」的穿著習慣有關，如《步輦圖》中的侍女（圖4-3）。「高腰掩乳」直接導致唐代長裙的流行，

圖4-3 唐·閻立本《步輦圖》中仕女所穿裙子「高腰掩乳」的形象

圖4-2 戴冪䍦女騎俑（阿斯塔那唐墓出土）

❻（唐）李洞：〈贈龐煉師〉，《全唐詩》卷七二三，中華書局，一九七九年，八二九六頁。（編按：龐煉師為女道士）

❼（唐）李群玉：〈同鄭相並歌姬小飲戲贈〉（一作杜丞相悰筵中贈美人），《全唐詩》卷五六九，中華書局，一九七九年，六六〇二頁。

❽（唐）周濆：〈逢鄰女〉，《全唐詩》卷七七一，中華書局，一九七九年，八七五五頁。

證以「青樓（黛眉）小（少）婦研裙長」❾、「長裙錦帶還留客」❿。更有甚者，裙襬拖地尺餘，如「坐時衣帶縈纖草，行即裙裾掃落梅」⓫，衣裙之長可以用裙襬拖掃散落在地面的梅花，奢華且富有意境。中唐晚期此風尤盛，其形象如《揮扇仕女圖》中女性束腰長裙（圖4-4）。唐文宗時，曾下令禁止。⓬然而據《新唐書・車服志》記載：「詔下，人多怨者。京兆尹杜悰條易行者為寬限，而事遂不行。」⓭可見，裙長的禁令無法真正實施。

圖4-4 唐・周昉《揮扇仕女圖》中仕女的束腰長裙

在唐代，與女裙搭配的上衣一般是短襦或大袖衫。此時的短襦，除交襟右衽之外，更多地採用對襟的形式，衣襟敞開，不用紐扣，下束於裙內。袖子以窄袖為主，袖長通常至腕，有的甚至長過手腕，穿時雙手藏於袖內。唐代《搗練圖》、《揮扇仕女圖》和《內人雙陸圖》（圖4-5）中均繪有著窄袖短襦的婦女形象。大袖衫，流行用紗羅等輕薄材料製成，衣長至胯以下。在唐代詩詞中有很多描寫女衫輕薄的優美詩句，如「鴛鴦鈿帶拋何處，孔雀羅衫付阿誰」⓮。唐代女子穿著大袖衫時，衣襬多披垂於裙身之外。透過薄紗，胸前風景自然若隱若現，若有若無。更為奢侈者，還會在薄紗上加飾金銀彩繡，如「羅衫葉葉繡重重，金鳳銀鵝各一叢。每遍舞

圖4-5 唐·周昉《內人雙陸圖》中的婦女形象

圖4-6 紅羅地蹙金繡隨捧真身菩薩佛衣模型（西安法門寺地宮出土）

時分兩向，太平萬歲字當中」⓯。實物如西安法門寺地宮出土的紅羅地蹙金繡隨捧真身菩薩佛衣模型（**圖4-6**）。其中的對襟衣用絹做裡，用絳色羅做面，其上均勻分佈蹙金繡折枝花卉紋樣。花朵外面襯花葉，每個花朵都留出一顆花心。

---

❾（唐）王建：〈宮詞〉，《全唐詩》卷三〇二，中華書局，一九七九年，三四四五頁。

❿（唐）王翰：〈觀蠻童為伎之作〉，《全唐詩》卷一五六，中華書局，一九七九年，一六〇五頁。

⓫（唐）孟浩然：〈春情〉，《全唐詩》卷一六〇，中華書局，一九七九年，一六五七頁。

⓬「文宗即位，以四方車服僭越奢，下詔准儀制令，……婦人裙不過五幅，曳地不過三寸。」參見（宋）歐陽修等：《新唐書》，中華書局，一九七五年，五三一頁。

⓭（宋）歐陽修等：《新唐書》，中華書局，一九七五年，五三二頁。

⓮（唐）張祜：〈感王將軍柘枝妓歿〉，《全唐詩》卷五一一，中華書局，一九七九年，五八二七頁。

⓯（唐）王建：〈宮詞〉，《全唐詩》卷三〇二，中華書局，一九七九年，三四三九頁。

二、桃花馬上石榴裙

紅粉青蛾映楚雲，桃花馬上石榴裙。羅敷獨向東方去，漫學他家作使君。⓰

看朱成碧思紛紛，憔悴支離為憶君。不信比來長下淚，開箱驗取石榴裙。⓱

唐代女裙顏色絢麗，尤以紅裙為尚。唐詩中對此述及較多，如「窣破羅裙紅似火」⓲、「越女紅裙濕，燕姬翠黛愁」⓳都是描寫唐代女性流行的紅裙現象。

此時，紅裙又有「石榴裙」之稱。石榴原產波斯（今伊朗）一帶，於西元前二世紀傳入中國。在中國古代，植物顏色是服飾染色的主要來源。古人染紅裙一般是用石榴花。石榴裙顏色鮮豔，甚至與石榴花的紅色堪有一比，所謂「紅裙妒殺石榴花」⓴、「裙妒石榴花」㉑。在關於唐代石榴裙的傳說中，還有一個典故。據傳天寶年間，文官眾臣因唐明皇之令，凡見到楊貴妃須行跪拜禮，而楊貴妃平日又喜歡穿著石榴裙，於是「跪拜在石榴裙下」成為了崇拜敬慕女性的俗語。

除了石榴裙外，由於紅裙可用茜草浸染，故也稱「茜裙」㉒。此外，綠色之裙也深受婦女的青睞，時有「碧紗裙」㉓、「翠裙」㉔或「翡翠裙」㉕之稱，實物如阿斯塔那墓出土唐代寶相花印花絹褶裙（**圖4-7**）。此外，西安王家墳出土唐三彩女樂俑，上身穿半露胸式窄袖小衫和半臂，下身穿高腰十字瑞花條紋綠色錦裙（**圖4-8**）。

除了單色長裙，唐代還流行以兩種以上顏色的布帛間隔相拼的多褶長裙，時稱「間裙」或「間色裙」。《舊唐書．高宗本紀》載：「其異色綾錦，並花間裙衣等，靡費既廣，俱害女工。天后，

圖4-7 唐代寶相花印花絹褶裙（吐魯番阿斯塔那古墓出土，引自《中國美術全集‧印染織繡》）

圖4-8 唐三彩女樂俑（西安王家墳出土）

⑯（唐）張謂：〈贈趙使君美人〉，《全唐詩》卷一九七，中華書局，一九七九年，二〇二二頁。

⑰（唐）武則天：〈如意娘〉，《全唐詩》卷五，中華書局，一九七九年，五九頁。

⑱（唐）元稹：〈櫻桃花〉，《全唐詩》卷四二二，中華書局，一九七九年，四六三八頁。

⑲（唐）杜甫：〈陪諸貴公子丈八溝攜妓納涼晚際遇雨〉，《全唐詩》卷二二四，中華書局，一九七九年，二四〇〇頁。

⑳（唐）萬楚：〈五日觀妓〉，《全唐詩》卷一四五，中華書局，一九七九年，一四六九頁。

㉑（唐）白居易：〈和春深二十首〉，《全唐詩》卷四四九，中華書局，一九七九年，五〇六五頁。

㉒「黃陵女兒茜裙新」，參見（唐）李群玉：〈黃陵廟〉（一作李遠詩），《全唐詩》卷五七〇，中華書局，一九七九年，六六一〇頁；「茜裙二八採蓮去」，參見（唐）李中：〈溪邊吟〉，《全唐詩》卷七四八，中華書局，一九七九年，八五一五頁。

㉓「白妝素袖碧紗裙」，參見（唐）白居易：〈江岸梨花〉，《全唐詩》卷四三七，中華書局，一九七九年，四八五一頁。

㉔「斑斑點翠裙」，參見（唐）盧仝：〈感秋別怨〉，《全唐詩》卷三八七，中華書局，一九七九年，四三七二頁。

㉕「寶鈿香蛾翡翠裙」，參見（唐）戎昱：〈送零陵妓〉，《全唐詩》卷二七〇，中華書局，一九七九年，三〇二二頁。

我之匹敵，常著七破間裙，……」[26]所謂「七破」，即指裙上被剖成七道，以間他色，拼縫而成。除了「七破」，奢侈者可達「十二破」之多[27]。可以理解，整條裙子破數愈多，相間的布條就愈窄，反之則闊。其形象如西安昭陵唐墓壁畫中身穿間色裙的唐代女性形象（圖4-9）。

圖4-9 背向女侍圖（西安昭陵唐墓壁畫）

在唐代女裙中，最為奢華的當屬百鳥裙。它是採集百鳥的羽毛，由宮中尚衣局組織工匠精製而成。據記載，安樂公主生活奢靡，衣飾花樣百出。唐中宗派軍隊到嶺南捕鳥，收集百鳥的羽毛織造了兩件裙子。裙子從正面、側面，亮處、暗處觀看，顏色都不一樣，為織造百鳥裙，許多鳥因此滅絕，竟然引發了一場生態災難。

三、迎風帔子鬱金香

珠瑩光文履，花明隱繡櫳。寶釵行彩鳳，羅帔掩丹虹。[28]

帔，從巾，皮聲。古代女性披在肩背上的服飾。帔，也稱帔子。唐代張鷟〈遊仙窟〉詩云：「迎風帔子鬱金香，照日裙裾石榴色。」[29]帔一般用紗、羅等輕薄織物做成，「羅帔掩丹虹」就是指用羅做成的帔。

通過分析圖像資料可知，帔帛最初並不長，到了唐代才開始變得越來越長，最終成為一條飄帶，加之材料輕薄，便形成了造型婉轉流暢、富於韻律動感的形態，充分體現了中國傳統造型藝術的精髓內涵。一般而言，帔的顏色多為紅色，故古人也稱帔為「紅帔」。

據記載，帔始自秦代，秦始皇曾令宮女們披淺黃銀泥飛雲帔。在魏晉時期，儒學統治地位的動搖，為外來佛教的傳播提供了空間。佛禪關注的是心性精神的境界昇華，因而形成了一種高度誇張、理想化的審美情趣，這促成了披帔的流行。披帔的人物形象在敦煌壁畫中已有大量反映。壁畫中的帔帛與服飾相互映襯，動靜相宜，虛實結合，給觀者以如仙似幻的視覺效果。這與簡文帝等人所作詩文的描繪基本一致。

入隋以後，帔子的使用日益廣泛，陝西省西安市出土隋彩繪女俑（**圖4-10**），左邊女俑梳單刀翻髻，右邊女俑梳雙刀半翻髻，身穿小袖衫、高腰裙，肩披帔子。至唐代，帔子盛行於後宮，並以繪繡花卉紋樣區分等級。據《中華古今注》記載，玄宗開元年間，詔令後宮二十七世婦和寶林、御女、良人等，在參加後廷宴會時，披有圖案的帔帛。[30]《三才圖會》也記載：「披帛始于秦，帔始于晉也。唐令三妃

圖4-10 隋代彩繪女俑（西安）

[26]（後晉）劉昫等：《舊唐書》，中華書局，一九七五年，一〇七頁。

[27]「凡襉色衣不過十二破，渾色衣不過六破。」參見（宋）歐陽修等：《新唐書》，中華書局，一九七五年，五三〇頁。

[28]（唐）元稹：〈會真詩三十韻〉，《全唐詩》卷二二，中華書局，一九七九年，四六四四頁。

[29]（唐）張文成撰，李時人、詹緒左校注：《遊仙窟校注》，中華書局，二〇一〇年，三二八頁。

[30]「女人披帛，古無期制，開元中，詔令二十七世婦及寶林、御女、良人等，尋常宴參侍令，披畫披帛，至今然矣。」參見（五代）馬縞：《中華古今注》卷中，中華書局，一九八六年，二一頁。

以下通服之。士庶女子在室搭披帛。」[31]

從形象資料看，帔帛的結構形制大約有兩種：「一種橫幅較寬，但長度較短，使用時披於肩上，形成不同的造型。另一種帔帛橫幅較窄，但長度卻達兩公尺以上，婦女平常使用時，多將其纏繞於雙臂，走起路來，酷似兩條飄帶。」[32]其穿戴方式主要有三種：第一種，披在肩臂的帶狀帔帛，使用時纏於手臂，走起路來，隨風飄盪，如《簪花仕女圖》、《揮扇仕女圖》、《搗練圖》（**圖4-11**）和《宮樂圖》（**圖4-12**）中的人物；第二種，布幅較寬，中部披在肩頭，兩端垂於胸前，如永泰公主墓壁畫、山西太原金勝村墓壁畫、《步輦圖》中的侍女就是將帔帛圍搭於肩上，垂吊於肘內側；第三種，到了晚唐五代，流行將帔帛和大袖衣搭配，中間在身前，兩端在身後或手臂外側繞搭的形式。

四、叢頭鞋子紅編細

春來新插翠雲釵，尚著雲頭
踏殿鞋。欲得君王回一顧，
爭扶玉輦下金階。[33]

唐代女子足服流行鞋尖上聳一片的高

圖4-11 唐．張萱《搗練圖》中女性身披帔帛的形象

圖4-12 唐．佚名《宮樂圖》（臺北故宮博物院藏）

圖4-13 各種形狀的重臺履

牆履，也流行上部再加重疊山狀的重臺履，如「叢梳百葉髻，金蹙重臺屨」[34]。重臺履的形狀或圓，或方，或尖，或雲形，或花形，或分為數瓣，或增至數層（圖4-13），形象在吳道子繪《送子天王圖》（圖4-14）、西安昭陵唐墓壁畫（圖4-15）和吐魯番阿斯塔那張禮臣墓出土的舞女絹畫（圖4-16）中都出現過。實物如新疆出土高牆履絹鞋（圖4-17）和阿斯塔那二十七號墓出土唐代翹頭藍絹鞋（圖4-18）。後者鞋長二十四．五公分，高十一．二公分，底長二十一．五

[31]（明）王圻、王思義編集：《三才圖會》，上海古籍出版社，一九八八年，一五三八頁。

[32] 李波：〈唐代墓室壁畫女性披帛圍繫法研究〉，《二〇〇六年當代藝術與批評理論研討會論文集》，二〇〇六年，一二〇－一二九頁。

[33]（唐）王涯：〈宮詞三十首〉之二（僅存二十七首），《全唐詩》卷三四六，中華書局，一九七九年，三八七七頁。

[34]（唐）元稹：〈夢遊春七十韻〉之十一，《全唐詩》卷四二二，中華書局，一九七九年，四六三五頁。

（左）圖4-14 唐・吳道子《送子天王圖》
（中）圖4-15 腳穿重臺履的侍女（西安昭陵唐墓壁畫）
（右）圖4-16 舞女絹畫（吐魯番阿斯塔那張禮臣墓出土）

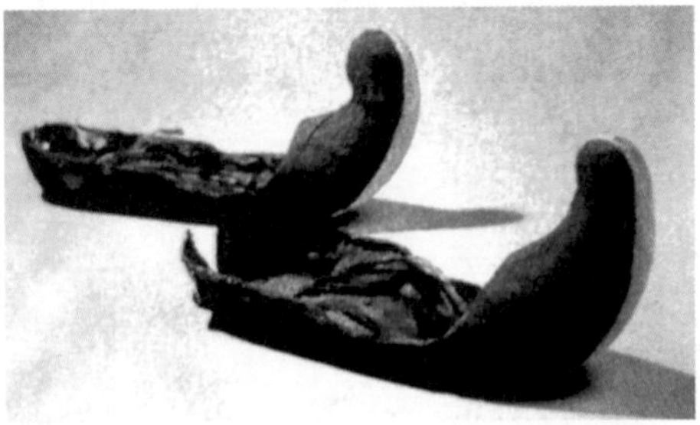

圖4-18 唐代翹頭藍絹鞋（吐魯番阿斯塔那二十七號墓出土）

圖4-17 唐代高牆履絹鞋（新疆出土）

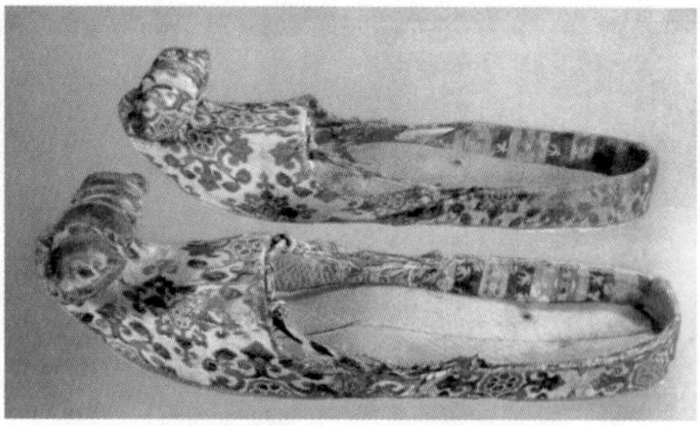

圖4-19 唐代變體寶相花紋雲頭錦履（吐魯番阿斯塔那三八一號墓出土）

公分，底面糊有一層白紙，寬六．九公分，幫高二．八公分，鞋口寬八公分，鞋的尖頭部分由頂至底部飾有一道白絹寬帶紋。在鞋底部，橫向地穿有兩眼，從中穿出一根麻繩，為繫繩，用以綁縛腳。在唐代，重臺履也稱叢頭鞋子，如「叢頭鞋子紅編細，裙窣金絲」㉟。

除了鞋尖上聳的重臺履，唐代還流行鞋尖相對平緩的雲頭履。其實物如吐魯番阿斯塔那三八一號墓出土唐代變體寶相花紋雲頭錦履（圖4-19）。該錦履長二十九．七公分，寬八．八公分，高八．三公分。履面錦為淺棕色斜紋面，由棕、朱紅、寶藍色線起斜紋，變體寶相花處於鞋面中心位置，履首以同色錦紮起翻卷的雲頭，內蓄棕草，鞋頭高高翹起並向內翻捲，形似卷雲，極為絢麗。該履使用了三種錦料，充分顯示了唐代中期織錦、配色、顯花三者結合的精湛工藝。履上的變體寶相花紋、大團花紋、禽鳥卷雲、瑞草散花以及山石遠樹組成的「吉祥」圖案，形象地反映了唐代絲織紋樣對漢代以來傳統紋樣的繼承、發展和吸收、融合外來紋樣的藝術風格，而這正是唐代開放包容的時代背景下，文化交流匯融、創新發展的歷史寫照。㊱西安王家墳出土唐三彩女樂俑腳上穿的就是這種鞋（參見圖4-8）。

就其功能而言，鞋尖上翹不僅具有裝飾功能，還具有一定實用性。首先，鞋頭露於衫裙之外，既可免前襟擋腳，又可作為裝飾，可謂一舉兩得。中國古代男女服飾皆以裙袍為主體，高翹的鞋頭

㉟（唐）和凝：〈采桑子〉，《全唐詩》卷八九三，中華書局，一九七九年，一〇〇九一頁。

㊱賈璽增：〈中國古代的足服〉，《紫禁城》，二〇一三年第八期，第四四頁。

可以承載長裙下襬，避免踩踏而便於行走。通過觀察三星堆青銅立人像和安陽殷墟墓園石雕人像可知，在服裝衣襬尚未及地時，鞋尖也並未起翹。衣襬下降是為了增強服飾的禮儀性，而鞋尖上翹則是出於服飾的功能性需要。其次，鞋翹一般與鞋底相接，而鞋底牢度大大優於鞋面，可延長鞋飾壽命。最後，鞋尖上翹或許與中國古人尊崇上天的信仰有關。這與建築的頂角上翹或許有相同的原因。

第二節　胡服與戎裝

唐代是中國封建社會的極盛時期。唐政府採取開放政策，經濟繁榮，文化昌盛，睦鄰友邦，對外交往頻繁，兼收並蓄異域文化。在這樣的社會背景下，唐代女性的社會與文化生活呈現出一種空前絕後的開放態勢。唐中期，西域文化大規模傳入。在開元天寶年間，婦女們或女效男裝，穿圓領袍，頭裹襆頭；或學胡服，多穿翻領窄袖袍，頭戴胡帽。二者均繫蹀躞帶，足蹬烏皮靴。

一、女為胡婦學胡妝

唐中期，漢胡文化大融合，胡舞盛行。[37]從對胡舞的崇尚，發展到對胡服的模仿，從而出現了「女為胡婦學胡妝」[38]的現象。貞觀年間（六二七—六四九年），長安金城坊富家被胡人劫持，案件經久未破。雍州長史楊纂提出將京城各坊市中的胡人都抓起來訊問，但是司法參軍尹伊認為牽扯不宜太廣，稱：「賊出萬端，詐偽非一，亦有胡著漢帽，漢著胡帽，亦須漢裡兼求，不得胡中直覓。」[39]

唐代女子的胡服，不同於男子。男子的胡服，除袴褶外，多是與漢民族服式相結合而形成的一種「胡化」了的新裝；而女子的胡服則多直接接受胡人的服飾，不再加以改變。這集中表現在冪羅、帷帽、胡帽和回鶻裝的流行上。唐代女子騎馬之風盛行，因此，適宜騎馬的冪羅、帷帽便成為女子騎馬時的特定裝束。[40]

據《隋書．地理志下》記載，豫章郡的官宦、富人家「多有數婦，暴面市廛，競分銖以給其夫」[41]。由此可知，隋代的中原漢族女性還沒有遮面的習慣，但在西域一些地區，人們為了遮蔽路上的揚塵，一般會用紗羅製成的輕薄透明大幅方巾來障蔽全身，如《隋書．附國傳》記附國之俗「以皮為帽，形圓如缽，或帶冪羅」[42]，同書〈吐谷渾傳〉則記當地「其王公貴人多戴冪羅」[43]。

唐初，中原女性也有騎馬遠行時配戴防風沙的冪羅的風氣。這正符合中國傳統文化要求女性「出門掩面」的禮俗。據《舊唐書．輿服志》記載：「武德、貞觀之時，宮人騎馬者，依齊、隋舊制，多著冪羅。雖發自戎夷，而全身障蔽，不欲途路窺之。王公之家，亦同此制。」[44]由此得知，唐朝初年，宮中及貴族婦女騎馬皆著冪羅。日本東京國立博物館收藏的一幅唐人繪畫《樹下人物圖》

---

37 在眾多的胡舞之中，有四種舞蹈流傳比較廣泛，一說為胡旋舞、胡騰舞、柘枝舞和渾脫舞。

38 （唐）元稹：〈和李校書新題樂府十二首．法曲〉，《全唐詩》卷四一九，中華書局，一九七九年，四六一八頁。

39 （唐）劉肅：《大唐新語．卷九．從善》，中華書局，一九八六年，一三八頁。

40 陳君慧：《中國全史．隋唐五代習俗史》，大眾文藝出版社，二〇一一年，二四頁。

41 （唐）魏徵等：《隋書》，中華書局，二〇〇八年，第八八七頁。

42 （唐）魏徵等：《隋書》，中華書局，二〇〇八年，第一八五八頁。

43 （唐）魏徵等：《隋書》，中華書局，二〇〇八年，第一八四二頁。

44 （後晉）劉昫等：《舊唐書》，中華書局，一九七五年，一九五七頁。

圖4-20 唐．佚名《樹下人物圖》中婦人頭上戴著冪羅（現藏於日本東京國立博物館）

對此有所反映（**圖4-20**）。圖中一位婦女，左手高舉，正在脫卸蒙在頭上的冪羅。該冪羅左右兩邊各綴一根飄帶，在臉面部位，還開有一個露出眼鼻的開口。

永徽年間（六五〇—六五五年），隨著社會風氣的開放，人們使用一種「托裙到頸，漸為淺露」的帷帽，逐漸代替冪羅。據《舊唐書．輿服志》記載，高宗認為這樣有傷風化，於是下敕禁止：「比來多著帷帽，遂棄冪羅，曾不乘車，別坐檐子。遞相仿效，浸成風俗，過為輕率，深失禮容。……此並乖於儀式，理須禁斷，自今已後，勿使更然。」[45]但禁令並沒有起到作用。至天寶年間（七四二—七五六年），婦女頭戴帷帽已成為一時風尚。其實，帷帽是一種在席帽帽檐周圍加綴一層面紗的改良首服，戴它也可起到障蔽作用。

阿斯塔那唐墓出土的彩繪陶俑中有戴帷帽的婦女形象，其中一尊騎馬女俑（參見**圖4-2**）的帷帽用泥製，外表塗黑，以方孔紗作帷，帷裙垂至臉頰。帽體高聳，呈方形，頂部拱起，底部周圍平出帽檐。紗帷連於帽檐兩側及後部邊檐。帷帽帽體當用皮革、毛氈或竹藤編織，外覆黑色紗羅等物。該俑所戴帷帽四周的紗網「帷裙」保存完好，為我們瞭解唐代的帷帽形制提供了重要的實物依據。

從造型上比對，冪羅與帷帽略有不同：前者為尖頂，後者為平頂；前者長度及胸，後者僅垂至臉頰。帷帽的使用一直沿用至明代，《三才圖會》中就有圖示（**圖4-21**）。

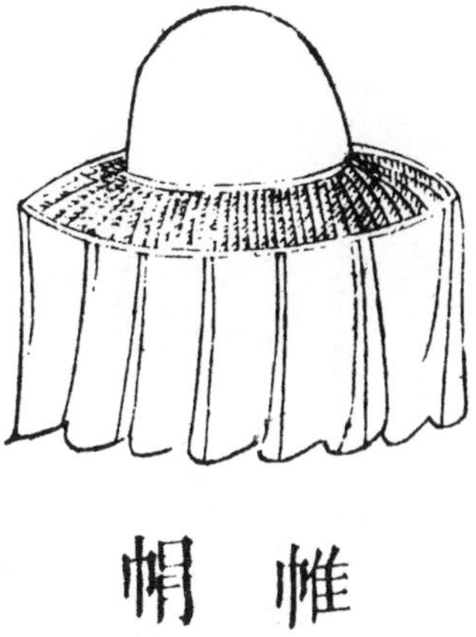

圖4-21 帷帽圖示（明・《三才圖會》）

除了帷帽，此時還流行一種從西域地區傳至中原的笠帽。它是以竹篾為骨架，外蒙布帛，再抹以桐油，時稱「油帽」，又稱為「蘇幕遮」，或作「蘇摩遮」。男女出行時皆可戴之，可禦雨雪。唐錢起〈詠白油帽送客〉云：「薄質慚加首，愁陰幸庇身。卷舒無定日，行止必依人。」[46]《宋史・卷四九〇・高昌傳》載：「高昌即西州也。……俗好騎射。婦人戴油帽，謂之蘇幕遮。」[47]

與羃羅和帷帽相比，胡帽在中原地區流行並成為一時風尚的時間相對較晚。胡帽又稱「蕃帽」，主要是指唐代及之前由西北或北方傳入並在中原地域流行的皮帽或氈帽。原屬西域的胡帽至唐代尤為盛行，珠帽、繡帽、搭耳帽、渾脫帽、捲簾虛帽等都可歸為胡帽。其特點是帽子頂部尖而中空，劉言史〈王中丞宅夜觀舞胡騰〉詩云：「石國胡兒人見少，蹲舞尊前急如鳥。織成蕃帽虛頂尖，細氎胡衫雙袖小。」[48]張祜〈觀楊瑗柘枝〉詩稱：「促疊蠻鼉引柘枝，捲簾虛帽帶交垂。紫羅衫宛蹲身處，紅錦靴柔踏節時。」[49]詩中所說的「捲簾虛帽」就是一種男女通用的胡帽，用錦、氈、皮縫合而成，頂部高聳，帽檐部分向上翻捲。陝西省咸陽邊防村出土彩繪翻領胡服女俑（圖4-22）頭上戴的就是捲簾虛帽。

---

[45]（後晉）劉昫等：《舊唐書》，中華書局，一九七五年，一九五七頁。

[46]（唐）錢起：〈詠白油帽送客〉，《全唐詩》卷三二七，上海古籍出版社，一九八六年影印本，五九三頁。

[47]（元）脫脫等：《宋史》，中華書局，一九八八年，一四一一一頁。

[48]（唐）劉言史：〈王中丞宅夜觀舞胡騰〉，《全唐詩》卷四六八，中華書局，一九七九年，五三二四頁。

[49]（唐）張祜：〈觀楊瑗柘枝〉，《全唐詩》卷五一一，中華書局，一九七九年，五八二七頁。

圖4-22 唐代彩繪翻領胡服女俑（咸陽邊防村出土）

胡帽是繼帷帽之後盛唐婦女騎馬時所戴的一種帽子。它比起「全身障蔽」的冪䍦和將面部「淺露」於外的帷帽更加「解放」了，使得女性「靚妝露面，無復障蔽」。從冪䍦到帷帽，再到胡帽的發展，是婦女服飾史的演進，反映了唐代社會的開放風尚。[50]

二、軍裝宮妓掃蛾淺

東方風來滿眼春，花城柳暗愁幾人。復宮深殿竹風起，新翠舞襟靜如水。光風轉蕙百餘里，暖霧驅雲撲天地。軍裝宮妓掃蛾淺，搖搖錦旗夾城暖。曲水飄香去不歸，梨花落盡成秋苑。[51]

少陵野老吞聲哭，春日潛行曲江曲。江頭宮殿鎖千門，細柳新蒲為誰綠。憶昔霓旌下南苑，苑中萬物生顏色。昭陽殿裡第一人，同輦隨君侍君側。輦前才人帶弓箭，白馬嚼齧黃金勒。翻身向天仰射雲，一笑正墜雙飛翼。明眸皓齒今何在，血汙遊魂歸不得。清渭東流劍閣深，去住彼此無消息。人生有情淚沾臆，江水江花豈終極。黃昏胡騎塵滿城，欲往城南望城北。[52]

樓下公孫昔擅場，空教女子愛軍裝。潼關一敗吳兒喜，簇馬驪山看御湯。53

詩中「軍裝宮妓掃蛾淺」、「輦前才人帶弓箭」、「空教女子愛軍裝」都是詩人對唐代宮中女子「女效男裝」現象的描寫。

中國傳統不僅強調男尊女卑，還強調男女之別。《禮記・內則》：「男不言內，女不言外，非祭非喪，不相授器。……外內不共井，不共湢浴，不通寢席，不通乞假。男女不通衣裳。」54當然，這種區別既體現在男女所處的不同社會等級上，還體現在男女服飾著裝明顯的區別上。從周代開始，命婦禮服「六服皆袍制」，以象徵女德專一；日常服飾則為上襦下裳的形式。

在唐代以前，男女之間在服飾和服制上有著不可逾越的界限。「女效男裝」被視為離經叛道，為社會制度和禮儀規範所不容。與受傳統禮教束縛的農耕文化不同，北方游牧民族放牧狩獵，逐水草而居，女性服飾與男性幾乎無異。唐代社會環境開放革新，人們審美追求新異，唐代女性的社會生活也具有了更為廣闊的天地，女性服飾也擺脫了傳統禮教的束縛。她們躍馬揚鞭，或著戎裝，或著胡服，與傳統的女性服飾風格形成鮮明對比。

「女效男裝」現象，在初唐時就已初現端倪。《新唐書・五行志》記載：「高宗嘗內宴，太平公主紫衫、玉帶、皂羅折上巾，具紛礪七事，歌舞於帝前。帝與武后笑曰：『女子不可為武官，何

50 陳君慧：《中國全史・隋唐五代習俗史》，大眾文藝出版社，二〇一一年，二五頁。
51 （唐）李賀：〈三月〉，《全唐詩》卷二八，中華書局，一九七九年，四一二頁。
52 （唐）杜甫：〈哀江頭〉，《全唐詩》卷二一六，中華書局，一九七九年，二二六八頁。
53 （唐）司空圖：〈劍器〉，《全唐詩》卷六三三，中華書局，一九七九年，七二六八頁。
54 張樹國點注：《中華傳世經典閱讀：禮記・內則・第十二》，青島出版社，二〇〇九年，一二三頁。

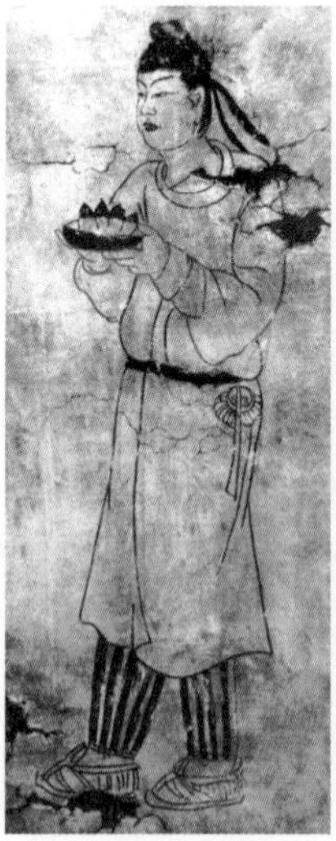

（左）圖4-23 身著男裝的侍女（西安昭陵唐墓壁畫）
（右）圖4-24 唐・周昉《揮扇仕女圖》中靚妝露面、無復障蔽的女子

為此裝束？』」[55]可見，太平公主就曾著男裝。到了中晚唐，貴族婦女也常穿男裝出行。據《舊唐書・輿服志》記載，開元初年，婦女多「有著丈夫衣服靴衫」[56]的情況。從圖像資料看，所謂「著丈夫衣服靴衫」，是指婦女頭戴襆頭，身穿圓領袍衫，足蹬革靴，矯健英武地躍馬揚鞭，參加打球、射獵等活動。據記載，武宗時王才人因穿著與武宗同樣的衣服，而常被奏事者誤認為皇帝。女子穿戎裝，於秀美俏麗之中，別具一種英姿颯爽的氣質。其形象如西安昭陵唐墓壁畫中的身穿男裝的侍女（圖4-23）。《中華古今注》記：「至天寶年中，士人之妻著丈夫靴、衫、鞭、帽，內外一體也。」[57]《虢國夫人遊春圖》和《揮扇仕女圖》（圖4-24）中皆有這種女著男裝的女子。後來，女著男裝逐漸傳播並普及到民間，深受廣大女子的喜愛。[58]這符合了時尚流行的「上行下效」的傳播規律。

三、銀鸞睒光踏半臂

頭玉磽磽眉刷翠，杜郎生得真男子。骨重神寒天廟器，一雙瞳人剪秋水。竹馬梢梢搖綠尾，銀鸞睒光踏半臂。東家嬌娘求對值，濃笑書空作唐字。眼大心雄知所以，莫忘作歌人姓李。[59]

「銀鸞睒光踏半臂」描寫了一襲裝飾銀泥鸞鳥紋的「半臂」。半臂，又稱半袖，為短袖上衣。《釋名．釋衣服》：「半袖，其袂半襦而施袖也。」[60]由此可知，半臂是短袖的襦服。其形制從出土的實物來看，一般為短袖，長度與腰齊，以小帶子當胸繫住，唐人一般稱之為「半袖」。《新唐書．車服志》記載：「半袖裙襦者，東宮女史常供奉之服也。」[61]可見，「半袖裙襦」是當時明文規定的宮中女史的制服。永泰公主墓壁畫中的侍女，其地位當和女史相近，所著「半臂」長裙的套裝也應當是符合當時宮中規定的。[62]

隋代以前，半臂是套在長袖衣外面的一種常服，不能在正式場合穿用。據史料記載，魏明帝曾戴繡帽、披半袖接見大臣，被人指責不合禮儀。[63]從隋代起，婦女穿半袖者日益增多，先為宮中內官、女史所服。唐高祖李淵將長袖衣剪成短袖半臂，引得世人競相穿著。一度文官上朝時要加半臂於外，以此作為區別於武將的一個標誌。後逐漸由宮廷流傳至民間，成了普通婦女的常服。韓琮

---

55 （宋）歐陽修等：《新唐書》，中華書局，一九七五年，八七八頁。
56 （後晉）劉昫等：《舊唐書》，中華書局，一九七五年，一九五七頁。
57 （五代）馬縞：《中華古今注》卷中，中華書局，一九八六年，一二頁。
58 「天寶中，士流之妻，或衣丈夫服，靴衫鞭帽，內外一貫矣。」參見（唐）劉肅：《大唐新語》卷十，中華書局，一九八四年，一五一頁。
59 （唐）李賀：〈唐兒歌〉，《全唐詩》卷三九〇，中華書局，一九七九年，四三九六頁。
60 （東漢）劉熙撰，（清）畢沅疏證，王先謙補：《釋名疏證補》，中華書局，二〇〇八年，二五八頁。
61 （宋）歐陽修等：《新唐書》，中華書局，一九七五年，五二三頁。
62 陳超群：《試論唐代的半臂》，復旦大學博士學位論文，二〇〇五年，一七頁。
63 「魏明帝著繡帽，披縹紈半袖，嘗以見直臣。楊阜諫曰：『此禮何法服邪！』帝默然。」參見（唐）房玄齡等：《晉書》第三冊，卷二十七，中華書局，一九七五年，八二二頁。

〈公子行〉云：「紫袖長衫色，銀蟬半臂花。」64

唐代男女式半臂長短不同。女子半臂的袖長在肘部之上，身長及腰；而男子的半臂卻長至腰部以下。唐代女子半臂有與現代T恤相似的緊身袒胸、露臂套頭的式樣，也有用小帶子當胸繫住的對襟翻領或無領的式樣。前者如阿斯塔那唐墓出土的女騎俑（參見圖4-2），該女子身穿U字領緊身半臂及窄袖小衫65；後者帶子結複雜者多打成「同心結」。就相關資料看，唐代女性在穿用半臂時，往往與襦和高腰長裙搭配穿著，而且多數情況下還習慣將半臂罩在衫、裙之外。

中唐以後，半臂的穿用日趨少見。原因在於初唐女裝流行窄身小袖、緊貼身體的式樣，這種造型正適合穿著半臂；而盛唐流行博衣大袖的式樣，因而不再適合再於外面套穿窄小的半臂了。

四、移步錦靴空綽約

柘枝初出鼓聲招，花鈿羅衫聳細腰。移步錦靴空綽約，迎風繡帽動飄颻。亞身踏節鸞形轉，背面羞人鳳影嬌。只恐相公看未足，便隨風雨上青霄。66

中原傳統漢服的鞋類無論質料，多為低幫淺鞋；而西域或北方游牧民族的鞋多具高筒。戰國時期，靴主要為軍人使用，並沒有在民間普遍使用。秦時只有騎兵和少數鎧甲扁髻步兵穿靴，從考古發現的材料看，大部分將俑和兵俑都用行縢著屨而沒有著靴。自南北朝以來，隨著大量北方民族湧入中原地區，其服飾因素也一同進入中原。此時無論官民都普遍穿靴，但除軍用外，正式場合穿靴則為非禮。《南史．周石珍傳》記載，梁中書舍人嚴亶「宣學北人著靴上殿，無肅恭之禮」67。

隋朝已對舄、履的使用進行了規定。《隋書．禮儀志七》記載：「凡舄，唯冕服及具服著之，履則諸服皆用。唯褶服以靴。」68《新唐書．車服志》記載：「初，隋文帝聽朝之服，以赭黃文綾袍，烏紗帽，折上巾，六合靴，與貴臣通服。」69《大唐新語．厘革》也記：「隋代帝王貴臣，多服黃紋綾袍，烏紗帽，九環帶，烏皮六合靴，百官常服，同於走庶，皆著黃袍及衫，出入殿省。」70從出土隋人物俑的形象來看，足上所穿皆為烏皮靴。唐承隋舊制，無論高低貴賤均可穿靴。其式樣如河南安陽橋村隋墓出土瓷靴（圖4-25）。據兩唐書記載，在官服體系中，靴主要與常服折上巾、袍、帶及平巾幘、袴褶服配用。71如果官員上朝不服帶、靴，則為非禮。72

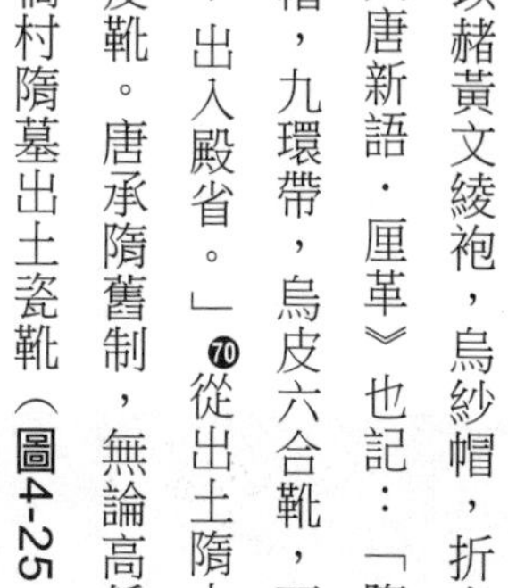

圖4-25 瓷靴線描圖（河南安陽橋村隋墓出土）

64（唐）韓琮：〈公子行〉，《全唐詩》卷五六五，中華書局，一九七九年，六五五一頁。

65 徐頌列：〈唐代的襦、半臂與裲襠考〉，《浙江學刊》，二〇〇五年第一期。

66（唐）章孝標：〈柘枝〉，《全唐詩》卷五〇六，中華書局，一九七九年，五七五五頁。

67（唐）李延壽：《南史》，中華書局，一九七五年，一九三六頁。

68（唐）魏徵等：《隋書》，中華書局，一九七五年，二七六頁。

69（宋）歐陽修等：《新唐書》，中華書局，一九七五年，五二七頁。

70（唐）劉肅：《大唐新語》卷十，中華書局，一九八六年，一四八頁。

71《舊唐書．輿服志》記載，唐承隋舊制，「其常服，赤黃袍衫，折上頭巾，九環帶，六合靴」，參見（後晉）劉昫等：《舊唐書》，中華書局，一九七五年，一九三八頁；「其折上巾，烏皮六合靴，貴賤通用」，參見（後晉）劉昫等：《舊唐書》，中華書局，一九七五年，一九五二頁。

72《舊唐書．酷吏列傳上》記載，雍州長安人來子珣，「永昌元年四月，以上書陳事，除左臺監察御史。時朝士有不帶靴而朝者，子珣彈之……」參見（後晉）劉昫等：《舊唐書》，中華書局，一九七五年，四八四六頁。《舊唐書．輿服志》記載唐袴褶服亦用靴：「平巾幘，簪箄導，冠支，五品以上紫褶，六品以下緋褶，加兩襠縢蛇，並白袴、起梁帶。靴，武官及衛官陪立大仗則服之。若文官乘馬，亦通服之。」參見（後晉）劉昫等：《舊唐書》，中華書局，一九七五年，一九四五頁。《新唐書．車服志》：「平巾幘者，乘馬之服也。金飾，玉簪導，冠支以玉，紫褶、白袴，玉具裝，珠寶鈿帶，有靴。」參見（宋）歐陽修等：《新唐書》，中華書局，一九七五年，五一六頁。

唐中期，胡風流行，上層社會女性也流行穿軟底鏤空錦靴。它與翻領、小袖、齊膝的袍服及間色褲配套穿用，成為中國服飾發展史上最獨特的「女效男裝」的風貌。《中華古今注》記載，唐代宗大曆二年（七六七年），曾令「宮人錦勒靴侍於左右」[73]。此外，歌舞者、乘騎婦女亦著靴，「吳姬十五細馬馱，青黛畫眉紅錦靴」[74]就是對婦女著靴的描寫。唐墓壁畫侍女圖中也有身穿男子袍、足登靴子的女子形象（**圖4-26**）。實物如新疆尉犁縣營盤出土刺繡彩繪紋飾錦靴（**圖4-27**）。該靴底為皮革，靴面為麻布質地，色彩為赤、青、黑。其上繡雲彩紋樣與C形紋樣，好似雲朵飛騰。為保暖禦寒，靴內裡為柔軟輕薄的毛織物，顯得厚實、溫暖。

此外，唐代還流行線靴。《舊唐書·輿服志》記載：「武德來，婦人著履，規制亦重，又有線靴。開元來，婦人例著線鞋，取輕妙便於事……」[75]雖然唐代線靴實物尚未見到，但我們可以通過阿斯塔那唐墓葬出土的一雙麻線鞋實物來瞭解一二（**圖4-28**）。該物用粗麻繩編織成厚底，再用細麻繩編織成鞋面，編織結實，精美耐用，結構巧妙，透氣性好。

（右）圖4-26 躬身施禮著男裝侍女圖（西安昭陵唐墓壁畫）
（左上）圖4-27 唐代刺繡彩繪紋飾錦靴（新疆尉犁縣營盤古墓出土）
（左下）圖4-28 唐代麻線鞋（吐魯番阿斯塔那唐墓出土）

第三節　雲鬟與梳子

梳妝打扮，對從古至今的女性而言都是一個永恆的話題。唐朝美女的精緻與奢華生活，在梳妝打扮上體現得異常充分。無論是上流社會的貴婦，還是普通人家的妻女，都喜歡梳高髻，簪插髮梳，呈現出一派婀娜富貴、精緻動人的風尚。

一、雲鬟半垂新睡覺

唐代經濟繁榮，文化發達，婦女的髮式造型之多、名稱之美是前所未有的。唐代婦女的髮型主要分為三大類：髻、鬟、鬢。

髻是一種盤在頭頂或腦後的髮結。據史書記載，唐代婦女廣為流行的髮髻有二三十種，如樂遊髻、歸順髻、百合髻、愁來髻、盤桓髻、驚鵠髻、拋家髻、長樂髻、高髻、義髻、錐髻、囚髻、墜馬髻、鬧掃妝髻等。

總體看來，初唐時女子髮髻沿襲前朝舊式，式樣變化較少，多做平頂式，將髮髻分成二至三層，層層堆上，頂部大多呈朵雲形。至太宗時，髮髻漸高，形式日益豐富，有高髻、樂遊髻、半翻髻等髻式。半翻髻一般呈單片、雙片刀型（參見圖4-9），直豎髮頂。開元年間，普通婦女中還流行「回鶻髻」，比起先前的髻式略低，外出則戴渾脫帽（即胡帽）。天寶以後，胡帽漸廢，貴婦間流

---

73 （五代）馬縞：《中華古今注》卷中，中華書局，一九八六年，一四頁。

74 （唐）李白：〈對酒〉，《全唐詩》卷一八四，中華書局，一九七九年，一八八一頁。

75 （後晉）劉昫等：《舊唐書》，中華書局，一九七九年，一九五八頁。

圖4-29 陶俑，梳雙環望仙髻（湖北武昌唐墓出土）

圖4-30 唐代女性雙環髻的梳理方式

行假髻，多數婦女則梳成兩鬟抱面的樣式。

鬟是一種環狀而又中空的髮髻，有雲鬟、高鬟、短鬟、雙鬟、垂鬟等。鬟多為年輕女人梳著，中年人以雙鬟為多，其形象如湖北武昌唐墓出土陶俑梳雙環望仙髻的形象（**圖4-29**），其梳理方式如**圖4-30**所示。

耳旁的鬢和不同髮髻式樣聯繫在一起，形成了一種鬢飾，如蟬鬢、雲鬢、雪鬢、輕鬢、圓鬢。在髮髻之上還配有各種金玉簪釵、犀角梳篦，作為裝飾，或插或戴。

二、歸來別賜一頭梳

唐代中後期，女性們盤梳高髻之風導致插梳風尚的流行。最初，女性們在髻前單插一梳，梳上鏨刻精緻絕美的花朵紋樣。之後所插髮梳的數量逐漸增加，以兩把梳子為一組，上下相對而插。到了晚唐，婦女盛裝時，出現了在髻前及其兩側共插三組的情況。「玉蟬金雀三層插，翠髻高叢綠鬢虛。舞處春風吹落地，歸來別賜一頭梳」[76]形象地描繪出唐代女性髮髻的優美造型及髮髻上簪釵和髮梳的複雜程度。在《搗練圖》中就有女性的髮髻上插數把髮梳的形象（**圖4-31**）。實物如香港大學美術博物館夢蝶軒藏唐代鎏金花卉紋銀梳（圖4-32）。

唐代還流行一種套於梳齒背面、只有手指大小的金梳背。實物如西安市南郊何家村出土的唐代金筐寶鈿卷草紋金梳背（圖4-33）。它高一．七公分，長七．二公分，厚〇．〇五公分，重三公克。為半圓形，在指頭大的梳背上，將細如髮絲的金線掐製成卷草、梅花形狀焊接在梳背的兩面，周邊還鑲嵌一圈直徑〇．五公釐如針尖般大小的金珠。無論是金絲，還是金珠，焊口平直，結實牢固，堪稱中國古代掐絲和炸珠焊接工藝的偉大傑作。

圖4-31 唐．張萱《搗練圖》中女性髮髻上插著數把髮梳的形象

圖4-32 唐代鎏金花卉紋銀梳（香港大學美術博物館夢蝶軒藏，引自《金翠流芳——夢蝶軒藏中國古代飾物》）

圖4-33 唐代金筐寶鈿卷草紋金梳背（西安南郊何家村出土，引自《陝西歷史博物館珍藏金銀器》）

76（唐）王建：〈宮詞〉，《全唐詩》卷三〇二，中華書局，一九七九年，三四四三頁。

五代至宋朝延續了唐人梳飾滿頭的風習。五代的不少畫作如《父母恩重經變相婦人供養者像》、《曹元忠夫人供養像》都描繪了盛裝女子滿頭插梳的形象，更有甚者在髮髻後方還插有一把雕花大梳。而在約成於唐末五代至北宋年間的絹本繪畫《宮樂圖》中，後宮女子都插上了新月形梳。

第四節　插花與花冠

鮮花被人們用作裝飾，起到了美化生活、滋潤心靈、娛人感官、撩人情思、寄以心曲的作用。作為世界上擁有花卉種類最為豐富的國家之一，中國古人栽花、養花、賞花、詠花、讚花，乃至簪花的歷史也極其悠久豐富。

在隋唐之前，鮮花飾首尚未成為風氣。隋唐時期，髮髻插花之風日漸流行。受到頭戴花鬘的佛教人物造型的影響，加上社會統治階層的推波助瀾，簪花成為比較常見與普遍的現象。或許唐人認為只是插花並不盡興，於是還將冠帽做成花形戴在頭上。借花之形做冠是中國傳統服飾文化的一個亮點，符合中國古人擬物象形的造物方法，形成了一個無關性別、年齡與身份的集體風尚。

一、滿城多少插花人

魏晉時期，統治者的推波助瀾，加之佛教文化的影響，使簪花之風在中原地區得以逐步流行。此時，頭上簪插花已不再侷限於特定節日和特殊目的了。

隨著佛教的傳入，在魏晉、隋、唐時期的敦煌壁畫中，經常可見頭戴花鬘的菩薩、飛天、樂伎、舞伎等人物形象。現藏於英國國家博物館的敦煌出土的絹畫《引路菩薩》中被引的貴族女子的高髻上有一金鈿，白花、紅蕊為菊花狀，並插有三個黃色金釵，花的邊沿插梳，妝飾華麗（圖4-34）。

圖4-34《引路菩薩》（敦煌絹畫，現藏於英國國家博物館）

圖4-35 唐代都督夫人太原王氏供養人像（敦煌130窟壁畫）

圖4-36《弈棋仕女圖》（吐魯番阿斯塔那唐墓壁畫）

唐代貴婦簪花形象如敦煌一三〇窟唐都督夫人太原王氏供養人像（**圖4-35**）。該人物作貴族命婦盛裝，衣錦繡衣，髮髻上簪花數朵；盛唐一七一窟婦女髮髻上也簪有三支花鈿；《弈棋仕女圖》中貴婦髻上簪有十瓣綠葉組成的花朵（**圖4-36**）。此外，唐代還出現了簪花於鬢的鬥花比賽。這是一種專屬於女性的文化活動。《開元天寶遺事》記載：「長安王士安于春時鬥花，戴插以奇花多者為勝；皆用千金市名花植於庭院中，以備春時之鬥也。」[77]在敦煌地區的民間，人們在春天簪花鬥新鬥奇也很流行。有敦煌歌詞〈鬥百草〉可證：

建寺祈長生，花林摘浮郎。有情離合花，無風獨搖草。喜去喜去覓草，色數莫令少。

佳麗重名臣，簪花競鬥新。不怕西山白，惟須東海平。喜去喜去覓草，覺走鬥花先。

望春希長樂，南樓對北花。但看結李草，何時憐頷花？喜去喜去覓草，鬥罷且歸家。

庭前一株花，芬芳獨自好。欲摘問旁人，兩兩相撚笑。喜去喜去覓草，灼灼其花報。[78]

唐代初期，女子簪花多從林野中採摘花朵來點綴，絕無矯揉造作之感，如陝西唐李憲墓壁畫中仕女髮髻上多插一枝或幾枝小紅花，為烏黑濃密中點一撮鮮色（**圖4-37**）。又如河南安陽唐代趙逸公墓天井東壁壁畫中仕女髻上也都簪花朵，其形象正符合李白〈宮中行樂圖〉中所稱「山花插寶髻，石竹繡羅衣」[79]。當牡丹成為

圖4-37 髮髻上插花的仕女（陝西，唐李憲墓壁畫）

[77]（五代）王仁裕撰，曾貽芬點校：《開元天寶遺事——唐宋史料筆記》，中華書局，二〇〇六年，四九頁。

[78] 高國藩：《敦煌曲子詞欣賞》，南京大學出版社，二〇〇一年，三二〇頁。（編按：離合花、獨搖草均指中藥材天麻的植株）

[79]（唐）李白：〈宮中行樂圖〉，《全唐詩》卷二八，中華書局，一九七九年，四〇八頁。

「真國色」後[80]，唐人直接將盛大的牡丹花簪於髻頂，顯示出一派富貴雍容之氣，如《簪花仕女圖》中最右側貴婦頭戴一朵碩大盛豔牡丹（參見圖4-1）。在該圖中，還有頭簪荷花、海棠花與芍藥的仕女形象。這些花朵，正與晚唐女性頭上烏黑的峨峨高髻形成鮮明的對比。

二、花冠不整下堂來

除了簪花，唐宋時期還流行花朵形狀的花冠。白居易〈長恨歌〉中有「雲鬢半偏新睡覺，花冠不整下堂來」[81]；張說〈蘇摩遮五首〉之二亦有「繡裝帕額寶花冠，夷歌騎舞借人看」[82]的詩句。張鷟《朝野僉載》卷三記載：「唐睿宗先天二年正月十五、十六夜……宮女千數，衣綺羅，曳錦繡，耀珠翠，施香粉，一花冠，一巾帔，皆至萬錢。」[83]唐人喜愛牡丹，貴族婦女喜歡用牡丹花作為簪插到髮髻之上，藉以顯示其富貴妖嬈和華麗的姿態，其形象如《簪花仕女圖》、《宮樂圖》和《揮扇仕女圖》中的人物。除了牡丹花之外，還插以各種小花作為裝飾。

其實，在胡風和女效男裝流行以前，唐代女子只有道姑[84]和舞女有戴冠習慣。「碧羅冠子結初成」[85]中的「碧羅冠子」，只反映出冠的色彩為綠色，而「碧羅冠子簇香蓮，結勝雙銜利市錢」[86]又描述了這種冠式有蓮花狀裝飾的特徵。在洛陽澗西唐墓出土的高士宴樂紋螺鈿鏡中，盤座舉杯的高士頭上就戴著一頂蓮花狀小冠（圖4-38）；《揮扇仕女

圖4-38 高士宴樂紋嵌螺鈿銅鏡上的高士舉杯紋飾（洛陽澗西唐墓出土）

圖》卷首貴婦也戴著一頂白色荷花冠（圖4-39）。荷花狀冠圈口較高大，可將頭頂部整體覆蓋。

作為世界上最富強繁榮的帝國，唐朝在歷經了初期的社會變動後，無論是物質生產，還是文化建設都達到了驚人的飛躍。唐代女子服飾也在中國古代服飾發展的歷史長河中具有極為重要的作用。這個時期所流行的盤髻插梳，插花戴冠，袒胸

圖4-39 唐．周昉《揮扇仕女圖》卷首貴婦，頭戴白色荷花冠

80 「歐公謂，牡丹初不載文字，自則天以後始盛。唐人如沈、宋、元、白之流，皆善詠花，寂無傳焉。惟劉夢得有〈詠魚朝恩宅牡丹〉一詩，初不言其異，《苕溪漁隱》引劉夢得、元微之、白樂天數詩，以證歐公之誤。且引開元時牡丹事，……唐人未嘗不重此花。……《龍城錄》載：高宗宴群臣賞雙頭牡丹，舒元輿序謂『西河精舍有牡丹，天后命移植焉，由是京國日盛』。則知牡丹在唐時，已見於高宗之時。」參見（宋）王楙撰，王文錦點校：《野客叢書》卷五「唐人言牡丹」條，中華書局，一九八七年，九〇頁。

81 （唐）白居易：〈長恨歌〉，《全唐詩》卷四三五，中華書局，一九七九年，四八一六頁。

82 （唐）張說：〈蘇摩遮五首〉之二，《全唐詩》卷二八，中華書局，一九七九年，四一五頁。

83 （唐）張鷟撰，趙守儼點校：《朝野僉載——唐宋史料筆記》卷三，中華書局，一九七九年，六九頁。

84 「……少年豔質勝瓊英，早晚別三清。蓮冠穩篸鈿篦橫，飄飄羅袖碧雲輕，畫難成。……」參見（唐）顧夐：〈虞美人〉，《全唐詩》卷八九四，中華書局，一九七九年，一〇一〇三頁。

85 《敦煌曲子詞．柳青娘．倚欄人》：「碧羅冠子結初成，肉紅衫子石榴裙。故著胭脂輕輕染，淡施檀色注歌唇。含情喚小鶯。」參見高國藩：《敦煌曲子詞欣賞》，南京大學出版社，二〇〇一年，四〇〇頁。

86 （唐）和凝：〈宮詞〉，《全唐詩》卷七三五，中華書局，一九七九年，八三九三頁。

窄袖短衣，高腰掩乳長裙，帔帛飄飄，高牆錦履等流行元素，都開創了前無古人、後無來者的時代風氣。此外，唐朝政府的開放政策和博大胸襟，帶來了經濟繁榮和廣泛的文化融合，繪畫、雕刻、音樂、舞蹈等藝術門類都充分吸收外來藝術，女性服飾也毫無例外地對西域、吐蕃等異域服飾風尚採取了兼收並蓄的態度，因而「胡服」、「女效男裝」等著裝風尚，以及「渾脫帽」和「軟底錦靴」、「條紋褲」等流行元素得以廣泛傳播。客觀地講，這些內容雖然本屬服飾範疇，但卻反映出唐代社會審美風氣的變遷以及女性所處社會地位和活動空間的不同。

第五章

簡約淡泊：宋朝女子服飾時尚

作為一個被定義為風花雪月、亭榭樓臺、淺斟低唱的浪漫時代，宋朝女子服飾風尚不僅備受小資白領們的青睞，更被我們這個娛樂至上的時代推崇為美學典範。

宋代城市經濟發達、商業繁盛，街市上行人川流不息，茶坊、酒肆、廟宇鱗次櫛比，熱鬧繽紛。據《西湖老人繁勝錄》記載，宋代城市裡不但有專門從事縫紉的作坊和技人，還有各種與服裝相關的商行店鋪。例如，在北宋汴京（今河南開封）與服裝有關的行業有衣行、帽行、穿珠行、接絛行、領抹行、釵朵行、紐扣行及修冠子、染梳行、洗衣行等幾十種之多。又如，南宋臨安（今浙江杭州）有絲錦市、生帛市、桃冠市、故衣市、衣絹市、洗衣行、彩帛鋪、絨線鋪等不下百計。汴京、臨安等地還有剪刀、紮熨斗和製針作坊。南宋吳自牧在《夢粱錄·諸色雜貨》中記載的宋代日常使用的銅鐵器製品可謂豐富多彩：「如銅銚、湯餅、銅罐、熨斗、火鍬、火箸、火夾、鐵物、漏杓、銅沙鑼、銅匙箸、銅瓶、香爐、銅火爐、簾鉤，器如樽、果盆、果盒、酒盞、注子、偏提、盤、盂、杓。」其產品數量很多，甚至遠銷南洋。此外，宴飲與女伎行業的繁盛，也間接推動了各種以女性服飾為中心的流行風尚的形成，刺激宋代女服式樣變換的頻率與速度。

第一節　碧羅冠子簇香蓮

中國自古以「衣冠上國，禮儀之邦」著稱於世界。將衣冠並舉，足見古人對冠的重視。在某種程度上講，冠有時比衣還重要。這是因為古人認為「冠而後服備」、「冠者，禮之始也」的緣故。唐代之前，冠僅限於貴族男子。唐代中期，胡服流行與「女效男裝」開創了女性戴冠的先例。至宋代，女性戴冠已被世人接受。其形式和材質也極為豐富，例如用白角、魚枕、象牙、玳瑁製成的角冠，以黃金製成的金冠❶，以竹或紫檀、黃楊製作的竹冠❷，以鐵製成的鐵冠❸，以鹿皮製成的鹿皮冠❹，以漆紗製成的漆冠❺，以裘毛皮製成的裘帽❻，納以棉絮的絮帽❼和喪服之用的紙帽❽。

一、朵雲冠子偏宜面

小院朱扉開一扇。內樣新妝，鏡裡分明見。眉暈半深唇注淺。朵雲冠子偏宜面。被掩芙蓉熏麝煎。簾影沉沉，只有雙飛燕。心事向人猶靦覥。強來窗下尋針線。（賀鑄〈蝶戀花〉）

「眉暈半深唇注淺。朵雲冠子偏宜面。」這兩句指的是畫眉、塗唇、綰髻與戴冠四件事。在唐玄宗時期，畫眉的形式已多姿多彩，名見經傳的就有十種眉：鴛鴦眉、小山眉、五眉、三

❶（宋）宋白〈宮詞〉：「去年因戲賜霓裳，權戴金冠奉玉皇。」

❷「竹冠，制惟偃月、高士二式為佳，他無取焉，間以紫檀、黃楊為之。」引自（宋）黎靖德：《朱子語類》卷九一，中華書局，一九八六年。

❸（元）脫脫等《宋史·雷德驤傳》：「簡夫始起隱者，出入乘牛，冠鐵冠，自號『山長』。……既仕，自奉稍驕侈，騶御服飾，頓忘其舊，里閭指笑之曰：『牛及鐵冠安在？』」

❹（宋）米芾《畫史》：「舊言士子國初皆頂鹿皮冠，弁遺制也。」臺灣商務印書館，一九八六年。

❺（宋）趙令畤《侯鯖錄》卷六：「宣和五六年間……漆冠子作二桃樣，謂之並桃，天下效之。」

❻（宋）王應麟《玉海》卷八二：「乾德二年（九六四）十一月，（太祖趙匡胤）命王全斌等伐蜀。冬暮，大雪，上設氈帷于講武殿，衣紫貂裘幅以視事，謂左右曰：『我被服如此，體尚覺寒，西征將帥，衝犯霜霰，何以堪處？』即解裘帽，遣中黃門馳驛賜全斌。」

❼（宋）龐元英《文昌雜錄》卷二：「兵部杜員外……至岷州界黑松林，寒甚，換綿衣毛褐絮帽乃可過。」

❽（元）脫脫等《宋史·禮志二五》：「（至道三年）太宗崩……諸軍、庶民白衫紙帽。」

峰眉、垂珠眉、月眉、分梢眉、涵煙眉、拂煙眉、倒暈眉。史載玄宗曾令畫工畫《十眉圖》。李商隱詩「八歲偷照鏡，長眉已能畫」，可見當時畫眉風氣、習俗之盛。盛唐時，流行畫得闊而短、形如桂葉或蛾翅的「短眉」❾、眉邊暈散的「暈眉」、眉毛細長的「細眉」❿。唐人如何畫眉尚不可知，但時代稍後的宋人筆記《事林廣記》中有所記述：「真麻油一盞，多著燈心搓緊，將油盞置器水中焚之，覆以小器，令煙凝上，隨得掃下。預於三日前，用腦麝別浸少油，傾入煙內和調勻，其黑可逾漆。一法旋剪麻油燈花，用尤佳。」

塗唇是指一種將口脂、唇脂等朱赤色的化妝品塗抹在嘴唇上的美容方式。《新唐書．百官志》記載：「臘日獻口脂、面脂、頭膏及衣香囊，賜北門學士，口脂盛以碧鏤牙筒。」所謂「碧鏤牙筒」是指用來放口脂的包裝。綠色的雕花外筒與紅色相搭配，顏色互補，更襯托出各自色彩的鮮豔。除了鮮豔的紅色，唐宋時還流行一種暗紅色的檀唇，證以北宋詞人秦觀〈南歌子〉：「揉藍衫子杏黃裙，獨倚玉欄無語，點檀唇。」

正如宋詞稱「嫋嫋雲梳曉髻堆」⓫，宋代女子以高髻為尚，即所謂「門前一尺春風髻」⓬。這種高髻大多用假髮編成各種形狀，使用時直接套在頭上，形成「雙環髻」、「朝天髻」、「龍蕊髻」、「大盤髻」、「芭蕉髻」等各種髮式。當然，這些髮髻式樣名目多見於當時詩詞之中，名目繁多且華麗，但遺憾的是今人尚不能將其一一與圖像對應。或許這樣，更留給今人以想像的空間和幻想的意境吧！所謂「朵雲」，有點類似京劇中的「額髮」，時稱「雲尖巧額」⓭。這種形式的髮髻最早見於佛教廣泛傳播的南北朝時期的「佛妝」，《北齊校書圖》中的侍女就是「佛妝」打扮。宋代女性「朵雲」的髮式如河北宣化遼代張世卿墓中壁畫上的侍女與河南偃師北宋墓磚刻裡的頭戴團冠廚娘的形象。

圖5-1 河南偃師北宋墓出土磚刻中的廚娘圖

「團冠」是指造型為團形的冠式。其形象如河南偃師北宋墓磚刻中的廚娘（圖5-1）、山西太原晉祠宋塑宮女像、宋畫《瑤臺步月圖》（圖5-2）中的貴婦。團冠有用竹編成，上覆漆紗，再塗以顏色；也有用金屬鏨刻的，如安徽安慶棋盤山范文虎夫婦合葬墓出土的鎏金銀團冠（圖5-3）。該冠出土時發現於女性頭骨附近。造型如開啟的河蚌，呈橢圓形，底部有一圓洞，兩側各有一個穿孔，通體鏨刻有精緻的纏枝花紋。⓮此冠用大小五塊金片壓模扣合而成，曾嵌有珠寶，出土時已脫落。高四．四公分，長十三．七公分，寬八公分，重五十六．六三公克。金冠頂部是一塊中間呈長方形、兩端類似如意形的薄金片，再用兩塊雲狀形金片鑲在兩旁，兩頭各鑲一塊小金片，有穿眼，是固定髮簪用的，底面的洞是

⓽（唐）元稹〈有所教〉：「莫畫長眉畫短眉，斜紅傷豎莫傷垂。人人總解爭時勢，都大須看各自宜。」

⓾（唐）白居易〈上陽白髮人〉有「青黛點眉眉細長」，〈長恨歌〉有「芙蓉如面柳如眉」。

⓫（宋）周紫芝〈鷓鴣天十三首〉之一：「娟娟雲梳曉髻堆，涓涓秋淨眼波回。舊家十二峰前住，偶為襄王下楚臺。閑院靜，小桃開，劉郎前度幾回來。東風易得行雲散，花裡傳觴莫謾催。」

⓬（宋）趙令畤〈鷓鴣天〉：「可是相逢意便深，為郎巧笑不須金。門前一尺春風髻，窗內三更夜雨衾。情渺渺，信沉沉，青鸞無路寄芳音。山城鐘鼓愁難聽，不解襄王夢裡尋。」

⓭（宋）袁褧《楓窗小牘》：「宣和以後，多梳雲尖巧額，鬢撐金鳳。小家至為剪紙襯髮，膏沐若香。」

⓮周汎、高春明：《中國歷代婦女妝飾》，學林出版社、三聯書店（香港）有限公司聯合出版，一九九七年，九三頁。

圖5-2 宋・劉宗古《瑤臺步月圖》

圖5-3 團冠（安徽安慶棋盤山范文虎夫婦合葬墓出土，引自《中國歷代婦女妝飾》）

套髮髻用的。團冠頂部中間豁口，名曰「山口」[15]。頂部及周身均鏨刻纏枝花紋，內填珍珠紋，每朵花的中間鑲嵌一珠寶飾物作花蕊，鑲嵌飾物雖已脫落，但痕跡尚清晰可見。這正是宋人王栐《燕翼詒謀錄》中所謂的「加以飾金銀珠翠」[16]。

因為宋人造型整體偏於瘦長，且纏足日盛。加之首服偏於高大，所以宋代有人稱女子首服造型「危巧」。在南宋《歌樂圖》有穿紅羅背子的女子形象（圖5-4），其頭部戴著極為特殊的尖角形冠飾。據宋代文獻記載，京師宮中白角冠高達三尺。按一宋尺相當於今天的三十七公分計算，女冠高

圖5-4 南宋《歌樂圖》（引自《典藏・古美術》，二〇〇八年第一期，五四頁）

者可達一公尺多。因為過於高大，行走坐臥多有不便，所以「登車擔皆側首而入」⓱。加之靡費過甚，曾被認為妖服而下令禁止。宋皇祐元年（西元一〇四九年）十月，仁宗下詔予以禁止：「詔禁中外不得以角為冠梳，冠廣不得過一尺，長不得過四寸，梳長不得過四寸。終仁宗之世無敢犯者。」⓲然而這種式樣流傳甚廣，據陸游《入蜀記》載，西南一帶的婦女，「未嫁者率為同心髻，高二尺，插銀釵至六隻，後插大象牙梳，如手大」⓳。宋詞裡亦有許多讚譽：

⓯（宋）王得臣《麈史》卷上〈禮儀〉：「婦人冠服塗飾增損用舍，蓋不可名紀，今略其首冠之制……編竹而為團者，塗之以綠，浸變而以角為之，謂之團冠……又以團冠少截其兩邊，而高其前後，謂之山口。」

⓰（宋）王栐《燕翼詒謀錄》：「舊制，婦人冠以漆紗為之，而加以飾金銀珠翠，采（彩）色裝花。」

⓱（宋）周輝：《清波雜誌》卷八，商務印書館，一九五九年。

⓲（宋）王栐：《燕翼貽謀錄》卷四。據《宋史・輿服志》記載：「皇祐元年，詔婦人冠高毋得逾四寸，廣毋得逾尺，梳長毋得逾四寸，仍禁以角為之。先是，宮中尚白角冠梳，人爭仿之，至謂之內樣。冠名曰垂肩等肩，至有長三尺者；梳長亦逾尺。議者以為服妖，遂禁止之。」

⓳（宋）陸游：《入蜀記》卷六，十月十三日條。

瞻蹕門前識个人，柳眉桃臉不勝春。短襟衫子新來棹，四直冠兒內樣新。秋色淨，曉妝匀。不知何事在風塵。主翁若也憐幽獨，帶取妖饒上玉宸。（張孝祥〈鷓鴣天〉）

拋卻功名棄卻詩，從教身染氣球泥。侵晨打鞓齊雲會，際暮演籌落魄歸。園苑裡，粉牆西。佳人偷揭繡簾窺。高侵雲漢垂肩久，低拂花梢下腳遲。（無名氏〈鷓鴣天〉）

這種冠前後插有角冠，梳長盈尺，兩鬢垂肩[20]，時稱「亸肩」。王得臣《麈史・禮儀》說：「編竹而為團者，塗之以綠。浸變而以角為之，謂之『團冠』，復以長者屈四角而下至於肩，謂之『亸肩』。」據《宣和遺事》記載，名妓李師師的打扮是「亸肩高髻垂雲碧」。宋詞裡也稱：

小窗閒適。雲髻亸肩，香肌偎膝。玉局無塵，明瓊欲碎，春纖同擲。不爭百萬呼盧，賭今夜、鴛帷痛惜。好忍馬兒，若還輸了，當甚則劇。（趙長卿〈柳梢青〉）

在宋代，也有將團冠與角冠合併起來稱呼的習慣，如李廌《濟南先生師友談記》：「寶慈暨長樂白角團冠，前後惟白玉龍簪而已；衣黃背子，衣無華彩。」團冠一直延續至元代，社會各階層女性，無論上下都可戴，如周密《武林舊事》卷七說「皇后換團冠、背兒」，同書卷八也說皇后謁家廟時也戴團冠。此外，元代娼妓也可戴團冠，如《元典章・禮部》卷二：「今擬娼妓各分等第穿著紫皂衫子，戴著冠兒。」

二、髻穩冠宜翡翠

髻穩冠宜翡翠。壓鬢彩絲金蕊。遠山碧淺蘸秋水。香暖榴裙襯地。亭亭二八餘年紀。惱春意。玉雲凝重步塵細。獨立花陰寶砌。（趙希彰〈秋蕊香〉）

玉製小冠是宋代首服一個特殊的種類。以玉製冠，源於宋人對玉石的喜好。宋徽宗趙佶嗜玉成癮，金石學的興起，工筆繪畫的發展，城市經濟的繁榮，寫實主義和世俗化的傾向，都直接或間接地促進了宋代玉器的空前發展。中國古代玉器發展至此，「禮」性大減，而裝飾與實用功能大增。這促成了中國古代以玉製冠的新風尚。宋詞〈驀山溪〉云：「寒苞素豔，渾似枝頭見。半折與初開，誰贏得、江南手段。玉冠斜插，惟恨欠清香，風動處，月明時，不怕吹羌管。」實物如江蘇省吳縣靈岩畢沅墓出土的青玉冠（**圖5-5**），該冠高六公分，寬九公分，用整塊和闐青玉料雕成雙層蓮花花瓣，冠下端兩側對鑽用來簪插髮笄的雙孔。

「髻穩冠宜翡翠」中的「翡翠」是指用來固冠的翡翠髮笄。吳縣靈岩畢沅墓青玉冠上有碧玉簪，作雲頭如意狀。笄是古人用來簪髮和連冠用的飾物，後世稱為「簪」。《說文》：「笄，簪也。」中國古人以玉製笄可追溯至新石器時代。殷墟婦好墓曾出土過一件

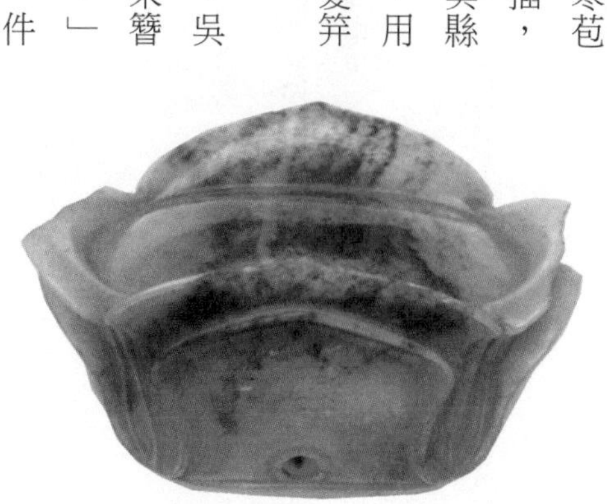

圖5-5 江蘇省吳縣靈岩畢沅墓出土青玉冠

⑳（宋）沈括《夢溪筆談》卷十九：「婦人亦有如今之垂肩冠，如近年所服角冠，兩翼抱面，下垂及肩，略無小異。」

夔龍首玉笄。其頭部扁平，雕成夔龍形。漢至唐代玉笄的變化不大，一般是笄首略加裝飾，笄身光素。宋代以後，玉笄趨於精緻，笄首多以鳥獸、花草為形。

不僅用玉，中國古人製笄還使用犀、牙、角等各種材料製作髮笄。這些材料的不同，成為中國古代社會不同身份等級區別的識別字號。

三、水晶冠子薄羅裳

避暑佳人不著妝，水晶冠子薄羅裳。摩綿撲粉飛瓊屑，濾蜜調冰結絳霜。隨定我，小蘭堂。金盆盛水繞牙床。時時浸手心頭熨，受盡無人知處涼。（李之儀〈鷓鴣天〉）

層層細剪冰花小，新隨荔子雲帆到。一露一番開，玉人催賣栽。愛花心未已，摘放冠兒裡。輕浸水晶涼，一窩雲影香。（張鎡〈菩薩蠻〉）

「水晶冠子」也是用寶石製成的冠。水晶，古稱水精、水玉、白附、千年水、黎難，又稱赤石英、紫石英、青石英，因其為透明晶體，故常稱之為水晶。雖然我國盛產水晶，但水晶製冠卻依然稀有。一因其屬寶石，製冠用料較大，世人不捨用之。二因其硬度大，為摩氏七，雕琢難，代價高，故將其製成冠極為罕見。宋代詞人張鎡在〈菩薩蠻〉中，將潔白的荔枝花形容為「冰花」，正與水晶冠兒的冰涼相互映襯。在赤熱的暑夏裡，給人絲絲涼意。

相對水晶冠的罕見，水晶簪則普遍一些。如褚載〈送道士〉：「鹿胎冠子水晶簪，長嘯欹眠紫桂陰。」另，二〇〇八年，在安徽壽縣城南保莊圩考古發掘出了兩根長約二十公分的圓柱狀、晶瑩剔透的水晶髮簪。

在宋代，還有一種「魚枕冠」，也就是用石首魚頭骨製成的冠。用其製成的冠子質地晶瑩，冠壁近乎透明，所以也有「水晶冠子」的美稱。魚枕，亦作「魚魫」。魚頭骨、魚枕骨可製器或做窗飾，亦可飾冠。《爾雅．釋魚》：「魚枕謂之丁。」郭璞注：「枕在魚頭骨中，形似篆書『丁』字，可作印。」宋人彭乘《續墨客揮犀．魚魫》云：「南海魚有石首者，蓋魚魫也。取其石治以為器，可載飲食。如遇蠱毒，器必暴裂，其效甚著。福唐人製作尤精，明瑩如琥珀，人但知愛玩其色而鮮能識其用。」宋代蘇軾行書帖《魚枕冠頌》中有「瑩淨魚枕冠，細觀初何物」。此外，《醒世恒言．呂洞賓飛劍斬黃龍》：「鋪中立著個女娘，魚魫冠兒，道裝打扮，眉間青氣現。」

無論是水晶冠，還是魚枕冠，這類晶瑩剔透的透明冠兒都是頗為惹人憐愛的。如果在冠內插花，就更能體現宋人的風韻與雅致。宋人程垓〈醉落魄．賦石榴花〉：「夏圍初結，綠深深處紅千疊。杜鵑過盡芳菲歇。只道無春，滿意春猶愜。折來一點如猩血，透明冠子輕盈貼。芳心蹙破情尤切。不管花殘，猶自揀雙葉。」就是描寫清風婀娜的宋代佳人，在晶瑩剔透的水晶冠之內襯以層層團簇的石榴花，若隱若現的白色、紅色花瓣呈現出一派婉約風尚。

四、包髻團衫也不村

冠兒褙子多風韻，包髻團衫也不村。（元代．無名氏．中呂〈喜春來〉）

除了用料名貴的團冠、角冠等，在宋代女性首服式樣中，還有一種用布帛包裹髮髻的首服，名曰「包髻」。南宋《織耕圖》中在田間耕作勞動的男女村夫，頭上都用布帛包裹髮髻。宋代孟元老

《東京夢華錄》卷五說，有些媒婆也戴「黃包髻」。就身份而言，專門替人說媒提親的老年婦女也處於社會底層。但不僅一般民間婦女戴包髻，社會上層女性也流行戴包髻。例如，山西太原晉祠聖母殿宋塑彩繪宮女塑像中就有頭裹紅色和藍色包髻的塑像（圖5-6）。此外，在宋人所繪女性粘貼花鈿的圖像資料中，對鏡貼花鈿的女性頭上也裹著包髻。可能受到中原文化影響，遼代婦女中也有戴紅色包髻的，如河北宣化遼墓壁畫中就有頭裹包髻的女性形象[21]。同樣，金代女性也戴包髻，《金史・輿服制》中的命婦禮服中有「年老者以皂紗籠髻如巾狀，散綴玉鈿於上，謂之玉逍遙。此皆遼服也，金亦襲之」。所謂「皂紗籠髻如巾狀」當是指包髻，而「玉逍遙」乃是包髻上的玉雕飾件。

圖5-6 山西太原晉祠聖母殿宋塑彩繪宮女塑像

范祖禹〈保寧軍節度觀察留後東陽郡公妻仁壽郡夫人李氏墓誌銘〉曰：「仁宗時嘗召燕宮中，夫人同命婦特髻見，上顧之曰宗戚近屬，有德者固當異數，若東陽家，無宜碌碌以朝。詔有司命改服，自後以包髻入。當時榮之。」由前文可知，宋時特髻與包髻同為命婦禮服，且包髻的身份等級更高。當然，這種納入禮儀制度中的包髻既是身份的象徵，必然也少不了要附飾各種精美的裝飾配件。例如，現藏臺北故宮博物院的宋人繪《折檻圖》中，侍立於漢成帝身後的女性戴的包髻上面就綴飾著各種精美的寶石和珍珠（圖5-7）。元代關漢卿《詐妮子調風月》也稱「夫人每是依時按序，細攙絨全套繡衣服，包髻是瓔珞大真珠」[22]。所謂瓔珞是指用珠玉串成戴在頸項上的飾物，多作頸飾[23]。

圖5-7 宋·佚名《折檻圖》（臺北故宮博物院藏）

至元代，女子盛裝仍尚用包髻覆首，只是宋時包髻的身份等級象徵在元代已經消失，演變成為已婚女性的一種妝飾㉔，如關漢卿《詐妮子調風月》中的唱詞說：「許下我包髻、團衫、繡手巾，專等你世襲千戶的小夫人。」又提到：「剛待要藍包髻。」《望江亭》第三折：「……許他做第二個夫人；包髻、團衫、繡手巾，都是他受用的。」包髻在明代仍用，只是名稱稍有些不同，明初《碎金》「服飾篇」中有「包冠」詞條。或許在明代，人們已將包髻稱為包冠了。因為沒有固定的形狀，完全靠絲繩

㉑ 張家口市宣化區文物保管所：〈河北宣化下八里遼韓師訓墓〉，《文物》，一九九二年第六期。

㉒ 隋樹森：《元曲選外編》一冊，中華書局，一九五九年，八八頁。

㉓ 《晉書·四夷傳·林邑國》：「其王服天冠，被瓔珞。」（宋）蘇軾〈無名和尚頌觀音偈〉：「累累三百五十珠，持與觀音作瓔珞。」

㉔ 傅樂淑：《元宮詞百章箋注》，書目文獻出版社，一九九五年，六八－六九頁。

束紮於髮髻上，所以明時戴包髻被稱為「紮」。那些有錢人家女性的包髻，一般都由身邊做事的丫鬟、書童和女傭給紮戴㉕。

從材料上講，包髻由各種質地華美的紡織品製成，如《金瓶梅詞話》第二十四回，「只見賁四娘子穿著紅襖，玄色緞比甲，玉色裙，勒著銷金汗巾」。又第四十五回曰：「李桂姐穿著紫丁香色潞綢妝花肩子對襟襖兒，白展光五色線挑的寬襴裙子，用青點翠的白綾汗巾兒搭著頭。」因此，包髻會因材料的不同而有不同的定語，僅《金瓶梅詞話》提到的就有黃包髻、皂包髻、藍包髻。此外，在明代版畫中還有頭裹花布作的包髻，這或可稱為「花包髻」了。

在中國古代服飾發展進程中，宋代女子首服處於中國古代女子首服承前啟後的轉折階段，具有較強的時代特徵，亦對後世首服式樣產生了深刻影響。它不僅開創了女子戴冠風尚之先河，也為後世女子首服式樣奠定了基礎。

第二節　冠兒褙子多風韻

冠兒褙子多風韻，包髻團衫也不村。（元代．無名氏．中呂〈喜春來〉）

在宋代女服中，褙子是最具代表性的。褙子，也寫作背子。它是宋代婦女的日常常服及次於大禮服的常禮服。其式樣素雅之中見奢華，簡潔之中見精緻。

在宋代文獻中，關於褙子的記載非常多，有人認為，在宋代，褙子本是婢妾之服。因為婢妾一般都倚立於主婦的背後，故稱為「褙子」。但考察文獻，宋代各個階層均有穿著褙子的記載，如

《宋史．輿服志》中有「女子在室者冠子、背子，眾妾則假紒、背子」，又有「其常服，后妃大袖，生色領，長裙，霞帔，玉墜子；背子、生色領皆用絳羅，蓋與臣下不異」。又如《濟南先生師友談記》中關於御宴記載太妃衣「衣黃背子」、「衣紅背子」㉖。可見，宋代褙子是一種上自皇后、貴妃、命婦，下至平女、侍從、奴婢，以及優伶、樂人不分等級與尊卑，都可以穿著的通用性服裝款式。

不僅女子，宋代男子也穿褙子。宋代《宣和遺事》一書所載「徽宗聞言大喜，即時易了衣服，將龍袍卸卻，把一領皂背穿著」；「……王孫、公子、才子、伎人、男子漢，都是了頂背帶頭巾，窄地長背子，寬口褲」。查看文獻和圖像資料可知，褙子在宋代男服中一般用於便服，或是襯在禮服裡面穿的服裝。《朱子語類》云：「崇觀間，莆人朱給事子入京，父令過錢塘謁故人某大卿。初見以衫帽。……及五盞歇坐，請解衫帶，著背子，不脫帽以終席。」又：「前輩子弟，平時家居，皆裹帽著背，不裹帽便為非禮。出門皆須具冠帶。」

據記載，褙子在宋代之前已有其制。㉗雖古人引經據典地解釋褙子的起源，但前朝服裝與宋代褙

㉕（明）蘭陵笑笑生《金瓶梅詞話》第三十一回：「書童也不理，只顧紮包髻兒。」

㉖（宋）李廌《濟南先生師友談記》：「御宴惟五人，上居中，寶慈在東，長樂在西，皆南向。太妃暨中宮皆西向，寶慈暨長樂白角團冠，前後惟白玉龍簪而已；衣黃背子，衣無華彩。太妃暨中宮皆縷金雲月冠，前後亦白玉龍簪，面飾以北珠，珠甚大，衣紅背子，皆用珠為飾。」

㉗（清）陳夢雷《古今圖書集成．禮儀典．衣服部》引《實錄》曰：「秦二世詔朝服上加褙子，其制袖短於衫，身與衫齊而大袖。」又曰：「隋大業中、內宮多服半臂，除即長袖也；唐高祖減其袖，謂之半臂，今背子也；江淮之間或曰綽子，士人競服。」（五代）馬縞《中華古今注．衫子背子》：「背子，隋大業末，煬帝宮人、百官母妻等，緋羅蹙金飛鳳背子，以為朝服，及禮見賓客、舅姑之長服也。」（宋）黎靖德《朱子語類》卷一二七：「今人登極，時常著白綾背子。」（宋）程大昌《演繁露》：「今人服公裳，必衷以背子。背子者，狀如單襦袷襖，特其裾加長，直垂至足焉耳。其實古之中襌也，襌之字或為單，中單之制，正如今人背子。」

子的式樣相距甚遠，終究未能擺脫以文證文的侷限。概括地講，宋代褙子式樣的主要特徵為瘦身窄袖、對襟生色領、腋下開胯和不掣衿紐。首先，「瘦身窄袖」體現了修長清秀的宋代美女風格。這在宋詞中多有反映：

> 墨綠衫兒窄窄裁，翠荷斜嚲領雲堆，幾時蹤跡下陽臺。
> 歌罷櫻桃和露小，舞餘楊柳趁風回，喚人休訴十分杯。（黃機〈浣溪沙〉）

> 窄羅衫子薄羅裙，小腰身，晚妝新。每到花時，長是不宜春。早是自家無氣力，更被伊，惡憐人。（張泌〈江城子〉）

無論是「墨綠衫兒窄窄裁」，還是「窄羅衫子薄羅裙」，都以一個「窄」字形象地勾畫出褙子的「小腰身」造型。與唐朝女子以胖為美、騎馬涉獵、英姿颯爽的風格不同，宋朝女子追求的是一種樸素雅致、含而不露，而又風情萬種的小家碧玉之美。與褙子瘦身窄袖的特徵相對照的是它的長度大多過膝，最長可至足踝部。[28]在《荷亭戲嬰圖》（圖5-8）、《瑤臺步月圖》和《歌樂圖》等繪畫作品中的女性都顯現出一種瘦削苗條的姿態。這正符合了李清照〈醉花陰〉中所描述的女性形象：

> 薄霧濃雲愁永晝，瑞腦消金獸。佳節又重陽，玉枕紗廚，半夜涼初透。
> 東籬把酒黃昏後，有暗香盈袖。莫道不銷魂，簾卷西風，人比黃花瘦。

圖5-8 宋·佚名《荷亭戲嬰圖》

㉘見注㉗，程大昌《演繁露》。

「黃花」，即萱草花，形如金針。據傳，古代遊子為了排解對家人的相思之苦，在出門前多會在庭園前種植萱草，因此，古人又將萱草稱為忘憂草。宋代詞人稱人比黃花還要瘦，雖是為了比喻飽受相思之苦的佳人憔悴的樣子，但借鑑勾畫出了宋代美人兒以清瘦為美的特殊風範。

「暗香盈袖」則與宋代的熨斗有關。在宋代，熨斗已經非常普遍地進入了老百姓的日常生活之中。南宋吳自牧在《夢粱錄·諸色雜貨》中記載的宋代日常使用的銅鐵器製品可謂豐富多彩：「如銅銚、湯餅、銅罐、熨斗、火鍬、火箸、火夾、鐵物、漏杓、銅沙鑼、銅匙箸、銅瓶、香爐、銅火爐、簾鉤，器如樽、果盆、果盒、酒盞、注子、偏提、盤、盂、杓。」《武林舊事·小經紀》中記有：「提茶瓶、鼓爐釘鉸、釘看窗、札熨斗。」

在宋代，熨斗又稱為「金斗」。這是宋代婦女居家必備與日常使用的生活用具。宋詞中有關熨斗的描述頗豐，如秦觀〈如夢令〉：「睡起熨沉香，玉腕不勝金斗。」使用時，要在熨斗內放置炭火，以便熨燙衣物，如陸游〈曉枕〉詩曰：「殘漏冬冬急，明星磊磊高。一從安枕臥，無復攬衣勞。熨斗生晨火，熏籠覆緼袍。一杯山藥酒，紅日滿亭皋。」又如史達祖〈東風第一枝．春雪〉詞云：「寒爐重熨，便放慢春衫針線。怕鳳靴挑菜歸來，萬一灞橋相見。」

在宋代，焚香是文人雅士最為喜愛的雅事之一。此外，宋代女子也喜歡在熨燙衣服時在熨斗內加放沉香等香料，用以加溫添香。由於香料的使用量非常之大，宋政府每年都要從海外進口大量香料以供社會上層人士使用。呂渭老〈思佳客〉詞云：「夜涼窗外聞裁剪，應熨沉香製舞衣。」

福州新店南宋黃升墓中出土褙子四件，其中羅製三件，縐紗一件。紫灰色縐紗鑲花邊窄袖褙子（圖5-9），衣長一二三公分，袖展長一四七公分，下襬寬五十七公分。它的領、襟、袖緣及肋下均縫上一條寬四．四公分的彩繪花邊。其裁縫方法為正裁，緣邊、花邊、加縫領均為後加。身部前後及兩半袖用兩幅單料各剪裁成「凸」形對折，豎直合縫，兩半袖端各接一塊延伸成長袖，衣長前後裾相等。衣邊針腳〇．二至〇．三公分，針距〇．三至〇．五公分。背中縫針腳〇．四至〇．五公分，針距〇．六至〇．七公分。

雖不會完全遵其舊制，但宋代服飾已成為後代力圖恢復舊制的藍本。與「中單腋下縫合」不同，宋代褙子「則離異其裾」㉙，且在腋下側縫綴有帶子，垂而不結僅作裝飾，意義是模仿古代中單交帶的形式，表示「好古存舊」。此外，宋代尤其是南宋的褙子還流行「不施衿紐」，即前襟散開，不用衿（用於繫住衣襟的小布條）紐繫束，謂之「不制衿」。據宋人岳珂《桯史》記載：「宣和之季……婦人便服不施衿紐，束身短制，謂之『不制衿』。始自宮掖，未幾而通國皆服之。」「不制衿」樣式最初為宮廷婦女使用，後民間爭相仿效，很快就流行開來，正所謂「出自城中傳四方」㉚。白沙宋墓等墓葬壁畫中的女子均兩襟鬆敞，不加繫束。直身對襟、「不施衿紐」，腋下不合

圖5-9-1 紫灰色縐紗鑲花邊窄袖褙子（福州 新店 南宋 黃升墓出土）

的式樣使得褙子顯得灑脫通透，頗富「休閒」氣息。儘管如此，宋代褙子衣襟也有「制衿」的例子。江西德安南宋周氏墓出土的印金羅襟折枝花紋羅背子（圖5-10）的對襟上就有一對紐扣㉛。就這件衣服而言，這枚紐扣極為隱蔽。發掘者稱此為在對襟處有紐扣的首次發現。一些研究者也以此為依據將中國古人使用紐扣的上限定為宋代。

宋代女服，多以花邊在衣襟、袖口和兩腋側縫處作緣飾，時稱「領抹」。由於

㉙ 見注㉗，程大昌《演繁露》。
㉚ （宋）岳珂：《程史·卷五·宣和服妖》。
㉛ 周迪人、周暘、楊明：《德安南宋周氏墓》，江西人民出版社，一九九九年，彩圖第二頁。

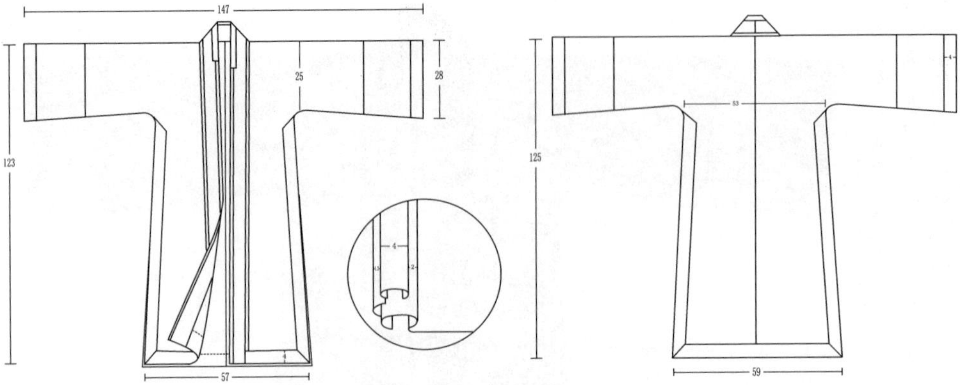

圖5-9-2 紫灰色縐紗鑲花邊窄袖褙子線描圖 1

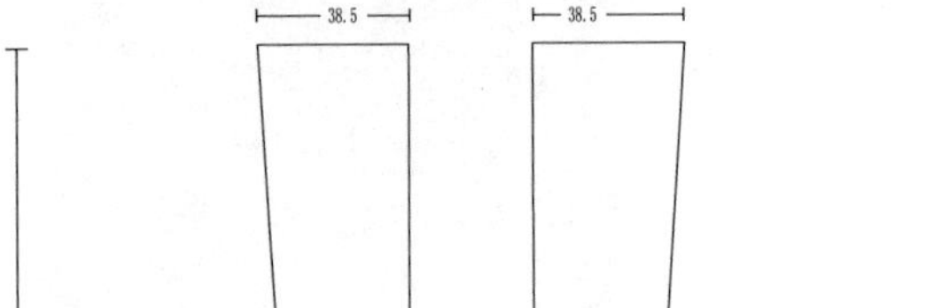

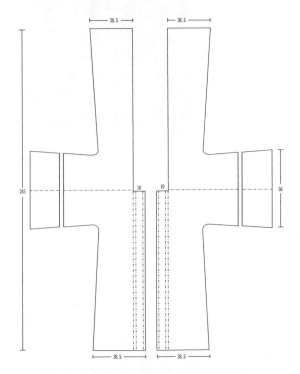

圖5-9-3 紫灰色縐紗鑲花邊窄袖褙子線描圖 2

圖5-10-1 印金羅襟折枝花紋羅褙子
（江西 德安 南宋 周氏墓出土）

圖5-10-3 江西德安南宋周氏墓出土印金羅襟折枝花紋羅褙子紐襻

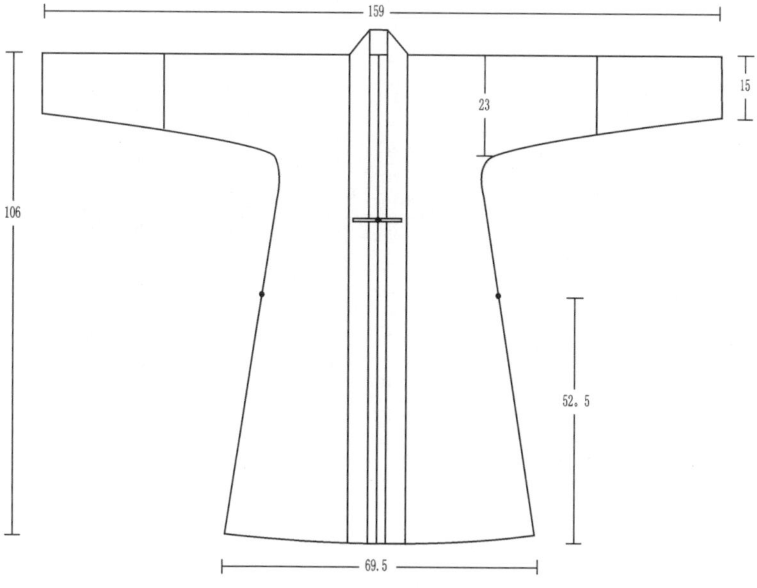

圖5-10-2 印金羅襟折枝花紋羅褙子線描圖

宋時女服風尚樸素，所以領口的緣飾就成為宋代女服的點睛提氣之筆。宋代詞人也多有描繪。其中比較形象的一首當推趙長卿的〈鷓鴣天〉：

> 牙領番騰一線紅，花兒新樣喜相逢。薄紗衫子輕籠玉，削玉身材瘦怯風。
> 人易老，恨難窮。翠屏羅幌兩心同。既無閒事縈懷抱，莫把雙蛾皺碧峰。

詞中「牙領」即是指「抹領」。所謂「牙」，是指器物外沿或雕飾的突出部分。這正好頗為精準文雅地點出了宋人縫製「領抹」的工藝特點。據福州新店南宋黃升墓實物考察，宋代褙子上的「領抹」都是將一塊整布裁剪成長條形，兩側外邊向內扣折後，用針線沿抹領外沿縫於領襟之上。「牙領」之後的「番騰一線紅」則形象地勾畫出宋代佳麗身著的褙子上於素紗薄霧中顯現的「抹領」的外觀效果。

宋代抹領的工藝有手工畫繪，如宋代無名氏〈阮郎歸・端五〉：「及妝時結薄衫兒，蒙金艾虎兒。畫羅領抹攧裙兒，盆蓮小景兒。　香袋子，搐錢兒，胸前一對兒。繡簾妝罷出來時，問人宜不宜。」[32]也有印金、泥金等，如楊炎正〈柳梢青〉：「生紫衫兒。影金領子，著得偏宜。」[33]其圖案以寫實花卉為主，也有鳥獸等寓意吉祥的圖案。在福州新店南宋黃升墓中共出土十二件未經縫綴的羅質花邊。其中，印花彩繪的二件，均長七十四公分，寬二十一公分。其中一件為五行獅子戲綬球紋，每行由四組踞、奔、立、躍姿態的獅子組成，每組花位長十六公分，獅子作黃色，綬球呈玫瑰紅色，飄帶顯藍色；另一件為五行蝴蝶芍藥綬帶瓔珞紋，葉作藍綠色，花呈粉紅色，蝶顯黃色。彩繪的五件：其中兩件各長一六七公分，寬約六公分，花紋有茶花、菊花和荷花；一件長約七十四公分，寬約十二公分，彩繪三行獅子戲綬球，每行亦由四組踞、奔、立、躍姿態的獅子組成；另兩件殘長約四十二公分，寬約九公分，每件花紋兩行，每行由翔鳳、牡丹、芙蓉、梔子組成。繡花彩繪的三件：一件長八十七公分，寬十公分，紋作兩行，每行由四組蝴蝶芍藥和綬球飄帶組成；一件長一〇五公分，寬二十一公分，雙層縫合，花卉的輪廓刺繡，中空填彩；一件長九十公分，寬四．八公分，作茶蘼花紋，花及花托用羅織物剪成紋樣貼上，四周用包梗線釘繡法繡出輪廓，葉用染色棉紙剪貼，釘金針法繡出輪廓，花蕊結子繡，花莖辮繡，花葉的中空填彩，色彩鮮明。印金填彩的二件：一件長一一八公分，寬五公分，花紋有茶花、菊花、芙蓉；另一件長七十五公分，寬二十三公分，花紋六行，每行由荷花、菊花相間組成。[34]

這些或畫或繡、充滿詩情畫意的領邊風景，於素雅簡潔的宋代女服中，可謂一個頗具傳統且又有時代新意的特色符號。早在南朝，史學家沈約已用「領邊繡」為題作詩：

纖手製新奇，刺作可憐儀。縈絲飛鳳子，結縷坐花兒。
不聲如動吹，無風自裊枝。麗色儻未歇，聊承雲鬢垂。

「結縷坐花兒」一句說明，南北朝時期服裝抹領上的這些漂亮精緻的紋樣很可能是直接在織機上織成的條帶。而這種織成的條帶早在戰國已有使用。如江陵馬山一號楚墓出土的素紗錦袍N1，在

---

[32] 唐圭璋：《全宋詞》冊五，中華書局，一九六五年，三六七三頁。
[33] 唐圭璋：《全宋詞》冊三，中華書局，一九六五年，二一一七頁。
[34] 福建省博物館編：《福州南宋黃升墓》，文物出版社，一九八二年，一六頁。

領的內面及外面，就加飾了一道寬不足七公分的緯花車馬人物馳獵猛獸紋條帶（**圖5-11**）。該紋案由四個菱形組成，排列成上下兩行。上行的兩個菱形內的圖案內容是相互聯繫的。右上方的圖案是二人乘一輛田車正在追逐獵物的側視圖。車上二人，外側後部為御者，跽坐，著鈷藍色衣，繫紅棕色腰帶，頭部似戴兜鍪，手前伸，作駕馬狀。內側一人位於前部，似為射獵的貴族，立乘，著土黃色衣，似戴兜鍪，右手持弓，左手作放箭狀。車後立有旗竿，上掛向後飄動的旌旗。左上方的圖案中部有象徵山丘的菱形紋。山前有一隻奔鹿倉皇逃命，箭矢從身旁掠過；奔鹿後面的一獸已被射中，倒臥在地。下行兩個菱形圖案都是武士搏獸圖。右下方的圖案是武士搏虎圖。武士頭戴長尾兜鍪，一手執盾，一手執長劍，正與一隻斑斕猛虎搏鬥。左下方的圖案是手執長劍的武士與一隻猛獸搏鬥。各個大菱形之間多填以S形等幾何紋。上下兩行圖案相互呼應。組成一幅氣氛熱烈緊張、場面廣闊的古代射獵圖。[35]此外，江陵馬山一號楚墓出土袍服N10的領內側也有龍鳳紋條緣。其經線和地緯為深棕色，花緯可見土黃、紅棕、鈷藍三色。花紋由三個菱形連接組成。在各個菱形的空隙間，分別填以三角形、小菱形紋，也有矮小的人形圖案和展翅的鳥形圖案。第一個菱形內的圖案是對龍，各自作回首狀，足下踐一動物。第二個菱形內的圖案是長尾對龍和一些小幾何紋。第三個菱形內的圖案是彎體對鳳。因

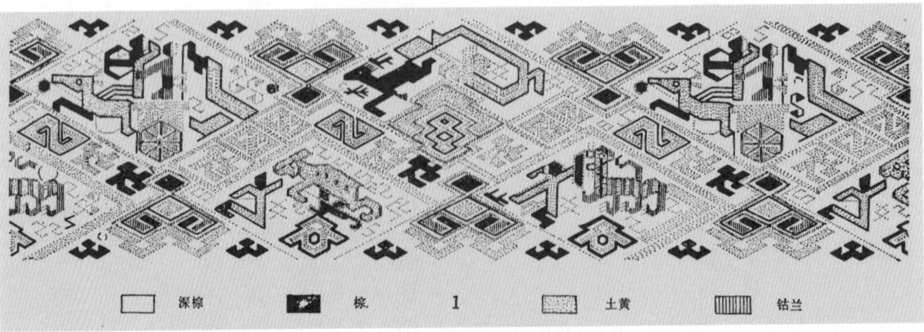

圖5-11 素紗錦袍N1領外緣緯花車馬人物馳獵猛獸紋線描圖（江陵馬山一號楚墓）

為是單獨縫綴於領襟之上，這些「領襟繡」很可能會「應時、應景」替換。

因為褙子上都有花邊裝飾，所以花邊的需求量很大，這促進了宋代花邊製作行業的興盛。從宋人的筆記看，「領抹」之類的服飾常常是單獨出售的。例如，在《東京夢華錄．卷六．正月》裡面就記載了宋時「開封府放關撲三日……州北封丘門外，及州南一帶」街道上的商鋪裡面就有專門出售「冠梳、珠翠、頭面、衣著、花朵、領抹、靴鞋、玩好」之類的日用雜品，由此可見宋代社會商品經濟的繁榮。除了固定商鋪，還有一些流動小販，沿街吆喝，唱吟通衢地售賣「食物、動使、冠梳、領抹、緞匹、花朵、玩具」[36]等物。最有意思的是，這些日用物品也可由買賣雙方約定好價格，用頭錢（即銅錢）擲在瓦罐內或地上，根據頭錢字幕的多少來判定輸贏。贏者可折錢或免費取走所撲物品，輸則付錢。這就是宋時頗為流行的「關撲」。由於關撲和商業活動緊密相連，故關撲一般不賭錢，而是賭「抹領」之類的物品。也正因為如此，過去史學界一般均把它歸之為娛樂活動。

至元代，褙子仍然在穿用，這種風尚依舊流行，褙子一度被用作女伎常服。元代楊景賢《馬丹陽度脫劉行首》第二折：「則要你穿背子，戴冠梳，急煎煎，鬧炒炒，柳陌花街將罪業招。」元代戴善夫《風光好》第四折：「他許我夫人位次，妾除了煙花名字，再不曾披著帶著，官員祗候，褙子冠兒。」樂伎只能穿黑褙子，教坊司的婦人則不能穿褙子。褙子的紋樣，也是區分命婦等級的標誌，體現出穿著者的身份和地位。

與宋代相比，明代褙子大同小異，但用途更加廣泛。《明史．志第四十二．輿服二》記載：「皇后常服：……大衫霞帔，衫黃，霞帔深青，織金雲霞龍文……四衣襈襖子，即褙子。深青，金

---

35 湖北荊州地區博物館：《江陵馬山一號楚墓》，文物出版社，一九八五年，四七頁。

36 （宋）吳自牧《夢粱錄．正月》：「街坊以食物、動使、冠梳、領抹、緞匹、花朵、玩具等物沿門歌叫關撲。」

繡團龍文。」襖的意思是衣裾分開。在明初就曾經規定皇室貴婦以褙子為常服，品級較低的命婦則以褙子為正式禮服。可見，明代的褙子應為兩邊側縫和背縫開衩的。如果前襟扣上紐或繫上繩帶，下襬處就也類似開衩的樣式，故名四襖子。其式樣如明代唐寅所畫《王蜀宮妓圖》中的人物形象（圖5-12）。明代時有寬袖褙子、窄袖褙子。寬袖褙子只在衣襟上以花邊作裝飾，並且領子一直通到下襬；窄袖褙子在袖口及領子都有裝飾花邊，領子花邊僅到胸部。

圖5-12 明・唐寅《王蜀宮妓圖》

第三節　彩燕迎春入鬢飛

宋代城市人口眾多，商業發展極快。據《宋史》記載，東京有居民一百多萬，加上一大批沒有戶口的「遊手」、「浮浪」以及官府機構和軍隊，人口更多，是當時世界上無與倫比的大城市。宋代城市民間娛樂文化極其繁盛。由於平民文化的興起，一些社會上層人士開始欣賞並有選擇地採用了某些平民的生活方式。在臨安街頭和許多其他場合，市民生活氣息頗為濃厚，達官貴人與一般平民相混雜的現象已相當普遍。宋代城市裡也出現了專供普通小民娛樂的歌舞、說唱、曲藝、雜技等從事表演娛樂的固定表演場所，如「瓦舍」、「勾欄」、「樂棚」等[37]。

宋代節日慶典最多，文化娛樂活動頻繁，所謂「時節相次，各有觀賞」。與節日娛樂增多對應的是人們對各種節令飾品的需求大增。金盈之《醉翁談錄・卷三・京城風俗記》載：「（正月）婦人又為燈毬、燈籠，大如棗栗，如珠翠之飾，合城婦女競戴之。」既然「合城婦女」競相佩戴，可想節日期間飾品消費量之巨大。咸淳年間（一二六五—一二七四年）都人以碾玉為首飾，里巷婦女以琉璃為首飾。有詩云「京師禁珠翠，天下盡琉璃」[38]。

一、釵斜穿彩燕

彩燕，也稱「春燕」或「縷燕」。據南朝梁宗懍《荊楚歲時記》：「立春日，悉剪綵為燕以戴之，帖宜春之字。」[39]隋杜公瞻注引傅咸〈燕賦〉：「四時代至。敬逆其始。彼應運於東方。乃設燕以迎至。翬輕翼之歧歧，若將飛而未起。何夫人之功巧。式儀形之有似。銜青書以贊時。著宜春之

[37]（宋）孟元老《東京夢華錄》：「不以風雨寒暑。諸棚看人，日日如是。」

[38]（元）脫脫等：《宋史》卷六十五，中華書局，一九八五年。

[39]（梁）宗懍：《荊楚歲時記》，岳麓書社，一九八六年，一二頁。

嘉祉。」可知早在南北朝時期，中國古人已有簪燕示春的先例。在唐代，簪彩燕逐漸成為迎春時的一種習俗。唐人詩云「釵斜穿彩燕」[40]，「彩燕表年春」[41]。

至宋代，立春日頭戴彩燕成為風俗。這在宋人的詩詞中有諸多記載，如「彩燕迎春入鬢飛」[42]，「花鬢愁，釵股籠寒，彩燕沾雲膩」[43]和「瑤筐彩燕先呈瑞，金縷晨雞未學鳴」[44]。宋代城鄉經濟的繁榮，喚起了畫家們對世俗生活的興趣。當時繪畫的主題增加了表現普通市民平凡瑣細的日常小景內容的風俗畫和節令畫。據傳為南宋李嵩所繪的《市擔嬰戲》（圖5-13）和《貨郎圖》（圖5-14）中擔貨遊販的頭巾上就插有一隻作展翅低首俯衝狀的黑色燕子。這或是北方地區用烏金紙剪成燕形的「黑老婆」。證以明代周祈《名義考》：「北俗元日剪烏金紙，翩翩若飛翔之狀，簪之謂之『黑老婆』，……即彩燕之遺意也。」[45]除了黑色，也還有白色，如傳北宋蘇漢臣所繪《貨郎圖》（圖5-15）中貨郎的頭上也簪戴著一隻白色的春燕。

除了使用彩帛、烏金紙剪裁外，貴族女性還用金

圖5-13 南宋・李嵩《市擔嬰戲》（細部）

圖5-14 南宋．李嵩《貨郎圖》

圖5-15 北宋．蘇漢臣《貨郎圖》（局部）

銀錘鍱、鏨刻等工藝做出精緻立體的燕形。如株洲丫江窖藏金花鳥銀腳步搖，通長二十三公分，重十七．二公克，環繞著折枝牡丹的一對蝴蝶、兩隻燕雀以薄金片鏨刻成形。同樣的例子又如湖南益陽市八字哨關王村宋元窖藏出土的元代銀片和銀絲製成春燕飾品（圖5-16）。它是將簪首製成盛開的瓊花、花苞和幾片慈姑葉，並在其上用彈簧絲綴燕形，殘長十一．二公分，花寬九公分，重

㊵（唐）李遠〈立春日〉：「暖日傍簾曉，濃春開箧紅。釵斜穿彩燕，羅薄剪春蟲。巧著金刀力，寒侵玉指風。娉婷何處戴，山鬢綠成叢。」《全唐詩》卷五一九，中華書局，一九六〇年，五九三〇頁。

㊶（唐）冷朝陽〈立春〉：「玉律傳佳節，青陽應此辰。土牛呈歲稔，彩燕表年春。」

㊷（宋）王珪〈立春內中帖子詞．夫人閣〉：「彩燕迎春入鬢飛，輕寒未放縷金衣。苑中忽報花開早，得從鑾輿向晚歸。」

㊸（宋）吳文英：〈夢窗詞．解語花．立春風雨中餞處靜〉，《全宋詞》卷三九一，中華書局，一九六五年，一三〇四頁。

㊹（唐）崔日用：〈奉和立春遊苑迎春應制〉，《全唐詩》卷四六，中華書局，一九七九年。

㊺（明）周祈：《名義考》，沔陽盧氏慎始基齋影印本，一九二二年。

圖5-16 元代銀片和銀絲製成的春燕飾品（湖南益陽市八字哨關王村宋元窖藏出土，引自揚之水：《湖南宋元窖藏金銀器的發現與研究》）

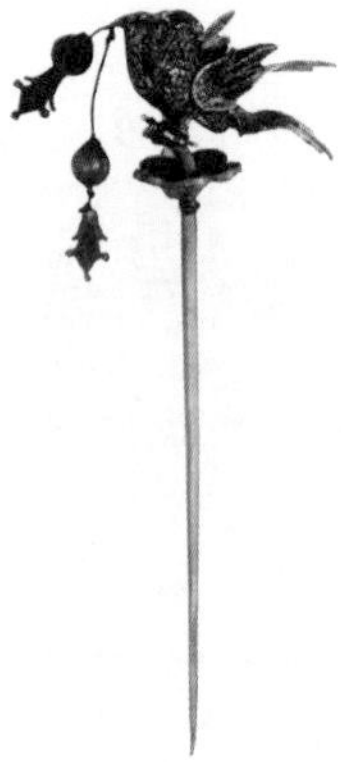

圖5-17 雙鸞銜壽果金簪（北京定陵明代孝靖皇后棺內出土，引自《定陵》）

五．五公克。

還有更為精緻的例子。北京定陵明代孝靖皇后棺內出土一對雙鸞銜壽果金簪（圖5-17），頂端為花絲梅花托，花心伸出兩條用無芯螺絲做成的花蕊，像彈簧一樣，其上站立花絲製作的鸞鳥一對，口銜壽果與方勝滴，兩隻鸞鳥的身和翅膀用金絲掐製成小卷紋（直徑○．一八公釐，長○．九公釐）密密堆壘而成。鳥尾採用鏨花工藝，中間契筋，兩邊組絲（鏨花的一種技法，鏨雕出平行細線效果）。鳥眼用花絲圍「松」[46]。經組裝焊接做成的雙鸞鳥，站在花蕊上，能隨時顫動，好像要展翅欲飛。[47]與這些實物相對應的簪春燕首飾形象如唐寅所畫《王蜀宮妓圖》中盛裝宮妓中的中間正面者（參見圖5-12）。她雲髻高聳，兩側飾春花，頭戴小冠，冠頂部簪有一隻小巧的春燕。

二、金縷晨雞未學鳴

除了燕子外，宋人還有以雞形作為迎春之飾的風俗，其名曰「春雞」或「彩雞」。例如，宋代陳元靚《歲時廣記》「立春日」引萬俟詠〈立春〉詞：「彩雞縷燕已驚春，玉梅飛上苑，金柳動天津。」（編按：此詞應為萬俟詠的《〈臨江仙．寒甚正前三五日》〉）〈春詞〉：「彩雞縷燕，珠幡玉勝，並歸釵鬢。」❹❽（編按：釵鬢應為釵鬢。此詞應為宋朝無名氏之詞，已失調名。）

雞在中國人心目中是一種身世不凡的靈禽，漢代人編寫的《春秋運斗樞》稱「玉衡星散為雞」，即雞由星宿下凡變化而成。《祖庭事苑》也說：「人間本無金雞之名，以應天上金雞星，故也，天上金雞鳴，則人間亦鳴。」古代帝王每逢出巡，儀仗中有二十八星宿旗，相配二十八禽，其中「昴宿」上繪七星，下繪雞，又叫「昴日雞」。由於雞世司守夜，故謂「常世之鳥」。在中國古人心中，黑夜是陰間鬼魅橫行的時間，雞鳴則天明，因此，雞成為能使太陽復出，驅邪逐鬼的神鳥。晉代王嘉撰《拾遺記》：「沉雞鳴，色如丹，大如燕。常在地中，應時而鳴。聲能遠切，其國聞其鳴。」除了報時，雞形也象徵著春天的到來。在古人的觀念裡，雞是具有文、武、勇、任、信「五德」的家禽，如漢代韓嬰撰《韓詩外傳》中形容雞「夫首戴冠者，文也。足傅距者，武也。敵在前敢鬥者，勇也。得食相告，任也。夜不失時，信也」。此外，雞在漢語中，又與「吉」諧音，無形中又增加了祈福納吉的價值。從雞的風俗象徵上說，雞在古代文化中象徵著驅逐邪惡、在臘月歲終送刑德迎春神（元旦為雞日）的寓意。

春雞的形象常被古人用於迎春之飾，如河南新鄉延津縣宋代陶瓷貴婦人偶的髮髻上的黃褐色

---

❹❻ 將螺絲繞在一根粗絲上，在每個圓圈的對口處剪斷放平後，再吹一小珠放在上邊焊好即成為「松」。

❹❼ 朱俊芳：〈定陵出土帝后首飾分析〉，載《首屆明代帝王陵寢研討會．首屆居庸關長城文化研討會論文集》，科學出版社，二〇〇〇年，一七九頁。

❹❽（宋）陳元靚：《歲時廣記》，商務印書館，一九三九年，八一頁。

雞形飾品（原文稱「戴金（黃釉）鳳冠」，圖5-18）[49]。與彩燕不同，春雞既不是用彩帛製作，也不是用烏金紙剪成，而是「以羽毛條繪彩」[50]製成。查看圖像可知，宋人用鳥羽粘縫出的春雞和春燕，一般只做出雙翅的造型，而不是雞和燕的全形。粘縫後的鳥羽使用時繫縛於簪釵上，插於兩鬢。例如，河北曲陽王處直墓出土的彩繪浮雕武士頭盔的兩側就飾有鳥翅（圖5-19）。而在武士頭後還有一隻雄雞，其腳下踏著一隻牛。「春雞」、「土牛」都是春天的標誌和象徵。所以，筆者認為該武士頭盔兩側的翅羽上應有「春雞」的簡略形式。這種翅羽的例子還有很多，如河南許昌地區宋代陶瓷武士偶頭冠的兩側也有翅羽裝飾（原文稱「鳳翅盔」，圖5-20）[51]。此外，宋人也有將鳥羽編綴成帽形扣戴於頭部的例子，如《大儺圖》中人物（圖5-21）。

圖5-19 彩繪浮雕武士（河北曲陽王處直墓出土）

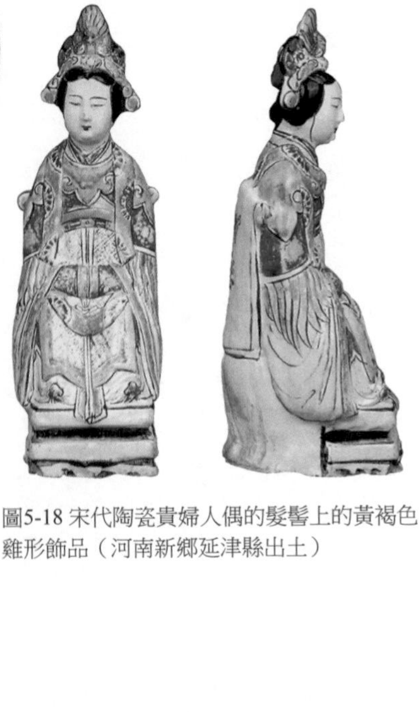

圖5-18 宋代陶瓷貴婦人偶的髮髻上的黃褐色雞形飾品（河南新鄉延津縣出土）

三、蛾兒雪柳黃金縷

與彩燕和春雞相同，鬧蛾也是宋人用於節令的飾品。關於鬧蛾與草蟲主題，揚之水先生在〈明代頭面〉一文中有頗為精彩的論述52，深具啟發。該習俗至遲在唐代已有，唐人張祜〈觀楊瑗柘枝〉詩云：

促疊蠻鼉引柘枝，捲簾虛帽帶交垂。紫羅衫宛蹲身處，紅錦靴柔踏節時。
微動翠蛾拋舊態，緩遮檀口唱新詞。看看舞罷輕雲起，卻赴襄王夢裡期。53

圖5-20 宋代陶瓷武士偶，頭冠的兩側也有翅羽裝飾（河南許昌地區出土）

49 貴婦人偶像高三二·一公分。灰黃色胎酥鬆，施化妝土，罩玻璃釉，色微黃，多細碎開片。模製，底部有透氣孔。整個造型是一位貴婦坐於椅臺上，頭部簪花包髻，博鬢，戴金（黃釉）鳳冠，黑彩塗繪表示頭髮，頭後部的包髻巾為紅色，髮半露，梳鬏。黑彩繪眉、眼，紅彩點唇，鬢兩側有細細的髮綹垂下。參見望野：〈河南中部迤北發現的早期釉上多色彩繪陶瓷〉，《文物》，二〇〇六年第二期。

50 （宋）陳元靚：《歲時廣記》，商務印書館，一九三九年，八一頁。

51 武士偶高二二·六公分。灰胎，施化妝土，罩玻璃釉，有少量開片。模製。黑彩繪眉、眼、鬍鬚和盔的輪廓。黃、綠、紅彩點綴武士頭頂的鳳翅盔，盔頂有珠。臥蠶眉，丹鳳眼，棗紅臉，闊口白齒，濃鬚長髯，大耳垂肩，耳後有紅色垂纓。著綠色紅黃彩輪花袍，腹部紅彩藤黃花圍肚，繫黃色軟巾，腰紮革帶。右手按單盤腿的膝部，左手抱一隻紅嘴黃毛長尾鼬。參見望野《文物》：〈河南中部迤北發現的早期釉上多色彩繪陶瓷〉，二〇〇六年第二期。

52 揚之水：〈明代頭面〉，《中國歷史文物》，二〇〇三年第四期，二八頁。

53 （清）彭定求等：《全唐詩》卷五一一，中華書局，一九六〇年，五八二七頁。

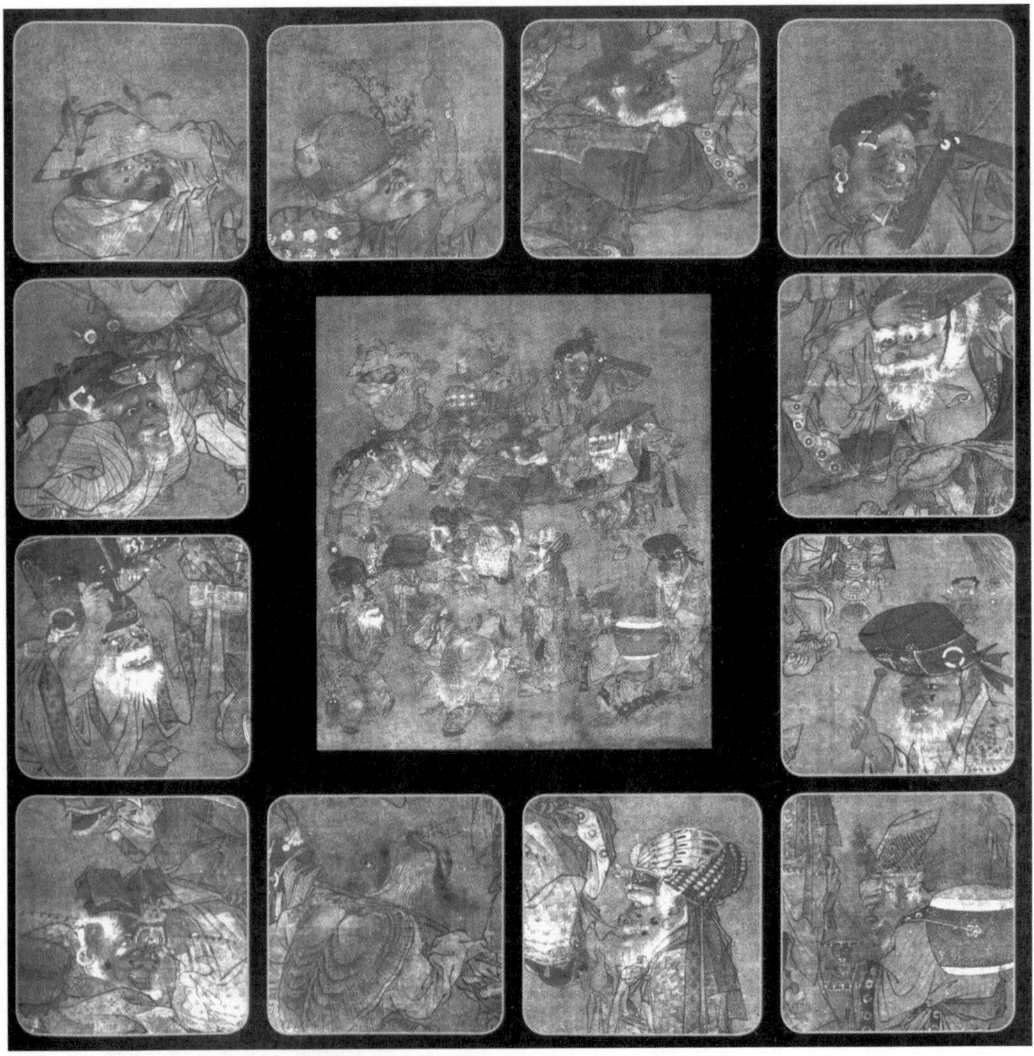

圖5-21-1 南宋·佚名《大儺圖》（北京故宮博物院藏）

圖5-21-2《大儺圖》中間小圖

圖5-21-3《大儺圖》中間小圖的線描圖

陝西西安玉祥門外隋朝李靜訓墓出土了一件黃金鬧蛾撲花（圖5-22）。李靜訓乃光祿大夫李敏與周宣帝之女宇文娥英的女兒，外祖母是隋文帝長女。據墓誌記載，李靜訓幼年隨外祖母生活，九歲卒，葬於長安皇城西的休祥里萬善道場。由於她身份特殊，故隨葬品極盡奢華，墓中有大量金銀玉器和瓷器、玻璃器等。該墓出土的黃金鬧蛾撲花是由一簇簇六瓣花朵的小花組成，上有一隻大花蛾飛於花叢中，其下有三叉簪腳，可固定於髮髻間。整個頭飾製作精緻，華貴燦爛，正如其墓誌銘上所說：「戒珠共明璫並曜，意花與香佩俱芬。」[54]安徽合肥西郊南唐保大年間的墓葬中出土了一件長銀步搖（長十八公分），其頂端有四隻銀蛾作飛舞狀，下有垂珠玉串飾。

圖5-22 黃金鬧蛾撲花（陝西西安玉祥門外隋朝李靜訓墓出土）

在宋代，每年正月十五上元夜都會解除宵禁，特許人們徹夜遊玩。婦女們可以穿戴整齊走出閨門，賞燈看月，盡興遊玩。作為應令的裝飾，簪戴鬧蛾在宋代已成為一種風氣。辛棄疾在〈青玉案·元夕〉中先描寫了元宵的熱鬧景致：「東風夜放花千樹。更吹落、星如雨。寶馬雕車香滿路。鳳簫聲動，玉壺光轉，一夜魚龍舞。」然後出現了一位頭戴「蛾兒雪柳黃金縷」的女性在「燈火闌珊處」遊玩。宋代楊無咎〈人月圓〉詞：「鬧蛾斜插，輕衫乍試，閑趁尖耍。百年三萬六千夜，願長如今夜。」[55]可見，在宋代，與彩燈、簫鼓、煙火、歌舞一樣，簪戴鬧蛾成為熱鬧節日的一部分。

---

[54] 中國社會科學院考古研究所：《唐長安城郊隋唐墓》，文物出版社，一九八〇年，圖版一〇：三。

[55] 唐圭璋：《全宋詞》，中華書局，一九六五年，一一九九頁。

其實，不僅是上元夜，元旦、立春之日也可簪戴鬧蛾。《金瓶梅詞話》第七十八回：「（正月元旦）放炮仗，又嗑瓜子兒，袖香桶兒，戴鬧蛾兒。」[56]且男性也可簪戴。明代沈榜《宛署雜記》稱元旦出遊時，「大小男女，各戴一枝於首中，貴人有插滿頭者」[57]。男子戴鬧蛾的情形在北京故宮博物院藏南宋《大儺圖》中有生動的表現，在舞者人群中就有在頭戴巾帽的當心縫綴鬧蛾形象。其熱鬧景象與周密撰《武林舊事》卷二中記載元夕「內人及小黃門百餘，皆巾裹翠蛾，效街坊清樂傀儡，繚繞於燈月之下」的情景頗為吻合。孫景琛在〈《大儺圖》實名辨〉一文中指出，《大儺圖》表現的是明代京城民間迎春舞隊或社火時的場面[58]。此外，傳北宋蘇漢臣繪的《五瑞圖》表現的是，在春天庭院裡，幾個孩童穿著彩衣，勾畫臉譜，戴著面具，模仿大人們跳「大儺舞」的情景。在其中那位模仿樂師的兒童頭上插著的春幡上就吊著一個白色的鬧蛾（**圖5-23**）。

「鬧蛾」又作「鬧鵝」、「春蛾」或「鬧嚷嚷」。「鬧鵝」如《宣和遺事．後集》：「京師民有似雲浪，盡頭上戴著玉

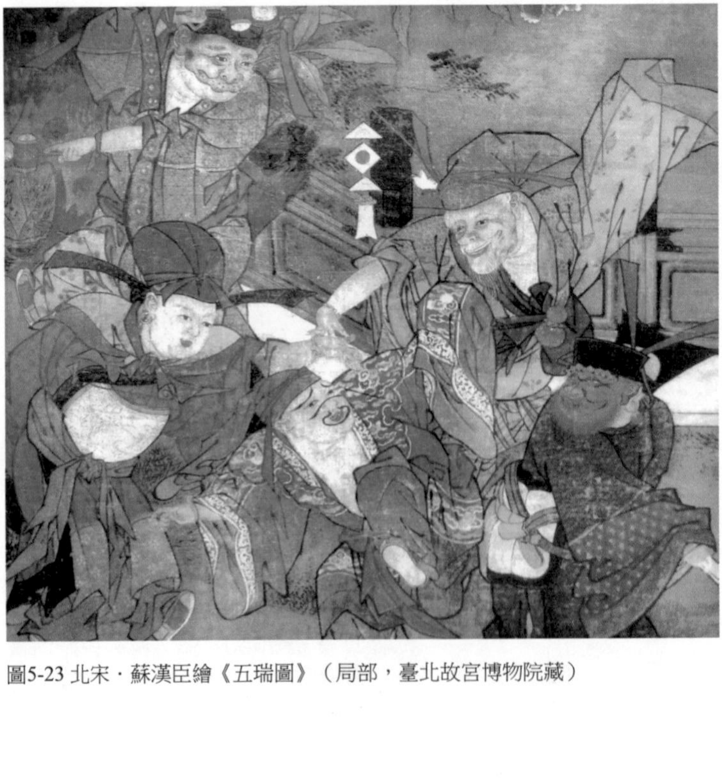

圖5-23 北宋．蘇漢臣繪《五瑞圖》（局部，臺北故宮博物院藏）

梅、雪柳、鬧鵝兒，直到鰲山下看燈。」又《水滸傳》第六十六回說鼓上蚤時遷挾著的籃子「上插幾朵鬧鵝兒」。「春蛾」如明代信陽人周復元〈迎春曲〉在描述北京的迎春習俗時稱「春勝春蛾鬧五侯」[59]。「鬧嚷嚷」如《宛署雜記》記載元旦出遊，人們都頭「戴鬧嚷嚷」[60]；清代王夫之《雜物贊・活的兒》引宋代柳永詞云：「所謂『鬧蛾』兒也，或亦謂之鬧嚷嚷。」[61]

蛾的形狀與蝴蝶略似。區別在於蛾的腹部短粗，觸角呈羽狀，靜止時雙翅平伸；而蝴蝶的翅膀和身體有鮮豔的花斑，頭部有一對棒狀或錘狀觸角，翅寬大，停歇時翅豎立於背上。蝴蝶多在白天活動，蛾子習慣在夜間活動，且有趨光的習性。顧名思義，中國古人稱「鬧蛾」是取蛾兒戲火之意。它正與上元夜街上裝點的各色燈籠相呼應。但古人也多將鬧蛾做成蝴蝶形，如宋代范成大〈上元紀吳中節物俳諧體三十二韻〉有「花蝶夜蛾迎」，「花蝶」句下自注云：「大白蛾花，無貴賤悉戴之，亦以迎春物也。」實物如陝西歷史博物館藏唐代鎏金銀蝴蝶頭飾（圖5-24）。[62]該實物主體紋

56 （明）蘭陵笑笑生：《金瓶梅詞話》，上海中央書店，一九三五年，一〇一八頁。

57 （明）沈榜：《宛署雜記》卷十七，北京古籍出版社，一九八〇年，一九〇頁。

58 自周代始，人們已有在每年臘月穿著特殊服飾驅鬼逐疫的習慣，即「儺儀」、「儺祭」的儀式。儀式中由方相氏和十二「獸神」和一百二十「侲子」裝扮成兇惡的「瘟神」。《周禮・夏官・司馬》記載大儺的主角方相氏為「掌蒙熊皮，黃金四目，玄衣朱裳，止戈揚盾，帥百隸而時儺」。此外，十二「獸神」也都披著「有衣毛角」的假形，戴奇形怪狀的面具，或裝扮成「虎首人身、四蹄長肘」、「兼具牛和虎雙重性」的怪獸。

59 （明）信陽周復元〈迎春曲〉：「淑氣晴光萬戶開，芊綿草色先蓬萊。林皋百鳥聲相和，宮闕五彩雲相回。東風獵獵赤旗止，金甲神人逐隊起。群公吉服迎勾芒，鄉人儺衣驅祟鬼。豹虎竿頭御河柳，遊絲蕩漾鶯求友。春勝春蛾鬧五侯，恩光暗入誰先有。」（明）劉侗、于奕正：《帝京景物略・二・春場卷》，北京出版社，一九八三年，六五頁。

60 （明）沈榜：《宛署雜記》卷十七，北京古籍出版社，一九八〇年，一九〇頁。

61 （明）王夫之：《王船山詩文》，中華書局，一九六二年，九七頁。

62 中秦燕：《陝西歷史博物館珍藏・金銀器》，陝西人民美術出版社，二〇〇三年，圖一一九。

圖5-25 湖北麻城北宋石室墓棺床北部正中出土的金片蝴蝶線描圖

圖5-24 唐代鎏金銀蝴蝶頭飾（陝西歷史博物館藏）

樣為一隻蝴蝶紋，邊飾鏨刻的花卉圖案，蝴蝶的髯鬚外張。

宋代詞人史浩在〈粉蝶兒・元宵〉中寫到：「鬧蛾兒，滿城都是。向深閨，爭翦碎，吳綾蜀綺。點妝成，分明是，粉鬚香翅。」元代張翥〈一枝春・鬧蛾〉：「宮羅輕剪。翩翩鬢影，側映寶釵雙燕。」[63]由此可知，古代婦女們先用絲綢剪出鬧蛾的形狀，再用筆勾畫出鬚、翅等細節。除了絲綢，鬧蛾還以烏金紙剪裁成形，並朱粉點染，加繪色彩。明代劉若愚《酌中志》：「自歲暮正旦，咸頭戴鬧蛾，乃烏金紙裁成，畫顏色裝就者；亦有用草蟲、蝴蝶者。咸簪於首，以應節景。」王夫之《雜物贊・活的兒》：「以烏金紙剪為蛺蝶，朱粉點染。」[64]《元明事類鈔》引《北京歲華記》：「元旦人家兒女，剪烏金紙作蝴蝶戴之。」[65]湖北麻城北宋石室墓棺床北部正中曾出土一件輕薄的金紙片，其一作成蝴蝶（**圖5-25**），餘皆鏤作花草。

鬧蛾有時是在布帛上直接繪畫而成的，如黑龍江阿城金墓中王妃頭戴的花珠冠的下沿就有一條藍地黃彩蝶裝花羅額帶（**圖5-26**）。帶前額部寬五・三公分，印繪著四隻形態各異的金彩蝴蝶紋。上面還保留著繪金的痕跡，每隻蝴蝶長八公分，寬四・八公分，四隻蝴蝶總長約三十五公分。原繫於花珠冠額沿部，帶紐繫結於冠後。《五瑞圖》中，在一個兒童頭戴的巾帽兩側上就繪

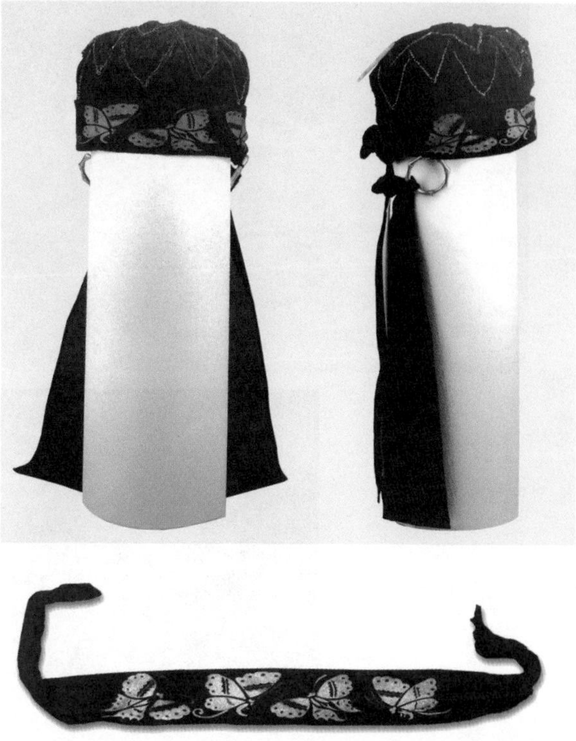

圖5-26 藍地黃彩蝶裝花羅額帶（黑龍江阿城金墓出土，為王妃頭戴巾帽下沿的額帶，引自《金代服飾——金齊國王墓出土服飾研究》）

有一個金鬧蛾形象。

明代墓葬中出土了很多蝴蝶形的鬧蛾實物。例如，南京太平門外崗子村吳忠墓出土的一對蝴蝶形金鬧蛾（圖5-27），墓葬年代為洪武二十三年（一三九〇年），鬧蛾長七．三公分。[66]先用錘鍱工藝做成蝴蝶形狀，再用鏨刻工藝做出蝶翅上細密的紋飾。蝶鬚用金絲纏繞，雙目凸出。整個蝴蝶線條流暢，給人以展翅欲飛的姿態。

---

[63] （元）張翥〈一枝春·鬧蛾〉：「霧翅煙鬟，向雲窗鬪巧，宮羅輕剪。翩翩鬢影，側映寶釵雙燕。銀絲蠟蒂，弄春色、一枝嬌顫。誰網得、金玉飛錢，結成翠羞紅怨。燈街上元又見。鬧春風簇定，冠兒爭轉。偷香傅粉，尚念去年人面。妝樓誤約，定何處、為花留戀。應化作、曉夢尋郎，採芳徑遠。」唐圭璋：《全金元詞》下，中華書局，一九七九年，一〇一三頁。

[64] （明）王夫之：《王船山詩文》，中華書局，一九六二年，九七頁。

[65] 《元明事類鈔》，四庫全書珍本初集。

[66] 胡華強：《明朝首飾冠服》，科學出版社，二〇〇五年，六三頁。

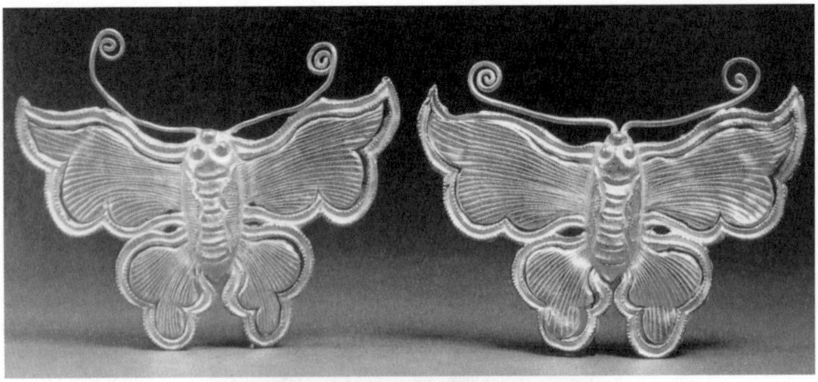

（上）圖5-27 蝴蝶形金鬧蛾（南京太平門外崗子村吳忠墓出土，引自《金與玉——西元十四至十七世紀中國貴族首飾》）
（中）圖5-28 蝴蝶形金鬧蛾（南京太平門外堯化門出土，引自《金與玉——西元十四至十七世紀中國貴族首飾》）
（下）圖5-29 蝴蝶形金鬧蛾（南京中華門外郎家山宋晟墓出土，引自《金與玉——西元十四至十七世紀中國貴族首飾》）

同類器物還有南京太平門外堯化門出土的一件蝴蝶形金鬧蛾（圖5-28），以金絲製成蝴蝶的長鬚，用錘鍱和花絲工藝製成兩層的蝶翅形狀。此外，南京中華門外郎家山宋晟墓出土一對蝴蝶形金鬧蛾（圖5-29），其製作方法與吳忠墓出土的金鬧蛾相似，只是在蝶翅上另有鏨刻的圓圈細點紋飾及一些用於繫綴的針孔。

四、玉梅對妝雪柳

除了鬧蛾之外，宋代女性還有在元宵節插雪柳和菩提葉，七月立秋日插楸葉，夏至日簪楝葉的習俗。

雪柳是以紙、絹製成，狀如柳條的裝飾物。宋人《宣和遺事・後集》：「京師民有似雲浪，盡頭上戴著玉梅、雪柳、鬧蛾兒，直到鰲山下看燈。」[67]李清照〈永遇樂・元宵〉詞：「中州盛日，閨門多暇，記得偏重三五。鋪翠冠兒，撚金雪柳，簇帶爭濟楚。」[68]馬子嚴〈孤鸞・早春〉詞：「玉梅對妝雪柳，鬧蛾兒、象生嬌顫。歸去爭先戴取，倚寶釵雙燕。」[69]古代婦女競插玉梅、雪柳的盛況，由此可以想見。其形象如《大儺圖》中的人物，其頭右側簪玉梅、左側簪鬧蛾，額前插的那個長條狀的物件便應是雪柳了。該圖中還有一人物在額前戴有鬧蛾，其上也插了兩枝雪柳。

菩提葉為菩提樹之葉，葉子呈雞心形，古代婦女插在頭上以為裝飾，多用於元宵節。菩提樹原產於印度，後隨佛教傳入中國。相傳釋迦牟尼就是在菩提樹下頓悟，從而成佛，所以菩提樹也受到

[67]（宋）無名氏：《新刊大宋宣和遺事》，中國古典文學出版社，一九五四年，七二頁。
[68] 唐圭璋：《全宋詞》，中華書局，一九六五年，九三一頁。
[69] 唐圭璋：《全宋詞》，中華書局，一九六五年，二〇七〇頁。

人們的珍視。為了滿足節日之需，也有用紙絹做成者。在北宋都城汴京，南宋都城臨安，有不少專賣這類飾物的小販，穿梭往來於街巷之中。《東京夢華錄》：「市人賣玉梅、夜蛾、蜂兒、雪柳、菩提葉。」《武林舊事》：「元夕節物，婦人皆戴珠翠……菩提葉。」《大儺圖》中戴瓦楞帽者的頭兩側各插了一片菩提葉。插戴菩提葉的婦女形象在敦煌莫高窟的壁畫中也多有反映（圖5-30）。

圖5-30 敦煌莫高窟的壁畫中插戴菩提葉的婦女形象

南宋吳自牧《夢粱錄》記每年七月立秋這一天杭城內外「侵晨滿街叫賣楸葉，婦人女子及兒童輩爭買之，剪如花樣，插於鬢邊，以應時序」[70]。楸，落葉喬木，葉子三角狀卵形或長橢圓形，花冠白色，有紫色斑點，木材質地細密，可供建築、造船等用。因「楸」字從「秋」，故被視為秋天的象徵，專用於立秋。唐、宋、明時期多為婦女及兒童使用，以象徵秋意。《東京夢華錄》：「立秋日，滿街賣楸葉，婦女兒童輩，皆剪成花樣戴之。」《武林舊事》：「立秋日，都人戴楸葉，飲秋水、赤小豆。……大抵皆中原舊俗也。」明代李時珍《本草綱目》：「唐時立秋日，京師賣楸葉，婦女、兒童剪花戴之，取秋意也。」安徽合肥五代南唐墓出土的木俑頭部見有鏤空的銀製花葉，或是楸葉的模型。

楝葉為楝樹之葉，葉形寬闊。《淮南子．時則訓》：「七月官庫，其樹楝。」高誘注：「楝實秋熟，故其樹楝也。」古代男女常於夏至日摘之插於兩鬢，如《荊楚歲時記》：「夏至節日，食粽。……民斬新竹筍為筒粽，楝葉插頭。」又「士女或取楝葉插頭，彩絲繫臂，謂之長命縷」[71]。

五、羅薄剪春蟲

除了詩詞中常見的鬧蛾、雪柳外，宋代婦女還在髮髻上簪戴一種小簪子，簪首一般是用黃金、寶石和美玉等做成蜻蜓、螞蚱、鳴蟬、蜜蜂、蜘蛛、蠍子等昆蟲的形狀，斜斜地插在髮髻上，別開生面。

簪戴昆蟲樣式的首飾，其俗源自唐代。這些昆蟲在春夏萌動。唐人李遠〈立春日〉有「羅薄剪春蟲」[72]，宋代陶谷《清異錄》稱：「後唐宮人或網獲蜻蜓，愛其翠薄，遂以描金筆塗翅，作小折枝花子。」這是用蜻蜓翅膀做花鈿簪於首的又一例子。明代沈榜《宛署雜記》稱鬧蛾（鬧嚷嚷）有「為飛鵝、蝴蝶、螞蚱之形，大如掌，小如錢」[73]。朱弁《續骫骳説》「元宵詞」條云：「又婦女首飾，至此一新，髻鬢鬟參插，如蛾、蟬、蜂、蝶、雪柳、玉梅、燈球，嫋嫋滿頭，其名件甚多。」在明代《天水冰山錄》中有許多草蟲首飾的名稱，如「金鑲玉草蟲首飾一副（計十一件，共重一十六兩一錢）、金鑲草蟲點翠嵌珠寶首飾一副（計十一件，共重一十八兩二錢）、金鑲草蟲嵌

[70]（宋）吳自牧：《夢粱錄》卷四，七月條。
[71]（梁）宗懍：《荊楚歲時記》，岳麓書社，一九八六年，四〇頁。
[72]（唐）李遠：〈立春日〉，《全唐詩》卷五一九，中華書局，一九六〇年，五九三〇頁。
[73]（明）沈榜：《宛署雜記》卷十七，北京古籍出版社，一九八〇年，一九〇頁。

珠寶首飾一副（計九件，共重九兩二錢）」[74]等，《金瓶梅》第二十回中也稱「金玲瓏草蟲兒頭面」，可見這類飾件的題材應統稱為「草蟲」。

在明代草蟲題材中，最普遍的應屬金蟬了。如宋代金盈之《新編醉翁談錄》卷三記京城風俗，曰正月裡婦人「又插雪梅，凡雪梅皆繒楮為之，又有宜男蟬，狀如紙蛾而稍加文飾」。除了冠上的飾蟬，在金銀飾品的製作中也流行以蟬為主題。明清以後其製作工藝非常精美逼真。無錫市的江溪明朝華復誠妻曹氏墓出土的頭飾中挑心的佛像簪的左右各插一支玉葉金蟬簪（圖5-31），其簪頭在銀托上嵌玉葉，葉上棲金蟬。江蘇吳縣五峰山也出土了一件玉葉金蟬簪（圖5-32）。該玉葉外形扁薄，玲瓏剔透，長五．一公分。其上襯托一隻金光閃爍，形神畢肖的金蟬，蟬長二．四公分。全簪共重四．六五公克。遺憾的是其底托和簪腳已經遺失。金蟬在玉葉上棲息奏鳴，寓意玉振金聲。金蟬玉葉是國人金玉觀

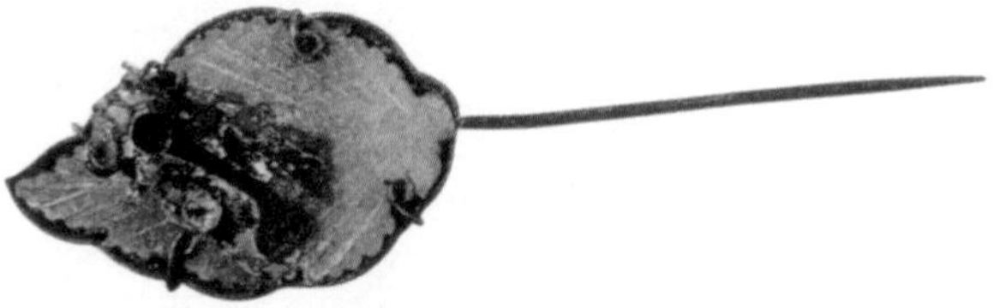

圖5-31 無錫江溪明朝華復誠妻曹氏墓出土的玉葉金蟬簪

圖5-32 江蘇吳縣五峰山也出土了一件玉葉金蟬簪

圖5-33 臺灣全圓藝術中心收藏品中也有一件金蟬實物

念的生動寫照，形象妙趣橫生，具有極高的藝術鑑賞價值。另外，在臺灣全圓藝術中心也收藏有一件金蟬實物（圖5-33），金蟬長九．五公分。明代金蟬風格寫實逼真，注重細節刻畫，製作異常精美，反映了明人高超的細金工藝水準。

作為以農耕經濟為基礎的中國傳統服飾文化，在形態上必然會對此有所反映。將時令花卉鳥蟲按時節插飾在髮髻間，不僅能夠反映自然景觀的輪回，還能濃縮出「天人合一」的氣象。當然，古人也會用燕子、春雞、蛾、蝶等事物象徵某些季節和節日的來臨，用以釋放情緒。這些飾品內容豐富多彩，散發著濃郁的芬芳，穿越了歷史的長河，一刻也未曾消失於人們的集體記憶中。

宋代物質生活繁榮，精細手工業發達，生活空間日益狹小，這些因素都促成了足不出戶的深閨女子，日益對梳妝打扮、綰髮繞髻、簪插戴飾的關注。可以說，服飾生活成為宋代上層女性填補寂寥生活，營造個人生活空間的必備內容和功課。雖然這個時代以素雅簡樸、修長苗條、纖弱文靜為女性審美典範，但精緻的抹領，對襟無帶、兩側開衩的褙子，輕薄似霧的紗羅質地，都為宋代女性平添了一份神秘與性感的氣息。在舉手投足間，透過衣衩開合而若隱若現的內衣和肌膚，無疑具有撩撥人心的美感。可以說，女子服飾風尚不僅是宋代服飾文明的重要組成部分，還是宋人物質與文化生活的真實寫照，反映了宋代社會藝術與審美的流行與時尚觀。

---

74 （明）陸深等：《明太祖平胡錄》，北京古籍出版社，二〇〇二年，一二六－一二八頁。

第六章

衣冠之變：遼金元女子服飾時尚

遼金元（九〇七—一三六八年）時期持續了四百六十多年，是中國歷史上的重要時期。遼金元時期的服飾在中國服飾發展史上具有獨特的面貌和重要性，但卻是中國服飾文化研究中最為薄弱的部分。這一時期，不同的政權更迭交錯，遼、金先後與北宋、南宋對峙，蒙元則與金、南宋紛爭；這一時期，民族成分眾多，雜居而處，漢族、契丹、女真、蒙古等碰撞交流，胡漢之間的生活和文化從壁壘隔閡到拆牆納美，各汲所長。

在服飾方面，這一時期的胡漢服飾文化各有特色，交相輝映，形成了中國服飾文化的多樣性和多元性；同時，胡漢服飾文化又交流互動，相互影響，形成了中國服飾的包容性和豐富性。正是經過這一時期服飾文化的交融和濡化，形成了中國服飾文化「衣冠之海，有容乃大」的大國風範。這在女性服飾方面表現得尤為明顯。

第一節　契丹女性「佛妝」考

一、「佛妝」初見

宋哲宗元祐六年（一〇九一年），北宋彭汝礪以集賢殿修撰、刑部侍郎充太皇太后賀遼主生辰使的身份出使遼國。❶作為南國的使者，使遼途中，彭汝礪便深刻感受到遼地冬季環境之惡劣，並發出了「萬里沙陁險且遙，雪霜塵土共蕭條」、「狼顧鳥行愁覆溺，一日不能行一驛」的行程艱難的感歎❷。然而更讓彭汝礪印象深刻的是，他見到遼地的婦女竟然呈現出一種奇怪的「黃面黑吻」的容貌，這讓看慣了面若桃花的南國脂粉之色的他大為驚異，以為這些婦女得了某種奇怪的瘴疾，不禁詢問接待他們的遼朝官員。遼朝的官吏卻不無矜誇地告訴他，這其實是遼國女性一種獨特的美容護膚術——「佛妝」。有感於此，彭汝礪遂作詩〈婦人面塗黃而吏告以為瘴疾問云謂佛妝也〉❸，以紀此事，詩中表達了初來乍到的他對遼國女性這種面黃黑吻的「佛妝」產生的訝異與誤解，詩云：

有女夭夭稱細娘，真珠絡髻面塗黃。華（南）人怪見疑為瘴，墨吏矜誇是佛妝。

詩中提到遼國燕姬「面塗黃」的「佛妝」正是契丹女子在冬天流行的一種妝容，也是一種奇特的美容護膚術，其最大的特點是將面部抹黃，經冬不洗，與南國女子以脂粉飾面大異其趣。

二、「佛妝」之「妝」

宋使至遼，都對遼地婦女的這種特殊的妝容頗為好奇，屢有記載。

彭汝礪使遼三年後（一〇九四年），北宋張舜民以秘書少監身份被遣充回謝大遼弔祭宣仁聖烈太皇太后禮信使使遼，留下若干使遼詩和對遼地風俗的記載。宋人葉隆禮撰《契丹國志》輯錄張舜民《使北記》記載：「北婦以黃物塗面如金，謂之『佛妝』。」❹明人陶宗儀《說郛》卷三則輯錄張

❶彭汝礪（一〇四一－一〇九五年），字器資，饒州鄱陽（今江西鄱陽）人。宋哲宗元祐六年（一〇九一年）出使遼國，其《鄱陽詩集》載使遼詩六十首。

❷彭汝礪使遼詩見蔣祖怡等：《全遼詩話》，岳麓書社，一九九二年，三一八－三二〇頁。

❸此詩《宋詩紀事》題為「燕姬」，《全遼詩話》中題為「佛妝」。參見《全遼詩話》，岳麓書社，一九九二年，一一六二、三二一頁。

❹（宋）葉隆禮：《契丹國志》卷二十五張舜民《使北記》，上海古籍出版社，一九八五年，二四二頁。

舜民《使遼錄》曰：遼國「胡婦以黃物塗面妝，謂之物妝」，「物妝」即「佛妝」[5]。

《北京市志稿》也輯錄了清人嚴繩孫《西神脞說》中關於佛妝的記載：「遼時，燕俗婦人有顏色者目為細娘，面塗黃，謂為佛妝。」[6]

彭汝礪與嚴繩孫等詩文中所謂「燕地」即現在的北京地區，北京在當時是遼國「五京」之一的「南京」。會同元年（九三八年）十一月，後晉石敬瑭把包括今北京地區和河北與山西兩省北部的燕、雲等十六州之地作為獻媚和酬謝的禮物割讓給契丹。從此，遼的版圖延伸到了華北大平原。契丹得到燕雲十六州之後，便把幽州升為五京之一，作為遼的陪都，改稱南京，又稱燕京，府名幽都。在燕地，契丹族與漢族、女真族雜居而處，作為契丹政權的陪都，也流行契丹女性「以黃物塗面」的美容化妝術——「佛妝」。

宣和年間（一一一九—一一二五年），北宋地理學家朱彧輯錄《萍洲可談》一書，其中記載其父使遼時，見有婦人「面塗深黃，謂之『佛妝』，紅眉黑吻，正如異物」[7]。

北宋末南宋初年間人莊綽在他輯錄軼聞舊事的《雞肋編》中進一步介紹了這種被南方人視為「異物」的婦女化妝法：「（燕地）其良家士族女子皆髡首，許嫁，方留髮。冬月以括蔞塗面，謂之佛妝，但加傳而不洗，至春暖方滌去，久不為風日所侵，故潔白如玉也。其異於南方如此。」[8]

（圖6-1）

所謂括蔞即栝樓，是一種蔓生植物，其根、果實、果皮、種子皆可入藥，其果實名「黃瓜」，宋人唐慎微《證類本草》「栝樓」條謂其有「悅澤人面」的功效[9]。唐代本草學家日華子在《日華子諸家本草》中說，栝樓子可「潤心肺，療手面皺」，栝樓根則有治療瘡癤、生肌長肉的作用[10]。總之，栝樓有治療皮膚皴裂、凍瘡的功效（圖6-2）。

❻ 吳廷燮等：《北京市志稿》第七冊《禮俗志》，燕山出版社，一九八八年，一六七頁。另見蔣祖怡：《全遼詩話》，岳麓書社，一九九二年，一六一頁。

❼（宋）朱彧：《萍洲可談》卷二，中華書局，二〇〇七年，一四二頁。

❽（宋）莊綽：《雞肋編》，中華書局，一九八三年，一五頁。

❾（宋）唐慎微：《證類本草》卷八「栝樓」條，華夏出版社，一九九三年，二一七頁。

❿（唐）日華子撰，常敏毅集輯：《日華子諸家本草》，寧波市衛生局，一九八五年，二二頁。也有學者認為日華子為五代十國吳越人。

圖6-1 宣化下八里遼墓壁畫，右一女性為髡首的契丹女子

圖6-2 栝樓

從莊綽等人的記載和描述中可知：「佛妝」是契丹貴族世家女性所採用的一種獨特的兼具保養護膚和美容裝飾作用的美容術；其主要原料是栝樓提取物；主要用於冬季和初春季節，一層層敷加塗抹在臉上，形成一種黃色的保護膜，直到春天暖和時方才洗去，類似於今天的免洗面膜；其作用是抵禦沙塵風雪對皮膚的侵襲；經過整整一個冬天和春天的保養，暮春時節洗掉這層面膜時，其結果是皮膚「潔白如玉」，煥然一新。

三、「佛妝」之「用」

遼國女性這種獨特的妝容跟契丹民族生活的地理環境和氣候條件有直接的關係。根據《遼史・地理志》的記述可知，遼朝鼎盛時期的版圖幅員萬里：東臨日本海；南至今河北中部和陝西北部；西逾阿爾泰山，到額爾齊斯河；北抵外興安嶺和貝加爾湖，近安加拉河；東北到鄂霍次克海和庫頁島。[11]

契丹民族的活動範圍主要在北地塞外苦寒之地，寒冷期長，冬天長期受西伯利亞冷空氣盤踞影響，寒風凜冽，大雪紛飛，更兼千里冰封，萬里沙塵，對皮膚損傷很大。五代時期，後晉同州郃陽縣令胡嶠於契丹會同十年（九四七年）入契丹，因故陷居契丹七年，於後周廣順三年（九五三年）才亡歸中原。[12]根據在契丹的見聞，胡嶠寫成記述契丹地理風俗的《陷北記》，其中記載他在盛夏七月入契丹境，就感受到北地的寒冷：「時七月，寒如深冬。又明日，入斜谷，……寒尤甚。」[13]

後來宋朝的使者在出使大遼時更深切地感受到了這種切膚徹骨的寒冷。

一○○四年（宋真宗景德元年、遼聖宗統和二十二年），遼、宋訂立澶淵之盟。此後，兩朝之間按例按時互遣賀正旦使、生辰使，此外還有告哀使、告登位使、吊慰使、賀登位使、賀冊禮使、回謝使、普通國信使等，歲歲遣使通好，星軺相屬一百多年。

「正旦」或「元旦」即正月初一日，在宋、遼兩國都是重要的官定節日。這一天宋朝要舉行隆重的「元旦朝會」，遼國也要舉行隆重的「正旦朝賀儀」和宴會，諸臣、親王和外國使者都要朝駕，慶賀新年。宋遼時期，皇帝和太后的生日皆為「聖節」。過聖節時，要舉行隆重的祝賀儀式，兩朝一般每年都會互相派遣賀生辰使前往祝賀。⑭

由於宋朝使節，尤其是正旦使和一些生辰使，往返契丹的時間恰逢隆冬和初春時節，寒冷異常，因此，皇帝要特賜冬季出使遼朝的使節禦寒之衣裘，以示君王之恩寵眷顧。但畢竟南北環境、氣候迥異，遼地之奇寒非一般可比，雖有裘衣蔽體，但「北風吹雪犯征裘」⑮的滋味，也非南國使者可以適應的。因此在宋朝使者的使遼詩和使遼的見聞錄中，經常可以看到他們對於遼地冬天風沙冰雪惡劣環境的記錄和累其所苦的感受。

---

⑪ 張修桂：《遼史地理志匯釋》，安徽教育出版社，二〇〇一年，一〇頁。

⑫ 胡嶠，生卒年月不詳，字文嶠，五代後晉時期華陽（今安徽績溪華陽鎮）人。胡嶠曾為後晉同州郃陽縣令。契丹會同十年（九四七年），他作為宣武軍節度使蕭翰掌書記隨其入契丹，後蕭翰被告發謀反見殺，胡嶠無所依，虜居契丹七年（後晉天福十二年至廣順三年），於周廣順三年（九五三年）亡歸中原。根據在契丹七年的見聞，胡嶠寫成記述契丹地理風俗的《陷北記》，又稱《陷虜記》。

⑬ （宋）葉隆禮：《契丹國志》卷二十五胡嶠《陷北記》，上海古籍出版社，一九八五年，二三七頁。

⑭ （宋）葉隆禮《契丹國志．卷八．興宗文成皇帝》載：「宋朝自聖宗太平四年（一〇二四年），每歲遣使賀帝生辰及元旦，賀太后則別遣使。」上海古籍出版社，一九八五年，七八頁。

⑮ （宋）歐陽修：〈奉使道中作三首〉，《全遼詩話》，岳麓書社，一九九二年，二七九、二八〇頁。一〇五五年，歐陽修以翰林學士、吏部郎中、知制誥、史館修撰假右諫議大夫充賀遼道宗登位國信使。

草白崗長暮驛賒，朔風終日起平沙。寒鞭易促鄣泥躍，冷袖難勝便面遮。（韓琦〈紫蒙遇風〉）

立望堯雲搔短髮，不堪霜雪苦相侵。（彭汝礪〈望雲嶺飲酒〉）

北風吹沙千里黃，馬行确犖悲摧藏。……一年百日風塵道，安得朱顏長美好？（歐陽修〈北風吹沙〉）

馬饑齧雪渴飲冰，北風捲地寒崢嶸。馬悲躑躅人不行，日暮途遠千山橫。（歐陽修〈馬齧雪〉）

萬里塵沙捲飛雪，卻持漢節使呼韓。（鄭獬〈被命出使〉）

地風狂如兕，來自黑山傍。……飛沙擊我面，積雪沾我裳。……況在窮臘後，墮指乃為常。（鄭獬〈回次媯川大寒〉）

我行朔方道，風沙雜冰霜。朱顏最先黧，綠髮次第蒼。（沈遘〈道中見新月寄內〉）

這些使遼詩中描述的不僅是冰天雪地、朔風凜冽和漫天沙塵，還有對在這種惡劣環境下肌膚不勝侵襲的無奈感歎：「冷袖難勝便面遮」，「飛沙擊我面」，「朱顏最先黧」，「一年百日風塵道，安得朱顏長美好？」

王安石約於嘉祐八年（一〇六三年）暮春使遼，但他看到的北國春光是與江南春色迥異的「塞垣春枯積雪溜，砂礫盛怒黃雲愁」的景象⑯，暮春的餘寒已讓他心有餘悸了：「捫鬢只得凍，蔽面尚疑創。」⑰來到淒冷苦寒的北地，南國的使者們都成了「風刀霜劍嚴相逼」的林黛玉。

前面提到的彭汝礪的〈大小沙陁〉⑱最為典型：

> 大小沙陁深沒膝，車不留蹤馬無跡。曲折多途胡亦惑，自上高岡認南北。大風吹沙成瓦礫，頭面瘡痍手皴折。下帶長水蔽深驛，層冰峨峨霜雪白。狼顧鳥行愁覆溺，一日不能行一驛。

詩中既抱怨了環境之惡劣和旅途之艱難，更直接道出了這種環境對他皮膚的損害——「頭面瘡痍手皴折」，可謂深受其苦。彭汝礪出使遼國正值隆冬時節，正是塞北至寒、朔風至冽之時，因此感受頗深，也因此能看到契丹女性應對寒冷冬季的獨特妝容——「佛妝」。

契丹為生活在大漠之間的游牧民族，長期過著逐水草而居的漁獵生活。「兒童能走馬，婦女亦

---

⑯（宋）王安石：〈奉使道中寄育王山長老常坦〉，《全遼詩話》，岳麓書社，一九九二年，二八六頁。

⑰（宋）王安石：〈餘寒〉，《全遼詩話》，岳麓書社，一九九二年，二八七頁。

⑱沙陁，即沙磧，沙石積成的沙灘地，或指沙漠。小沙陁約在遼上京道永州南土河（今老哈河）中游以南（今內蒙古奈曼旗西李家營子、烏蘭圖格以南）。大沙陁即在土河以北至潢河（今西拉木倫河）這一地帶。

腰弓。」⑲與宋朝中原女子深居閨房之中不同，契丹女子長於鞍馬之上，善於騎射。契丹婦女社會地位很高，有權並廣泛地參與政治、軍事、文化等各種社會事務。《遼史．后妃傳》：「論曰：遼以鞍馬為家，后妃往往長於射御，軍旅田獵，未嘗不從。如應天之奮擊室韋，承天之禦戎澶淵，仁懿之親破重元，古所未有，亦其俗也。」⑳遼太祖應天皇后述律平、遼景宗承天皇后蕭綽、遼興宗仁懿皇后蕭撻里都胸有謀略，善於騎射，都曾經率兵勒馬，揮鞭行陣，有不俗的軍事表現，是契丹女性的佼佼者。這種和男性一樣的戶外生活，不僅是體能、技能和智慧上的挑戰，也不可避免地會損毀她們的容顏。對具有保養作用的護膚、美容用品的需求成為一種必然。

莊綽《雞肋編》中所說的「括蔞」恰好有「療手面皸」和「悅澤人面」的功效，將之搗汁兒來層層塗面，遂形成獨特的「佛妝」。在這種純中草藥製劑的免洗面膜保護和滋養下，契丹女性的肌膚可以經受住嚴冬惡劣天氣的摧殘與考驗，並在春天獲得光潔如玉、白嫩細膩的面容，顯露北國女性難得的嫵媚與柔美。這也難怪契丹的貴族女性們會在嚴寒的冬季人人爭當「黃臉婆」了。

夏至年年進粉囊，時新花樣盡塗黃。中宮領得牛魚鰾，散入諸宮作佛妝。㉑

對契丹女性來說，南國的胭脂粉黛比較適合夏天的妝容，卻不能滿足她們冬日的需求，她們對具有保養作用的護膚用品的需求更為真切和實際，而不僅僅是中原女子「女為悅己者容」的浪漫與溫婉。這種實用的佛妝遂成為遼代北地女性在冬天保養皮膚的一種特殊化妝時尚，宮中來自江南的女性也不得不入鄉隨俗進行效仿：

也愛塗黃學佛妝，芳儀花貌比王嬙。如何北地胭脂色，不及南都粉黛香。㉒

言語中充滿了以北地佛妝代南國脂粉的無奈及家國之失的悲傷與慨歎。

四、「佛妝」之「佛」

這種以栝樓汁兒塗面的護膚術之所以叫「佛妝」，恐怕跟遼代的崇佛之風不無關係。

閑依古佛學趺跏，瓔珞莊嚴寶相誇。一歲飯僧三十萬，他生只願住中華。㉓

這是遼道宗耶律洪基所做的詩，其崇佛、尚佛之心可見一斑。遼代社會流行佛教、道教，還有自然崇拜、靈魂崇拜、祖先崇拜、薩滿教多神崇拜等，但佛教最為興盛。這也正是契丹女子「黃面」妝容以「佛妝」命名的由來。

在遼建國之初，佛教就已經是社會普遍信仰的宗教了；建國之後，崇佛之風有增無減。佛教的興盛，對遼代的政治、經濟、思想觀念、文化藝術、社會習俗、日常生活諸多方面都產生了明顯的影響。

⑲（宋）歐陽修：〈奉使道中五言長韻〉，《全遼詩話》，岳麓書社，一九九二年，二八〇頁。

⑳（元）脫脫等：《遼史》，中華書局，一九七四年，一二〇七頁。

㉑（清）史夢蘭著，張建國校注：《全史宮詞》，大眾文藝出版社，一九九九年，四六七頁。（宋）孔平仲撰《孔氏談苑》載：「契丹鴨淥水牛魚鰾，制為魚形，婦人以綴面花。」參見車吉心、王育濟主編：《中華野史·宋朝卷》，泰山出版社，二〇〇〇年，九七〇頁。

㉒（元）柯九思等：《遼金元宮詞》，北京古籍出版社，一九八八年，四二頁。

㉓（元）柯九思等：《遼金元宮詞》，北京古籍出版社，一九八八年，五一頁。

有遼一朝，從皇室貴族、王公大臣到平民百姓，篤信佛教的善男信女甚眾，所謂「自天子達於庶人。歸依福田」[24]。尤以聖宗、興宗、道宗三朝及契丹婦女崇佛最為突出。遼聖宗時期曾雕印大藏經《契丹藏》。遼興宗「尤重浮屠法，僧有正拜三公、三師兼政事令者，凡二十人，貴戚望族化之，多舍男女為僧尼」[25]。遼道宗「一歲而飯僧三十六萬，一日而祝髮三千」[26]。宋人晁說之《嵩山文集》載：「契丹主洪基（即遼道宗）以白金數百兩鑄兩佛像，銘其背曰：『願後世生中國。』」[27]可見其崇佛之甚和對中華文化的傾慕。在遼代文獻中，善男信女出家為僧尼和居家禮佛的記載比比皆是。

在崇佛禮佛之風的盛行下，上自皇室貴族，下至平民百姓，以佛號為人名成為流行於遼代特有的文化習俗。遼景宗長子、聖宗耶律隆緒，小字文殊奴；遼景宗第二子、聖宗之弟耶律隆慶，番名菩薩奴；聖宗仁德皇后蕭氏，小字菩薩哥；道宗宣懿皇后蕭氏，小字觀音；道宗之妹、天祚帝之姑耶律弘益妻蕭氏，名彌勒女。《遼史》諸列傳中，記載遼代王室貴胄、官臣將領中以佛號為人名的有蕭觀音奴、蕭和尚、耶律和尚、藥師奴等。遼代石刻資料中記載的有大量的佛號人名，如菩薩留、和尚奴、和尚、小和尚、佛寶女、千佛留、和尚女、大乘奴、大乘慈氏、聖僧留、金剛奴、劉釋迦奴、十佛奴等，不勝枚舉。[28]

隨著自天子至庶人禮佛崇佛、吃齋誦經蔚然成風，遼代也大興佛寺建築，許多有一定財力的佛教信徒家庭也捐資修建佛寺、佛塔，捐資刊刻佛經或是造佛像[29]。（**圖6-3**）佛教寺院與世俗民眾和日常生活的聯繫也日益密切，吃齋念佛、焚香誦經、拜佛禮佛成為許多佛教信徒居家日常生活的重要內容。（**圖6-4**）

在這種情況下，遼代佛教造像也大興，妙相莊嚴的金身佛陀形象深入人心，以至於人們把女性

圖6-3 遼・彩繪貼金七佛木雕法舍利塔（赤峰市巴林右旗遼慶州釋迦佛舍利塔出土，赤峰市巴林右旗博物館藏）

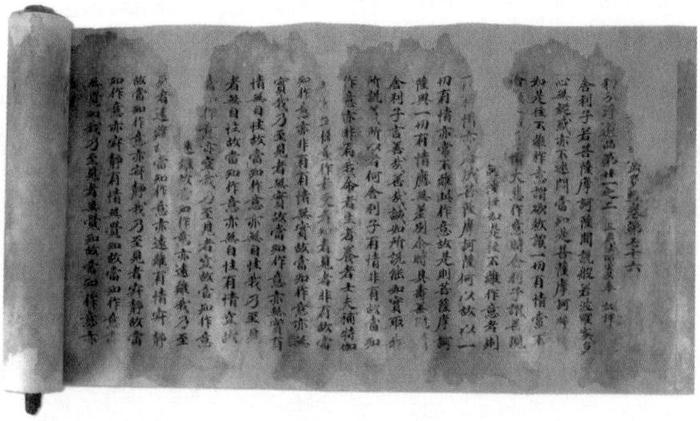

圖6-4 遼・手抄佛經（赤峰市巴林右旗遼慶州釋迦佛舍利塔出土，赤峰市巴林右旗博物館藏）

㉔ 閻鳳梧：《全遼文》之〈重修范陽白帶山雲居寺碑〉，山西古籍出版社，二〇〇二年，六三頁。張永娜：〈遼代佛教與社會生活〉，《蘭臺世界》，二〇一二年第六期，一七頁。

㉕ （宋）葉隆禮：《契丹國志・卷八・興宗文成皇帝》，上海古籍出版社，一九八五年，八二頁。

㉖ （元）脫脫等《遼史・道宗紀》載：大康四年（一〇七八年）七月，「諸路奏飯僧尼三十六萬」。中華書局，一九七四年，二八一頁。

㉗ （宋）晁說之：《嵩山文集》，商務印書館，一九三四年。

㉘ 向南：《遼代石刻文編》，河北教育出版社，一九九五年，二四一、六八八、二八五頁。參見張國慶：〈論遼代家庭生活中佛教文化的影響〉，《北京師範大學學報》（社會科學版），二〇〇四年第六期，六七－七三頁。

㉙ 參見張國慶：〈論遼代家庭生活中佛教文化的影響〉，《北京師範大學學報》（社會科學版），二〇〇四年第六期，六七－七三頁。張永娜：〈遼代佛教與社會生活〉，《蘭臺世界》，二〇一二年第六期，一七－一八頁。

塗栝樓汁兒以護膚美容形成的「黃面」的妝容稱為「佛妝」。（圖6-5）

彭汝礪於一〇九一年出使遼國，當時是宋哲宗元祐六年，遼道宗大安七年，三年後（一〇九四年）張舜民又使遼，二人出使遼國的時間都正值「一歲而飯僧三十六萬，一日而祝髮三千」的遼道宗耶律洪基（一〇五五—一一〇一年在位）統治時期，是契丹人崇佛的盛期，也應是佛妝最為流行的時期，因此他們能夠見到這種特殊的妝容，並記錄下來。

圖6-5 遼·塗金木雕釋迦佛坐像（赤峰市巴林右旗遼慶州釋迦佛舍利塔出土，赤峰市巴林右旗博物館藏）

五、「佛妝」之「金」

關於佛妝的文獻記載，都提到了佛妝「以黃物塗面」、「面塗黃」、「面塗深黃」的特點，張舜民《使北記》更是明確指出：「北婦以黃物塗面如金，謂之『佛妝』。」「塗面如金」將「佛妝」和佛教造像聯繫得更為緊密，「塗面如金」的「佛妝」和佛三十二相中的「金色相」正相吻合。

所謂三十二相，是指佛及轉輪聖王身所具足的三十二種微妙相，又名三十二大丈夫相等。此三十二相不限於佛，總為大人之相也。具此相者在家為輪王，出家則開無上覺。金色相或身金色相為其中之第十四相，又作真妙金色相、金色身相、身皮金色相：「身金色相，身體之色如黃金也。」指佛身及手足悉為真金色，如眾寶莊嚴之妙金臺。此相係以離諸忿恚，慈眼顧視眾生而感得。此德相能令瞻仰之眾生厭舍愛樂，滅罪生善。[30]因此在表現金色相的造像上，除了被袈裟等遮蓋住的部分，佛像的頭部、足部等裸露的身體部分多貼金，如北齊青齊地區大量出現的「薄衣佛像」身體裸露的部分——面部與足部多貼金[31]（圖6-6）。

契丹女性塗栝樓汁兒塗面，其本意是抵禦嚴寒冷酷的風雪沙塵對皮膚的侵襲，達到護膚美容的實用效果，但所形成「面黃如金」的妝容卻恰巧與佛教妙相三十二相中的真妙金色相類似，顯得慈悲莊嚴。同時，經過整整一個冬天「塗面如金」的保養，等到春暖洗去時，皮膚不僅沒有粗糙皴裂，反而是光滑細膩，白皙如玉，這種美容的效果又與三十二相中的第十六相「皮膚細滑相」一致。因此，在遼代這種濃郁佛教文化的氣氛中，人們把契丹婦女「面塗深黃」、「塗面如金」、又能使皮膚潔白細膩的妝容稱為「佛妝」。

六、彼岸的「佛妝」

對於三十二相和功德圓滿的追求，既不限於佛或凡人，也不限於男性或女性、生前或死後。遼代契丹貴族有以金屬面具覆面的喪葬習俗，這

圖6-6　遼・金佛像（局部，通遼市奈曼旗窖藏出土，通遼市奈曼旗博物館藏）

[30] 星雲法師監修，慈怡法師主編：《佛光大辭典》「三十二相條」；藍吉富主編：《中華佛教百科全書》「三十二相條」。參見邱忠鳴：〈「福田」衣與金色相——以青州龍興寺出土北齊佛像為例〉，《飾》，二〇〇六年第一期，八一一一頁。

[31] 參見邱忠鳴：〈「福田」衣與金色相——以青州龍興寺出土北齊佛像為例〉，《飾》，二〇〇六年第一期，八一一一頁。

種特殊的葬俗，有別於其他任何民族，似乎也和佛教信仰的金色相、佛妝有密切的關係。

根據考古發現，在遼代契丹人的墓葬中發現了很多以金屬面具覆面和金屬網絡裹身的葬俗。關於其功能和性質的探討很多，這裡僅就與金色相、佛妝有關的金屬面具問題進行探討[32]。

針對契丹這種獨特的喪葬習俗的綜合性研究，主要有「薩滿教說」[33]、「金縷玉衣說」[34]、「皇室女子專用說」[35]及「古東胡葬俗說」[36]；另外還有一種「佛教說」，因為契丹女屍臉上所覆蓋的金屬面具，「好像一尊慈眉善目的金面菩薩」，反映出死者對佛教彼岸極樂世界的追求[37]，認為契丹人的這種葬俗應與佛教有關[38]。

筆者認為，「佛教說」更為合理，尤其和佛教三十二相中的「金色相」密切相關，和「佛妝」有異曲同工之處。以金屬面具覆屍和金屬網絡護體，具有保護和籠絡屍體的作用；同時，又是對離諸忿恚、滅罪生善、慈悲眾生的金色身相的追求，表達和滿足了遼人崇佛禮佛的精神需求。

遼陳國公主墓的發掘者張郁先生、孫建華女士在原報告《遼陳國公主墓》中認為契丹人的這種葬俗最早只能出現於遼朝中期，這個時期恰恰是遼人崇佛禮佛之風日盛的時期。前面說過，遼代崇佛尤以聖宗（九八二—一〇三一年在位）、興宗（一〇三一—一〇五五年在位）、道宗（一〇五五—一一〇一年在位）三朝及契丹婦女最為突出。陳國公主生於西元一〇〇〇年，卒於一〇一八年，是遼景宗和楊家將故事中赫赫有名的遼國蕭太后蕭綽的孫女，遼景宗第二子、遼聖宗耶律隆緒的皇太弟、秦晉國王耶律隆慶之女。駙馬蕭紹矩亦家世顯赫，乃歷仕四朝的遼國重臣蕭思溫之孫（蕭太后為蕭思溫第三女），蕭太后之侄，遼聖宗仁德皇后之兄，任泰甯軍節度使、檢校太師等職。遼聖宗開泰五年（一〇一六年），陳國公主十六歲時嫁給年長自己十餘歲的舅舅蕭紹矩，可惜一〇一八年兩人相繼去世，公主年僅十八歲，駙馬也只有三十五歲。

公主和駙馬的合葬墓規格很高，僅就殯葬服飾而言，他們頭枕著金花銀枕，臉上都覆蓋著黃金面具（圖6-7），身著銀絲網絡葬衣，腰佩金銀蹀躞帶，腳穿鏨金花銀靴（圖6-8）。公主更為雍容華貴，她的頭部上方放置高翅鎏金銀冠，還佩戴有耳墜、項鏈、手鐲、戒指等飾物，華貴異常。這些厚葬的金銀服飾固然由於兩人高貴顯赫的出身與家世，也與佛教的信仰密切相關。

陳國公主的姑母、遼景宗與蕭綽的長女魏國公主名觀音女；陳國公主的父親耶律隆慶乃聖宗之弟，番名菩薩奴；陳國公主的伯父聖宗耶律隆緒，小字文殊奴；駙馬蕭紹矩之妹妹蕭氏乃聖宗仁德皇后，小字菩薩哥。從這些與公主、駙馬密切相關的人物大量以佛號入名就可以看出其家族的崇佛之心和聖宗時期佛教之盛。公主面部所覆黃金面具面龐豐潤舒展，表情平靜祥和，與鎏金銀冠、銀絲網絡、銀靴渾然一體，形成了完整的金色身相。

㉜ 陳永志：《契丹史若干問題研究》，文物出版社，二〇一一年。陳永志先生關於契丹這一特殊喪葬習俗的探討對本部分的寫作幫助很大，特此致謝！

㉝ 賈洲傑：〈契丹喪葬制度研究〉，《內蒙古大學學報》，一九七八年第二期。杜曉帆：〈契丹葬俗中的面具、網絡與薩滿教的關係〉，《民族研究》，一九八七年第六期。蓋山林：〈契丹面具功能的新認識〉，《北方文物》，一九九五年第一期。

㉞ 木易：〈遼墓出土的金屬面具、網絡〉，《北方文物》，一九九三年第一期。張郁、孫建華：〈從陳國公主墓出土的銀絲網絡金屬面具淺談契丹葬俗〉，《內蒙古文物考古文集》第二輯，中國大百科全書出版社，一九九七年。

㉟ 馬洪路：〈契丹葬俗中的銅絲網衣及有關問題〉，《考古》，一九八三年第三期。〔日〕北川房次郎：〈遼代金面縛肢葬小考〉，日本《書香》，一九四三年十月。

㊱ 安路：〈東胡族系的覆面葬俗及相關問題〉，《北方文物》，一九八五年第一期。

㊲ 杜承武、陸思賢：〈契丹女屍在民族史研究上的意義〉，《內蒙古社會科學》，一九八三年第五期。烏盟文物站、內蒙古文物工作隊編：《契丹女屍》，內蒙古人民出版社，一九八五年。

㊳ 劉冰：〈試論遼代葬俗中的金屬面具及相關問題〉，《內蒙古文物考古》，一九九四年第一期。侯峰：〈遼代契丹族金屬面具、網絡等葬俗的分析〉，《內蒙古文物考古文集》第一輯，中國大百科全書出版社，一九九四年。

圖6-8 遼・陳國公主墓出土鏨金花銀靴

圖6-7 遼・陳國公主（開泰七年逝世）墓出土金面具，出土時覆蓋於公主面部

除了金面具，陳國公主墓還出土了迄今為止發現的最大的琥珀配飾——琥珀瓔珞（圖6-9）。此外，公主還佩戴琥珀耳墜等琥珀首飾若干（圖6-10）。契丹人崇尚琥珀，這與他們的崇佛信仰不無關係。在佛教文化裡認為，水晶代表佛骨，而琥珀代表佛血。瓔珞是佛教裡重要的飾物，也是契丹人喜歡的極具民族特色的飾物，是其崇信佛教並將其世俗化的代表飾物。

陳國公主墓發現的五年前，一九八一年十月，在內蒙古烏蘭察布盟右前旗豪欠營六號遼墓中發現一具女屍，亦有金屬面具覆面和網衣裹體。正是在這次考古發現的激發下，杜承武、陸思賢先生提出了「佛教說」，因為他們認為，契丹女屍臉覆面具，好像一尊慈眉善目的金面菩薩。大凡已見出土的遼代女性面具，都給人留下一種佛面的印象[39]（圖6-11、6-12）。

契丹人崇佛尤以女性為甚，那些貴族世家女性在生前塗「面黃如金」的佛妝，身份更為顯赫的貴族女性在逝後以金面具覆面。從生到死，從此岸到彼岸，都凸顯了契丹人，尤其是契丹貴族女性對金色相的追求，這與目前出土的金屬面具多來自女性的情況相一致，也難怪有的學者認為以金屬面

圖6-9 遼・陳國公主墓出土琥珀瓔珞

圖6-10 遼・陳國公主墓出土琥珀珍珠耳墜

圖6-11 遼・鎏金銀覆面（首都博物館藏）

圖6-12 鎏金銀覆面（遼中期敖漢旗英鳳溝七號遼墓出土）

㊴ 杜承武、陸思賢：〈契丹女屍在民族史研究上的意義〉，《內蒙古社會科學》，一九八三年第五期。烏盟文物站、內蒙古文物工作隊編：《契丹女屍》，內蒙古人民出版社，一九八五年。

具覆屍面是嫁到蕭氏家族的皇室女子專用的特殊葬俗。

「閑花野草今猶昔，當時美人安在哉！」[40]作為契丹貴族婦女冬季使用的一種獨特的美容護膚術，「佛妝」既是契丹所處的嚴酷地理環境、氣候特點及其獨特生產生活方式的產物，具有護膚美容的實用效果；也與契丹人崇佛、禮佛的濃厚宗教文化氛圍密切相關，表達了信眾皈依福田的宗教信仰，滿足了遼人崇佛、禮佛的精神需求。

第二節　宮衣新尚高麗樣

宮衣新尚高麗樣，方領過肩半臂裁。連夜內家爭借看，為曾著過御前來。[41]

這是元朝詩人張昱所作的〈宮詞〉，反映的是元末宮廷和大都服飾一度流行「高麗[42]樣」的情況。元末明初人權衡在其《庚申外史》中也很明確地指出元末「高麗樣」流行，而且還指出，「高麗樣」不僅在大都盛行，還影響到元朝統治的廣泛地區：「自至正[43]以來，……四方衣服、鞋帽、器物，皆依高麗樣子。此關係一時風氣，豈偶然哉！」[44]

「豈偶然哉」說明權衡已經認識到，「高麗風」的盛行不是偶然的對異域、異族服飾的獵奇和模仿，而是有著深廣的背景和多元的動因，不僅反映了蒙元和高麗之間的服飾文化交流狀況，更是在那一時期大的歷史背景下，兩國之間政治關係、文化交流的一個縮影。

一、元朝大都服飾「高麗風」盛行的歷史背景分析

1.「定大都」與「臣高麗」

十二世紀末，當金朝和南宋還在不時地進行拉鋸式戰爭的時候，在他們的西北方向——匈奴人和突厥人的發祥地，一個原先沒沒無聞的游牧民族——蒙古族卻悄然崛起，並迅速以耀眼的姿態闖入了歷史的蒼穹。一二〇六年，統一了蒙古各部的鐵木真被推舉為大汗，尊稱成吉思汗。成吉思汗建立蒙古汗國後，他和繼任者們率領斡耳朵怯薛軍，帶著朔方的剽悍，奔襲於歐亞大陸的草原和城市，揮鞭所指，所向披靡（圖6-13）。

一二六〇年四月，忽必烈繼任蒙古大汗（圖6-14）。忽必烈即位之前，木華黎的孫子霸突魯就曾直言不諱地指出：「幽燕之地，龍盤虎踞，形勢雄偉，南控江淮，北連朔漠，且天子必居中以受四方朝覲。大王果欲經營天下，駐蹕之所，非燕不可。」[45]於是一二六四年八月，遂改燕京為中都，以金代的瓊華島離宮為中心，興建新的都城。一二七一年，忽必烈建國號為「大元」。一二七二年，遷都北京，命名為大都，即元大都。元大都是當時世界上最繁華的城市，是當時世界上重要的

[40]（元）熊夢祥：〈答女臺歌〉，《全遼詩話》，岳麓書社，一九九二年，一八〇頁。

[41]（元）柯九思等：《遼金元宮詞》，北京古籍出版社，一九八八年，一七頁。

[42]高麗（九一八—一三九二年），又稱高麗王朝、王氏高麗，是朝鮮封建王朝之一。九三五年滅新羅，九三六年滅後百濟，基本統一朝鮮半島，一三九二年被朝鮮王朝取代。高麗王朝後期，正值中國元朝統治時期。

[43]至正（一三四一—一三七〇年）是元惠宗（即元順帝）的第三個年號，也是元朝最後一個年號。

[44]任崇岳：《庚申外史箋證》，中州古籍出版社，一九九一年，九六頁。

[45]（明）宋濂等：《元史》，中華書局，一九七六年，二九四二頁。

圖6-13 元太祖成吉思汗像

圖6-14 元世祖忽必烈像

政治、商業和文化中心之一，西方人習慣稱之為「汗八里」。

一二一六年，契丹人金山、元帥六哥率九萬之眾跨過鴨綠江，翌年佔據高麗江東城，即高麗史所稱「丙子契丹之變」。一二一八年，成吉思汗藉口攻打契丹，馳兵高麗。高麗國高宗派兵協同蒙古軍作戰，遂亡金山。於是蒙古與高麗結好，史稱「己卯之約」。後高麗叛，一二三一年八月，窩闊臺再次派兵攻入高麗，兩國簽訂了不平等的「辛卯之約」，高麗臣服。[46]「高麗國」也列入元朝的「征東等處行中書省」轄內。[47]

《元史．地理志》在概括蒙元統一過程時說：「並西域，平西夏，滅女真，臣高麗，定南詔，遂下江南，而天下為一。」[48]明確指出，在蒙古征戰和元朝建立的過程中，「臣高麗」是一個重要的內容。

2.「先投聖化」與「釐降公主」

一二五九年七月，蒙哥汗去世，汗位爭奪激烈。忽必烈北上奔赴開平即位，途經汴郊。當時正值高麗世子王倎受蒙哥汗之命，入質蒙古汗廷，亦行至此。於是，忽必烈受到了高麗世子王倎一行的列隊迎接。尚未即位就受到了外國使臣的迎立與承認，這對於忽必烈競爭汗位無疑是極為有利的，而高麗的王室大臣也深以此「先投聖化」為功。這也是忽必烈即位後以及後來的即位者對高麗格外重視和外交傾向的一個重要原因。

中統元年（一二六〇年），高麗高宗卒，忽必烈聽從陝西宣撫使廉希憲的建議，派蒙古軍隊護送王倎回國即王位，後更名為禃，是為高麗元宗。[49]至元十一年（一二七四年），世祖忽必烈又將公主忽都魯揭里迷失下嫁高麗世子王諶。[50]對此隆遇，高麗舉國歡慶，高麗吏部尚書、寶文閣大學士金坵特撰呈〈謝釐降公主表〉，以茲謝忱：「王姬方降，國俗盡歡。凡枉（往）瞻觀，孰非抃躍。……萬邦爭美之恩遇，一旦連婚於皇息。……惟此生靈，悉均慶快。」舉國歡欣之情之狀，溢於言表，認為這種聯姻，會加強高麗與元朝之間的政治聯繫，高麗從此也將獲得元朝更大的政治庇護：「三韓民物，從今有恃於庇依。」[51]高麗大臣安軸、李齊賢等皆認為元廷垂幸高麗、「釐降帝

[46]（明）宋濂等：《元史》，中華書局，一九七六年，二〇、三一—三七頁。
[47]（明）宋濂等：《元史》之「征東等處行中書省」，中華書局，一九七六年，一五六二頁。
[48]（明）宋濂等：《元史》，中華書局，一九七六年，一三四五頁。
[49]（明）宋濂等：《元史》，中華書局，一九七六年，六三頁。
[50]（明）宋濂等：《元史》之「高麗公主位」條，中華書局，一九七六年，一五五、二七六〇頁。
[51]〔高麗〕金坵：〈謝釐降公主表〉，《止浦集》，見杜宏剛、邱瑞中、〔韓〕崔昌源輯：《韓國文集中的蒙元史料》（上冊），廣西師範大學出版社，二〇〇四年，七六頁。

姬」是「先投聖化，累著殊勳」的結果。52公主生子王璋，高麗與元朝遂成為「甥舅之國」，關係日益密切。

在與「外夷」的外交活動中，蒙元與高麗的外交關係也最為密切，文化往來與互動也最為頻繁，因此在《元史·外夷傳》中第一個就是〈高麗傳〉，篇幅也最長。53這成為形成和推動大都「高麗風」流行的歷史背景。

二、元朝大都服飾「高麗風」盛行的歷史動因分析

1. 高麗世子入質汗廷

在高麗臣服的後期，太宗窩闊臺採取了耶律楚材主張的綏服政策，在歷數高麗殺蒙古元帥和使臣、不按條約進貢等五條罪狀後，要求高麗遣送世子入質汗廷。高麗世子及有官子弟入質汗廷成了高麗長期維繫與蒙元關係的慣例。54前述高麗世子王倎即是其一。後王倎（禃）回國即王位，為高麗元宗。元宗世子王諶亦入質元廷，至元十一年（一二七四年）五月，尚忽必烈公主忽都魯揭里迷失。六月，高麗元宗薨，王諶回國，更名昛，是為忠烈王。王昛生子王璋，是為忠宣王。王璋少時即赴大都覲見世祖，並於元成宗大德初尚寶塔實憐公主，長期淹留元廷不歸，等等。

這些高麗世子在入質元廷時，帶領了大批使臣和隨從，他們長期居住在大都，亦把包括服飾在內的高麗生活習俗和生活用品帶入大都。由於他們與大都王室貴族過從甚密，使得高麗的生活習俗和用品在大都上層貴族傳播，並形成了一股「高麗風」。

2. 高麗貢女入選蒙元宮廷

一二三一年，窩闊臺再命撒禮打為統帥，二次領兵攻入高麗，兩國簽訂了「辛卯之約」。根據合約，高麗除了貢奉黃金白銀之外，還要每年進貢一千領水獺皮。尤其苛刻的是，高麗國王以下的諸公、大臣家要獻五百童男、五百童女，這讓高麗雪上加霜。尤其是按照當時的高麗國法，上自君王、下至臣僚，皆只配得一個嫡室，並無三妻四妾，而且「所產或無或有，有或不多人耳」，王族枝葉，並不繁茂，因此，選送五百童男、五百童女著實困難。時為高麗正議大夫、判秘書省事的高麗名臣李奎報特撰呈〈送撒里打官人書（壬辰四月）〉，具申以小國弊邑之實情，伏請撒里打「諒情哀察」云云。[55]

此後高麗官員多次上書陳情，希望蒙元朝廷「罷取童女」，一直到元朝晚期，高麗大臣李穀仍上〈代言官請罷取童女書〉，書中曉之聖王之治，列舉麗元之好，傾訴父母愛女之情，歷數歲取童女之弊、官員們假公濟私的不法行為，以及給高麗人民帶來的痛苦，力請元廷罷取童女。但高麗選送童女入貢元廷作為麗元之間的外交慣例基本貫徹始終。雖不至歲取五百，但「如此者歲再焉，或一焉間歲焉。其數多者至四五十」[56]。如《元史・泰定帝紀》記載：「（泰定元年六月丙寅）遣闊闊

---

52 〔高麗〕安軸：〈請同色目表〉，《謹齋集》；李齊賢：〈乞比色目表〉，《益齋亂稿》，見杜宏剛、邱瑞中、〔韓〕崔昌源輯：《韓國文集中的蒙元史料》（上冊），廣西師範大學出版社，二〇〇四年，一一八、一六三頁。

53 〔明〕宋濂等：《元史》，中華書局，一九七六年，四六〇七－四六二三頁。

54 〔明〕宋濂等：《元史》，中華書局，一九七六年，一七七－一七八頁。

55 〔高麗〕李奎報：〈送撒里打官人書（壬辰四月）〉，《東國李相國文集》，見杜宏剛、邱瑞中、〔韓〕崔昌源輯：《韓國文集中的蒙元史料》（上冊），廣西師範大學出版社，二〇〇四年，一二頁。

56 〔高麗〕李穀：〈代言官請罷取童女書〉，《稼亭集》，見杜宏剛、邱瑞中、〔韓〕崔昌源輯：《韓國文集中的蒙元史料》（上冊），廣西師範大學出版社，二〇〇四年，二五二－二五三頁。

出等詣高麗，取女子三十人。」[57]

這些高麗貢女入選元廷後，或為宮女，侍奉皇帝及後宮妃嬪的生活起居，「北狩和林幄殿寬，句麗女侍婕妤官。君王自製昭陽曲，勑賜琵琶馬上彈」[58]。這首元人的〈宮詞〉寫的正是高麗宮女入侍的情況；或賞賜給王公大臣為姬妾，這也成為宮廷權力鬥爭中籠絡權臣的手段。如《元史·文宗紀四》載：「（至順二年夏四月戊申）以宮中高麗女子不顏帖你賜燕鐵木兒。」[59]同時，這些高麗姬妾也成為刺探和傳遞公卿貴人間消息的耳目，在高麗和元朝，以及元朝內部的政治生活中起到了重要作用。[60]

由於這些高麗女子嬌柔婉媚，善於事人，很快就獲得了寵愛，也成為王公大臣爭相搶奪的目標。到了元朝後期，「北人女使，必得高麗女孩童；家僮，必得黑廝。不如此謂之不成仕宦」[61]。一時間，「京師達官貴人必得高麗女，然後為名家」[62]。這些得寵的高麗女子在元朝權貴之家獲得了較為尊貴的地位和特殊的待遇，這種殊榮甚至引起了元朝婦女的不滿和欣羨：「恨身不作三韓女，車載金珠爭奪取。銀鐺燒酒玉杯飲，絲竹高堂夜歌舞。黃金絡臂珠滿頭，翠雲繡出鴛鴦綢。醉呼閹奴解羅幔，床前爇火添香篝。」[63]

大批高麗女性進入元廷後宮和社會上層，不僅在政治上形成了一股高麗勢力，對蒙元與高麗的政治生活產生直接或間接的影響，他們本民族的生活習俗也對元朝產生了潛移默化的作用，在生活上也形成了一股「高麗風」時尚。正如《庚申外史》所指出的：「自至正以來，宮中給事使令，大半為高麗女。以故，四方衣服鞋帽器物，皆依高麗樣子。」[64]

3. 皇后奇氏完者忽都——高麗貢女的突出代表

雖然史家有言：「初，世祖皇帝家法，賤高麗女子，不以入宮。」[65]但從元代史料記載的實際情況來看，終元之世，納取高麗貢女以充實後宮的情況始終存在。明確見於史書記載的貢女次數多達六七十批，人數竟達一千五百人之多，而這只是實際情況的一小部分。[66]

來到元廷的高麗貢女除了充當宮女外，還有一小部分成為元帝或王室的嬪娥乃至后妃，如元仁宗、元明宗、元順帝以及實逗太子、巒巒太子、安西王安難達等都曾納高麗女。因此曾上奏〈代言官請罷取童女書〉的高麗人李穀也不無得意地指出：「今高麗婦女在后妃之列，配王侯之貴，而公卿大臣多出高麗外甥者。」[67]

其中最突出的代表就是元順帝皇后奇氏完者忽都。作為高麗貢女，奇氏經歷了從宮女到皇后的

---

57 （明）宋濂等：《元史》，中華書局，一九七六年，六四八頁。

58 （元）柯九思等：《遼金元宮詞》，北京古籍出版社，一九八八年，九頁。

59 （明）宋濂等：《元史》，中華書局，一九七六年，七八二頁。

60 任崇岳：《庚申外史箋證》，中州古籍出版社，一九九一年，七一頁。

61 （明）葉子奇撰：《草木子·卷三下·雜制篇》，中華書局，一九五九年，六三頁。

62 任崇岳：《庚申外史箋證》，中州古籍出版社，一九九一年，九六頁。

63 （元）乃賢：〈新鄉媼〉，《金臺集》，見（清）顧嗣立：《元詩選初集》，中華書局，一九八七年，一四五一頁。

64 任崇岳：《庚申外史箋證》，中州古籍出版社，一九九一年，九六頁。

65 任崇岳：《庚申外史箋證》，中州古籍出版社，一九九一年，一二頁。

66 喜蕾：〈元朝宮廷中的高麗女性〉，見邱樹森：《元史論叢》第八輯《元朝宮廷中的高麗女性》，江西教育出版社，二〇〇一年，二〇八頁。

67 《高麗史·卷一〇九·李穀傳》，轉引自薛磊：《元代宮廷史》，百花文藝出版社，二〇〇八年，二七四頁。

巨大轉變，在元末順帝時期把持朝政多年，成為轉型最為成功、地位最為顯赫、影響也最大的高麗貢女，她對大都「高麗風」的形成起到了極大的推動作用。

奇（祁）氏是元末順帝的第三任皇后，最初作為高麗貢女進入元廷，由徽政院使、來自高麗的宦官禿滿歹兒推薦給順帝，主供茗飲。奇氏聰穎狡黠，善於事人，便日見寵幸。[68]而順帝對奇氏的親近與好感應當與其幼年曾被流放高麗國的經歷也有一定的關係。[69]當時順帝的皇后答納失里是權臣太師太平王燕帖木兒的女兒，嬌貴專橫，嫉恨奇氏受寵，又輕視順帝年輕（當時順帝只有十四歲），便數次笞辱奇氏，甚至「加烙其體」[70]。元統三年（一三三五年），答納失里皇后之兄弟唐其勢、塔剌海被告圖謀不軌，塔剌海逃入宮中，答納失里皇后以衣蔽匿之，因而獲罪，被貶出宮，後被丞相伯顏鴆於開平民舍。答納失里皇后遇害後，順帝打算立奇氏為后，遭到了丞相伯顏等大臣們的反對。遂立世祖察必皇后之曾孫（一說玄孫）弘吉剌氏伯顏忽都為正宮皇后，冊立奇氏為次宮皇后，居興聖宮，改徽政院為資政院，隸屬於奇皇后。奇氏生皇子愛猷識理達臘。

一直到至正八年，監察御史李泌仍以世祖之言、天災異象來諫言順帝降奇氏為妃：「世祖誓不與高麗共事，陛下踐世祖之位，何忍忘世祖之言，乃以高麗奇氏亦位皇后。今災異屢起，河決地震，盜賊滋蔓，皆陰盛陽微之象，乞仍降為妃，庶幾三辰奠位，災異可息。」但順帝「不聽」[71]。世人亦將高麗奇氏為后看作野鵲來巢、六月陰寒，是天下將亂之象。

至正二十五年（一三六五年）八月，大皇后伯顏忽都卒，同年十二月，奇氏被正式冊封為正宮皇后。

奇氏表現得賢良明理，在內外很多事情的處理上周全得體，樹立了賢后的形象。順帝後期，奇氏的地位日漸穩固，而順帝此時沉溺於十六天魔舞和大喜樂事，日漸荒淫，怠於政事，奇后便把持朝政，甚至與皇太子愛猷識理達臘謀劃內禪，逼順帝讓位，並試圖干預和把持高麗國政。「咋朝進得高麗女，大半咸稱奇氏親。」[72]在這種緊張的宮廷鬥爭中，奇后多處施展政治手腕，並充分展開美女外交，利用蓄養的親信高麗貢女作為籠絡權臣的手段和刺探政治情報。「祁（奇）后亦多蓄高麗美人，大臣有權者，輒以此送之，京師達官貴人必得高麗女然後為名家。高麗女婉媚，善事人，至則多奪寵」[73]。奇后內禪計畫被順帝知道後，順帝「怒而疏之，兩月不見」。不久，奇后遭幽禁，也是故技重施，「數納美女於孛羅帖木兒」以求解脫，結果百日後便被釋放。[74]

隨著奇氏在元廷貴為皇后的至高地位和大權獨攬的政治強勢，以及高麗女性在上層社會日益活躍，「高麗風」的盛行當然在所難免。

4. 高麗宦官入侍元廷

在元朝的宮廷中，有一個勢力群體常常被忽視，即高麗宦官。麗元之交中，高麗除了貢獻元廷童女外，還有童男。這些童男來到元廷後，有相當的一部分人做了宦官。比如前面提到的，首先把奇氏推薦給順帝的宦官、徽政院使禿滿歹兒就是高麗人，奇后最寵信的宦官朴不花也是高麗人。

[68]（明）宋濂等：《元史》之「順帝后完者忽都」，中華書局，一九七六年，二八八〇－二八八四頁。
[69]（明）宋濂等：《元史》，中華書局，一九七六年，八一五頁。
[70]任崇岳：《庚申外史箋證》，中州古籍出版社，一九九一年，一二頁。
[71]（明）宋濂等：《元史》，中華書局，一九七六年，八八三頁。
[72]（元）柯九思等：《遼金元宮詞》，北京古籍出版社，一九八八年，二六頁。
[73]任崇岳：《庚申外史箋證》，中州古籍出版社，一九九一年，九六頁。
[74]（明）宋濂：《元史》之「順帝后完者忽都」，中華書局，一九七六年，二八八一頁。

朴不花亦名王不花，在奇氏未進宮時，兩人是同鄉，「相為依倚」，關係十分密切。奇氏被選送入元廷後，受到順帝寵幸，被立為第二皇后，朴不花便以閹宦身份入宮，專門侍奉奇后，深得奇后的寵愛與信賴：「皇后愛幸之，情意甚膠固，累遷官至榮祿大夫、資政院使。」資政院主掌皇后的財賦，權力很大。在奇氏初立皇后塑造賢后形象的時候，賑災善後等事宜，皆由朴不花出面操辦。後來奇后謀劃內禪之事，也是遣朴不花出面諭意丞相太平，尋求政治支持。可見奇后對他的信任非同一般。

朴不花和禿滿歹兒都是元朝後宮中高麗宦官的代表。他們出入後宮，深得後宮高麗妃嬪的信賴，又擔任具有不小實權的官職，是故其言行處事，均具相當影響，也成為推動「高麗風」盛行的一股力量。

三、元朝大都「高麗風」的表現

元朝末期，後宮中母儀天下的皇后為高麗女，宮中給事使令又大半為高麗女，出身高麗的宦官亦不乏其人。他們語言相通，民族相同，習俗相同，生活方式相同，自然具有文化上的認同感和民族上的親近感。上自皇后妃嬪，下至宮女宦官，充斥了元朝宮廷，以至在元朝宮廷和大都上層社會形成了從服裝鞋帽到語言習俗、生活方式大行其道的「高麗風」。

這種「高麗風」最明顯的表現就是服飾方面以「高麗樣」為尚。

除了權衡《庚申外史》指出「自至正以來，宮中給事使令，大半為高麗女，以故四方衣服、鞋帽、器物，皆依高麗樣子」外，《南村輟耕錄》也記載：「杜清碧先生本應召次錢塘，諸儒者爭趨其門。燕孟初作詩嘲之，有『紫藤帽子高麗靴，處士門前當怯薛』之句，聞者傳以為笑。用紫色棕藤縛帽，而製靴作高麗國樣，皆一時所尚。」[75]一時間，「高麗樣」成為上層社會服飾崇尚和競相模仿的對象。

宮衣新尚高麗樣，方領過腰半臂裁。連夜內家爭借看，為曾著過御前來。

半臂初裁樣入時，熏風吹瘦小腰肢。

東國名姬貌似花，中宮分賞大臣家。衣衫盡仿高麗樣，方領過腰半臂斜。[76]

與「高麗樣」一起流行的還有「高麗語」。由於高麗人遍佈元廷，尤其是進入元廷上層，高麗語在元廷中也日漸普及，幾乎成了元朝後宮中的通用語言之一，以致學習高麗語成了在後宮中任職當差的「非高麗」人的必修課。

玉德殿當清灝西，蹲龍碧瓦接榱題。衛兵學得高麗語，連臂低歌井印梨。[77]

這首〈宮詞〉中所說的正是當時元朝後宮中人人爭學高麗語的情景。

此外，一些高麗的生活方式和習俗也在元廷中流行開來。如：

---

[75]（元）陶宗儀：《南村輟耕錄．卷二十八．處士門前怯薛》，中華書局，一九五九年，三四六頁。

[76]（元）柯九思等：《遼金元宮詞》，北京古籍出版社，一九八八年，一七、一〇一、一四四頁。

[77]（元）柯九思等：《遼金元宮詞》，北京古籍出版社，一九八八年，一五頁。

緋國宮人直女工，衾裯載得內門中。當番女伴能包袱，要學高麗頂入宮。[78]

以頭頂物攜載而行本是高麗人的生活方式，宋人徐兢曾於北宋宣和五年（西元一一二三年）奉使高麗，歸國後，書其事物，繪其圖形，撰寫了《宣和奉使高麗圖經》。書中特別記錄了高麗婦人「水未飲歠並貯銅罌，不以肩舁，加於頂上。罌有二耳，一手扶持摳衣而行」的載物方式。[79]這種方式是漢族人和女真人所陌生的，但隨著「高麗風」席捲宮廷，宮女們也開始「要學高麗頂入宮」。這首〈宮詞〉就形象生動地描寫了一位女真宮女學習高麗女頂物而行的情景。

以上史料和〈宮詞〉使我們管中窺豹，可以瞭解和感受到元朝末期宮廷和大都以致「四方」流行「高麗風」的時代氛圍。

朝鮮半島古為「東夷」，其俗為「斷髮文身，雕題交趾」。根據史料的記載，從周時箕子受封於東夷，「教以田蠶之利」和衣冠之制開始，歷經兩漢魏晉南北朝和隋唐宋元，朝鮮半島的服裝一直或多或少地受到中國大陸歷代王朝的影響。到了宋朝，「歲通信使屢賜襲衣，則漸漬華風。被服寵休，翕然丕變，一遵我宋之制度焉，非徒采服金帶而已也」[80]。高麗服飾更是明顯地受到了「華風」的浸染，在禮儀文化、生活習俗等方面具有明顯的「漢化」特徵，故有「小中華」的稱譽。對此，經歷了南宋、金和蒙古時期的高麗人李奎報（一一六八—一二四一年）在他的〈題華夷圖長短句〉中不無自豪地說：「君不見，華人謂我小中華。此語真堪采。」[81]到了蒙元時期，高麗和蒙元的關係日益密切，高麗世子長期入質汗廷，高麗使臣長期居住大都，還有多位蒙元公主下嫁高麗等[82]，他們又將蒙元的文化帶到高麗，高麗服飾又明顯地受到了蒙元服飾的感染，出現了「胡化」現象，尤其是一些入質的世子和長期在元朝居住的使臣回到高麗後，一身「椎髻胡服」的裝束，讓高麗人

頗為訝異。（圖6-15）

文化的交流是雙向的，隨著蒙元與高麗之間錯綜複雜的政治關係日益密切，尤其是高麗世子入質汗廷、高麗貢女入選宮廷甚至尊為后妃、高麗宦官入侍元廷，以及高麗使者長居大都、高麗方物入貢元廷等原因，高麗的服飾和習俗等也開始影響元朝的服飾文化和生活習俗。透過對元朝末年大都「高麗風」盛行這一時尚流行現象的分析研究，可以使我們多方面、也更為深入和細緻地瞭解麗元之間的政治關係和文化交流。這種交流與互動，既大大地促進了高麗文化的發展，也使得元朝的服飾文化更加豐富多彩。

圖6-15 韓國廣尚南道 密陽 古法里 朴翊墓壁畫。該墓葬主人生於一三三二年，卒於一三九八年，正值高麗王朝晚期和元朝末年，也正是元朝大都「高麗風」盛行的時期。

78 （元）柯九思等：《遼金元宮詞》，北京古籍出版社，一九八八年，一七頁。
79 （宋）徐兢：《朝鮮文獻選輯・宣和奉使高麗圖經・卷二十・婦人》，吉林文史出版社，一九八六年，四二頁。
80 （宋）徐兢：《朝鮮文獻選輯・宣和奉使高麗圖經・卷七・冠服》，吉林文史出版社，一九八六年，一五頁。
81 〔高麗〕李奎報：〈題華夷圖長短句〉，《東國李相國文集》，見杜宏剛、邱瑞中、〔韓〕崔昌源輯：《韓國文集中的蒙元史料》（上冊），廣西師範大學出版社，二〇〇四年，三頁。
82 （明）宋濂：《元史》之「高麗公主位」，中華書局，一九七六年，二七六〇－二七六一頁。

第七章

奢侈風氣：明清之際女子服飾時尚

布勞代爾曾說：「一部服飾史提出所有的問題：原料、工藝、成本、文化固定性、時裝、社會等級制度。……假如社會處於穩定狀態，那麼服裝的變革也不會那麼大。……只有當政治動亂打亂了整個社會秩序時，穿著才會發生變化。」[1]而服飾的快速更替，則會帶來流行的時尚，這在禮服的規制中難以體現，但在日常服飾中則有明確的反映。由於中國古代典籍多記錄帝王百官、皇后命婦的禮服，對於他們和庶民百姓的日常服飾則較少涉及，因此，人們難以知曉古人日常服飾的穿著搭配方式到底如何？遂導致目前的服裝史研究往往側重禮服，大多停留在形制層面的狀況，對於社會生活史視野下的日常服飾關注不夠。然而，正是日常生活的服飾，才能更好地反映一個時代經濟、文化和思想的變化，及時地透視出快速變換社會的流行風尚，但如何把握和再現這過往的時尚，並非易事！即使是還原最基本的形制，也缺乏大量的文獻、圖像和實物材料的支撐，更何況要從物質文化史角度，探究服飾與身份階層之象徵、地理環境之差異、工藝水準之高下、審美趣味之嬗變等要素的關係。雖如此，中國服裝史的研究不能停留在前輩大師的通史鉤沉上裹足不前，而應該繼續他們未竟的事業，補充他們未及的日常服飾的個案研究，從而將中國服裝史的研究向前推進。正是基於這樣的思考，本章選取明清之際的女子服飾中具有代表性的個案進行深度研究，誠然不可涵蓋明清女子服飾時尚豐富多彩的世界，但或許能管中窺豹，明瞭其中的一些問題，諸如明末清初服飾崇侈的風氣、明代女子服飾的游牧風，以及明清女子服飾與中亞、西亞的關係，等等。

第一節　「臥兔兒」與毛皮時尚

清人褚人獲在《堅瓠集》中描寫晚明吳中女子妝飾時云：「滿面胭脂粉黛奇，飄飄兩鬢拂紗衣，裙鑲五采遮紅袴，綽板腳跟著象棋。貂鼠圍頭鑲錦裪，妙常巾帶下垂尻，寒回猶著新皮襖，只欠一雙野雉毛。」❷詩中提到的「貂鼠圍頭」指的就是「貂鼠臥兔兒」。

什麼是「臥兔兒」呢？沈從文先生、周汛和高春明先生、黃能馥和陳娟娟先生在他們的書中都曾提及，但僅限於幾句話的描述和一個簡單示意圖，指出「臥兔兒」是晚明流行的女子頭飾。至於「臥兔兒」清晰的形制、流行的時間、固定的戴法、演變的規律以及流行的原因等與物質文化相關的問題，並沒有討論，至今並不清楚。前輩的貢獻是不可磨滅的，為我們鉤沉了一些史料，使進一步的研究得以在此基礎上繼續推進。

一、「臥兔兒」的形制及其他

1.「臥兔兒」的造型及命名

沈從文先生在《中國古代服飾研究》中談到明代婦女的時裝與首飾時，僅有兩處提到「臥兔兒」：一是「本圖反映如比甲雲肩的式樣，冬天婦女頭上戴的貂鼠或海獺臥兔兒形象和在頭上的位

❶〔法〕費爾南・布勞代爾著，顧良等譯：《十五至十八世紀的物質文明、經濟和資本主義》第一卷，三聯書店，二〇〇二年，三六七—三六八頁。

❷褚人獲：《堅瓠集》，浙江人民出版社，一九八六年，一一一頁。

置，汗巾兒的繫法，都還接近真實」❸，並附上了示意圖（圖7-1）；二是「又有名『臥兔兒』的，如明萬曆時小說中常說的『貂鼠臥兔兒』、『海獺臥兔兒』。結合傳世畫刻所見種種，才比較具體明白它當時在婦女頭上的位置、式樣，並得知主要重在裝飾效果，實無禦寒作用」❹。以上的敘述只告訴我們在萬曆時期的小說中常見「臥兔兒」，要結合畫刻才能明白具體的戴法和樣式，但並沒有給出更加詳細的說明，而示意圖又不能讓人完全地明白「臥兔兒」的相關內容，有的讀者甚至認為「臥兔兒」就是冬天婦女戴在頭上的毛茸茸的帽子。黃能馥、陳娟娟先生在《中國服裝史》中提到明代的巾帽時，也用圖示意明代戴「臥兔兒」的女子，圖片與沈從文先生書中的相同。❺周汛、高春明先生在《中國歷代婦女妝飾》中說：「到了冬天，更有用貂鼠、水獺等珍貴毛皮製成額巾，繫裹在額上，既可用作裝飾，又可用來禦寒，是一種非常時髦的裝束，俗稱『貂覆額』，或稱『臥兔兒』。」❻書中也附一張圖，顯示紮「貂覆額」的明清婦女（圖7-2）。

以上幾位先生關於「臥兔兒」的文字描述比較簡略，線描示意圖又難以讓人清晰地觀察到「臥兔兒」的形制及其

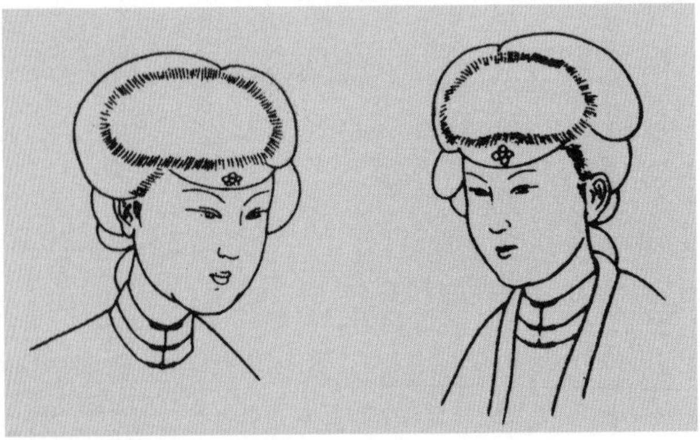

圖7-1 臥兔兒（引自沈從文：《中國古代服飾研究》）

圖7-2 紮「貂覆額」的明清婦女（引自周汛、高春明：《中國歷代婦女妝飾》）

他。❼幸運的是，民國時期柯羅版精印的《清宮珍寶皕美圖》❽中存有十二幅女子戴「臥兔兒」的圖像。《清宮珍寶皕美圖》取材於明代小說《金瓶梅詞話》，共一六八幅插圖。❾據傳為清初不落款名家所畫，屬於清宮珍寶。由於清初女子的服飾與晚明相似（「十從十不從」的政策），畫中女子的服飾基本保持明末清初的風尚，這可與小說《金瓶梅詞話》的文字驗證，圖文基本一致。如《金瓶梅詞話》第二十一回〈吳月娘掃雪烹茶應伯爵替花勾使〉中描寫吳月娘：「燈前看見她家常穿著大紅潞綢對襟襖兒，軟黃裙子，頭上戴著貂鼠臥兔兒，金滿池嬌分心，越顯出她粉妝玉琢銀盆臉，蟬髻鴉鬟楚岫雲。」❿從《清宮珍寶皕美圖》的一幅《吳月娘掃雪烹茶》（圖7-3）中就可見到吳月娘（圖左的女子）頭上戴的毛茸茸的飾物，由此也可推斷此物為「貂鼠臥兔兒」。畫家以高超的技藝，非常寫實地描繪了「貂鼠臥兔兒」的造型和佩戴位置等。倘若要更清楚地辨析「臥兔兒」戴在頭上的各種角度及戴法，可參看此書的另外一幅圖《兩孩兒聯姻共笑嬉》（圖7-4）。圖中有五位女

❸沈從文：《中國古代服飾研究》，香港商務印書館，一九八一年，四六五頁。
❹沈從文：《中國古代服飾研究》，香港商務印書館，一九八一年，四六七頁。
❺黃能馥、陳娟娟：《中國服裝史》，中國旅遊出版社，一九九五年，三〇一頁。
❻周汛、高春明：《中國歷代婦女妝飾》，學林出版社、香港三聯書店聯合出版，一九九七年，一一二頁。
❼沈從文先生自述其圖片取自《皕美圖》，高先生自述其圖片選自《故宮珍藏百美圖》，兩圖的人物形象和妝飾比較接近，或許出處同源。是作者觀看過清宮收藏的原畫，然後據畫中的形象繪出我們今天看到的圖像，還是作者根據書中的圖像摹繪「臥兔兒」的造型，現在不得而知。如果是從書中摹繪，筆者花費了很長時間尚未找到與他們提供的書名完全一致的書籍。
❽感謝俞冰先生幫助查尋《清宮珍寶皕美圖》一書，沒有這本書，就難以清楚地觀察「臥兔兒」的造型及其他，特此致謝！
❾《清宮珍寶皕美圖》有一函五冊和一函四冊兩種，一函四冊乃刪節後重新裝訂。本文依據的是一函四冊的版本。據傳為奇珍共賞社影印（非賣品）。
❿（明）蘭陵笑笑生：《金瓶梅詞話》第一卷，夢梅館印行，一九九二年，二四〇頁。

圖7-3《吳月娘掃雪烹茶》（局部，引自《清宮珍寶皕美圖》）

子戴著「臥兔兒」，正面和側面的圖像十分清晰，毛皮的質感很強。其中，側身站在屏風後面的女子頭上的「臥兔兒」，清楚地顯示「臥兔兒」只是戴在前額，兩邊最多及耳，側面和後面是沒有皮毛的（圖7-5）。那麼，「臥兔兒」後面是怎樣與髮髻連接的？葉夢珠在《閱世編》中云：

今世所稱包頭，意即古之纏頭也。古或以錦為之。前朝冬用烏綾，夏用烏紗，每幅約闊二寸，長倍之。……崇禎中，式始尚狹……今裁幅愈小，褶愈薄，體亦愈短，僅施面前，兩鬢皆虛，以線暗續於鬢內而屬後結之，但存其意而已。[11]

葉夢珠為明末清初人，所記皆為親歷親聞之事，語有所據。葉氏談的是明末

⓫（清）葉夢珠：《閱世編》，上海古籍出版社，一九八一年，一七九頁。筆者認為書中所加標點有誤，引用時重新訂正，與書中有些許差異。

圖7-4《兩孩兒聯姻共笑嬉》（引自《清宮珍寶皕美圖》）

圖7-5《兩孩兒聯姻共笑嬉》（局部，引自《清宮珍寶皕美圖》）

清初一般女子纏頭的勒子的變化，「臥兔兒」屬於纏頭的一種，只是限於富貴女子冬天所戴，自然與其他勒子的戴法一樣，僅僅戴在前額，以線暗續在鬢內，在髮後繫結。這種方法是崇禎之後才流行的，至於是什麼樣的線，現在還不得而知。

「臥兔兒」的得名，從文獻中很難找到依據，以古代髮髻命名的規則看，一般從造型而來。誠如許地山先生所說：「中國婦女梳髻直如西洋女人戴帽子，形式是很多的。不過髻的名目古來雖有種種，因為歷來沒有專書把圖樣和名字連起來，後來的人也就不知道了。各地都是依著髻底形式叫出來，沒有一定的名字。」⑫「臥兔兒」不是髮髻，是女子頭上非常奢華的裝飾，與髮髻的關係密切，往往是合在一起被觀看的，應該說和髮髻是不可分割的整體。這一點提示筆者觀察到《清宮珍寶皕美圖》中所有「臥兔兒」都是與珠子箍兒一起佩戴的，而且，與「臥兔兒」同時佩戴的珠子箍兒都在眉間形成一個尖角，尖角上至少有一顆珠子（珍珠），或者由五顆珠子組成一個梅花形，遠看感覺也是一個大白珠子（參見圖7-5）。而其他單獨佩戴的珠子箍兒則是造型各異，寬窄不等，不一定在眉間（參見圖7-3最右邊的女子頭上戴的勒子）形成尖角。可見這種尖角的珠子箍兒的造型是專門和「臥兔兒」搭配的，那麼，這種搭配的原因何在呢？我們繼續觀察女子的髮髻，也許能有一個合理的推測。《清宮珍寶皕美圖》中所有戴「臥兔兒」的女子頭頂的髮髻都是高卷而虛朗的，這是明末清初流行的髮髻式樣。⓭髮髻往下則呈新月狀，覆在額上的「臥兔兒」鬆軟華麗的皮毛向外，再往下是眉間呈尖角帶珠子的烏綾製成的箍兒。珠子箍兒向上斜伸的造型與「臥兔兒」結合，再與蓬鬆的髮髻結合，正面看與一隻臥著的兔子造型類似，而那珠子仿佛是兔嘴上露出的顯眼的白牙。這些因素合在一起，讓我們對「臥兔兒」的命名有了大致的猜測。而兔子的可愛與女子的形象連在一起，也是人們樂於接受的原因之一。反過來說，珠子箍兒和虛朗髮髻流行的時候，當人們戴上「臥兔兒」，發現這種組合後的造型很像臥兔的正面形象，則以「臥兔兒」來命名，也是有可能的。鑑於此，女子在戴「臥兔兒」時，必須與珠子箍兒和髮髻進行合適的配合，才算完成「臥兔兒」的整體佩戴。（以上只是筆者對「臥兔兒」得名的一種猜測，還有待其他資料佐證。）

⓬ 許地山：〈近三百年來底中國女裝〉，在民國時期《大公報藝術週刊》連載，筆者參考的是傅惜華先生的剪報合訂本。此處引自四十二期。

⓭ 周錫保：《中國古代服飾史》，中國戲劇出版社，一九八四年，四一七頁。

2.「臥兔兒」流行的時間

從小說提供的材料看，「臥兔兒」的類別只有「貂鼠臥兔兒」和「水獺臥兔兒」兩種，說明「臥兔兒」的製作材料僅限於貂鼠和水獺兩種動物的皮毛。⓮貂皮素有「裘中之王」的美稱，皮板優良，輕柔結實，毛絨豐厚，色澤光潤。由於貂皮產量極少，致使其價格昂貴，因此又成為富貴的象徵，被稱為「軟黃金」。貂皮還具有「風吹皮毛毛更暖，雪落皮毛雪自消，雨落皮毛毛不濕」的三大特點。水獺皮也是貴重的毛皮，外觀美麗，絨毛厚密而柔軟，幾乎不會被水浸濕，保溫抗凍作用極好。據葉夢珠說，清初製暖帽時也是「即貴貂鼠，次則水獺，再次則狐，其下者濫惡，無皮不用」⓯。明末清初重毛皮的風尚是延續的，貂鼠和水獺這兩種毛皮被推為最昂貴的皮貨，在當時是非常流行的奢侈品，普通人是享用不起的。

那麼，「臥兔兒」到底流行了多長時間？其實，這是不可能準確回答的一個問題，我們或許可以把握一個大致的時間段，並著重考察在這個大的時間範圍內「臥兔兒」發展演變的狀況。《金瓶梅詞話》於萬曆年間成書，書中多次提到「臥兔兒」，這說明至少在萬曆年間已經流行。但其上限能追溯到什麼時候呢？嘉靖的最後兩年，權臣嚴嵩被削為平民，籍沒家產，他貪汙受賄，生活奢侈，被沒收的金玉服玩，良田甲第無數，均記錄在《天水冰山錄》中。從書中的記錄看，所有當時流行的奇珍異寶應有盡有，金玉首飾的數量驚人，但貂鼠裘皮類的服飾並不多，只有兩件貂鼠皮襖、兩件狐裘、兩件豹皮衣、五條貂鼠風領（圍脖），沒有見到「臥兔兒」。⓰如果嘉靖年間已經流行「臥兔兒」，嚴嵩家不應該沒有，據此推測，「臥兔兒」可能流行的上限在萬曆年間（隆慶的六年時間忽略不計）。那麼，下限到什麼時候？又是如何演變的？成書於乾隆六十年（一七九五年）

的《揚州畫舫錄》云：「揚州鬏勒異於他處，有蝴蝶、望月、花籃、折項、羅漢鬏、懶梳頭、雙飛燕、到枕鬆、八面觀音諸義髻，及貂覆額、漁婆勒子諸式。」[17]說明貂覆額（女子頭上的毛皮飾物）在乾隆六十年以前還在流行，但其樣式與前面談到的「臥兔兒」是否一樣，則是值得關注的問題。

曹雪芹（一七一五—一七六三年）在人生的最後十年（乾隆十八年至乾隆二十八年）創作小說《紅樓夢》，第六回描寫王熙鳳的穿著：「那鳳姐兒家常帶著秋版貂鼠昭君套，圍著攢珠勒子[18]，穿著桃紅撒花襖，石青刻絲灰鼠披風，大紅洋縐銀鼠皮裙，粉光脂豔，端端正正坐在那裡，手內拿著小銅火箸兒撥手爐內的灰。」[19]可見乾隆時期已經將女子頭上的毛皮飾物稱為「昭君套」，那麼，這種「昭君套」的造型又是怎樣的？從清代畫家改琦（一七七三—一八二八年）所繪《紅樓夢》中王熙鳳的形象可見一斑（圖7-6），她額頭上所戴即是秋版貂鼠昭君套[20]。改琦為乾隆三十八年生人，在曹雪芹去世後十年出生，與曹創作《紅樓夢》的時間相距並不遙遠，應當瞭解曹所描繪的貂鼠昭君套的樣式，因此，他的繪畫與當時的式樣應該是符合的。從畫面上看，它的形式與前述「臥兔兒」有所差別，前面正中間的毛皮上有金玉或珠子裝飾，後面也有毛皮，整體上看是一個無頂的毛

---

⑭ 也許由於貂鼠和水獺的毛皮被認為是最珍貴的毛皮，小說的作者就只談到這兩種材料的「臥兔兒」，現實生活中或許也有狐皮等其他材料的「臥兔兒」。

⑮ （清）葉夢珠：《閱世編》，上海古籍出版社，一九八一年，一七六頁。

⑯ 撰人不詳：《天水冰山錄》卷二，中華書局，一九八五年，一八一頁。

⑰ （清）李斗：《揚州畫舫錄》卷九，中華書局，二〇〇七年，一三〇頁。

⑱ 這可能還是珠子箍兒、漁婆勒子的另外一種名稱，隨著時間地域的改變，珠子箍兒的叫法和形制都會不同。

⑲ （清）曹雪芹：《紅樓夢》第一卷，北京圖書館出版社，五七頁。

⑳ 書中說王熙鳳戴的是秋版貂鼠昭君套，據此推測可能還有冬版的昭君套，應該是更保暖一些的，也許像今天的毛皮帽子，這一點還有待考證。

圖7-6 改琦繪：王熙鳳（引自《紅樓夢》，北京圖書館出版社）

圖7-7 一九八七年中國大陸電視劇《紅樓夢》中鄧婕飾演的王熙鳳

皮套子，讓髮髻露在外面。一九八七年中國大陸電視劇《紅樓夢》中鄧婕飾演的王熙鳳（圖7-7）即戴著「昭君套」，她基本上是按照改琦所繪的圖像來著裝的。

為什麼說「昭君套」不是像「臥兔兒」那樣僅在前額上覆蓋毛皮，而是前後一圈都有呢？首先，「套」字是帶有動作意味的，也就是說要套在頭上；其次，「昭君套」是對游牧民族頭飾的模仿，其原型是北方游牧民族女子冬天常戴的毛皮套子，這種毛皮套子兼具保暖和裝飾作用。明代刊刻《摘錦奇音》中的插圖，描繪的是班超夷地賞月的情形。其中，翩翩起舞的夷地舞女頭上戴的就是這種毛皮套子，在額前後圍一圈，露出髮髻（圖7-8）。在明代刊刻的大量戲曲小說的版刻插圖中，只有游牧民族的女子才有此頭飾，這是游牧民族女子的重要象徵。清代的統治者為以前生活在東北地區的滿族，本來就衣毛皮服飾，婦女冬天戴這種毛皮套子是很自然的事情。只是漢家女在模仿時，必然要取一個跟漢文化有些關係的名字，「昭君套」應該是漢人模仿佩戴時對它的命名。當漢家女想要模仿這種裝飾並給它命名時，自然會想到戴上這種毛皮套子猶如出塞的昭君（漢家女），或者想像昭

圖7-8《投筆記》插圖局部（引自《摘錦奇音》）

君戴的就是這樣的毛皮套子。因此，這種毛皮套子在流行時便有了一個美麗的名字——「昭君套」。從萬曆年間女子頭上流行的毛皮飾物「臥兔兒」到乾隆年間依然流行的毛皮飾物「昭君套」，歷經兩百餘年，其中的演變自然非常豐富多樣。

清初的《醒世姻緣傳》，成書時間介於《金瓶梅詞話》與《紅樓夢》之間，第一回寫晁大舍給珍哥做了一套準備打獵的服飾：「與珍哥新做了一件大紅飛魚窄袖衫，一件石青坐蟒掛肩；三十六兩銀子買了一把貂皮，做了一個昭君臥兔……」[21]其中提到的毛皮飾物叫「昭君臥兔」，似乎可以看成「臥兔兒」到「昭君套」[22]的中間過渡階段。當然，今天我們很難還原當時複雜的演變過程，也無法界定準確的演變時間，但有一點是肯定的，即「臥兔兒」型的毛皮飾物曾是明末清初女子頭上時尚而又奢侈的裝飾品，流行地域不僅在北方地區，亦及江南。

[21]（清）西周生：《醒世姻緣傳》第一回，齊魯書社，一九八〇年，一〇頁。

[22] 沈從文先生在《中國古代服飾研究》第四一七頁說「昭君套」就是「披風」，筆者存疑。「昭君套」已如文中討論，而「披風」則是明末清初女子、男子常服的一種服裝，後文專門討論。

二、「臥兔兒」的流行時尚與物質文化的關係

晚明流行的「臥兔兒」毛皮奢侈頭飾，是偶然產生的，還是具有一定的客觀原因呢？這就涉及「臥兔兒」與物質文化（material culture）的關係。下面我們就兩個方面來討論。

1.「臥兔兒」與明代頭飾

「臥兔兒」作為一種頭飾在晚明之所以流行，與明代對頭箍的重視具有密切的關係。據說大禹的時代即有纏頭的情況，稱為「抹額」，《說郛》載：「昔禹王集諸侯於塗山之夕，忽大風雷震，雲中有甲馬及卒一千餘人，中有服金甲及鐵甲者，不披甲者以紅絹抹其首額，禹王問之，對曰：『此抹額蓋武士之首服，皆佩刀以為衛從。』」[23]這是軍容儀仗隊列的標誌。又《御制律呂正義後編．卷九十二》云：「四夷舞士，東夷（高麗）四人，椎髻於後，繫紅銷金頭繩，紅羅銷金抹額，中綴塗金博山，兩旁綴塗金巾環，明金耳環，青羅生色畫花大袖衫，紅生色領袖，紅羅銷金裙緣，紅生絹襯衫，錦領塗金，束帶，烏皮靴。」[24]這是舞士戴抹額的情況。後來，抹額從儀仗隊、舞士的額頭裝飾逐漸轉向普通人的頭飾，並隨著朝代的更迭和地域的變換，有了許多不同的名稱，如額帕、額子、蘇州勒子、漁婆勒子、珠子箍兒等，恐怕都是抹額的遺意。與其他朝代相比，明代是女子圍額裝飾最為重要的時期，此類裝飾種類繁多，造型各異。無論是文獻、圖像還是考古出土實物[25]，都很豐富。揚之水先生認為明代珠子箍兒是對元代脫木華（編按：蒙古婦女用來攏束髮髻之羅巾與珠飾配件。上層女仕多用金色或紫色羅巾，巾上飾以大珠）和速霞真（編按：以彩色羅巾為抹額）的繼承、發展和變化，最大的變化是由闊變窄。[26]老年婦女戴的較寬，年輕人戴的較窄。

有的分兩層，前面打結和裝飾珠子等，這些都是明代的變化。明代的珠子箍兒、勒子是由烏綾（冬季）、烏紗（夏季）、珍珠等材料製成，試想有一天女子頭上的毛皮飾物流行，成為奢華的象徵時，人們自然會套用當時流行的珠子箍兒、勒子的樣式，跟隨其寬窄及造型進行變化，只是將材料換成昂貴的貂鼠、水獺等。這便是「臥兔兒」得以流行的基礎之一。[27]

如果我們認定「臥兔兒」是對珠子箍兒、勒子的模仿，那麼，另外一個問題就出現了：用毛皮製成的飾品，為什麼只模仿珠子箍兒或勒子等裝飾在頭部，而不是模仿禁步叮噹（編按：古時掛在婦女裙上或鞋上的飾物，如果走路太快，或步伐稍大，「禁步」即叮噹作響，即屬失禮。明朝時稱為玉禁步或玉叮噹）佩在腰上，墜領、墜胸掛在胸前呢？這裡就涉及一個物質文化的問題。對價格高昂的貂皮、水獺皮的穿戴實際上是人們富貴奢華、身份地位的象徵，當人們要用它作裝

圖7-9《新鐫繡像玉簪記》插圖（引自《傅惜華藏古典戲曲珍本叢刊》）

[23]（明）陶宗儀：《說郛》，中國書店據涵芬樓一九七二年版影印，一九八六年。

[24]《御制律呂正義後編》卷九十二，《欽定四庫全書》經部，樂類。

[25] 實物可參看上海打浦橋御醫顧東川夫婦墓出土珠子箍兒，《上海明墓》，六二頁，彩版二八。定陵出土孝端皇后的頭飾中有「抹額」，參看《定陵》，圖版二四〇。

[26] 揚之水先生對珠子箍兒有詳細的考釋，參看其著作《古詩文名物新證》第一卷，紫禁城出版社，二〇一〇年，一九四—一九五頁。

[27] 在本文寫作之初，王魁先生提出的建議對筆者思考此問題起到很大的幫助，在此致謝！

飾時，一定會將它戴在最重要、最顯眼的地方[28]。什麼地方是晚明女子認為最重要的裝飾部位呢？仔細觀察晚明女子的服飾，會發現兩個有趣的現象：首先，明代婢女與主人的服裝樣式基本相同，雖然材料有所區別，但最大的差異是在頭飾上。頭飾是女子身份地位的重要象徵，不能僭越，如婢女不能戴鬏髻等。在服裝相對固定的時候，女人比拚的是頭上的首飾。《金瓶梅詞話》中常見女人為首飾相互攀比、爭風吃醋的現象。其次，晚明女子服飾中有「顯」與「隱」的問題。唐代女子服裝的袒領低胸被認為是非常開放的，屬於強調暴露皮膚的「顯」的現象。晚明世風日下，傳統的倫理道德受到嚴重挑戰，兩性關係相對開放，反而沒有像唐代服裝那樣暴露皮膚，而是採用立領紐扣的形式，將身體緊緊地包裹起來，讓身體隱藏在服裝之下，只有頭部露在外面。這裡「隱」和「顯」的關係到底是怎樣的呢？「隱」或許是為了更好的「顯」，隱藏了身體，顯露了頭部；隱藏了皮膚，顯露了身材。實際上，晚明女子的服飾，例如「扣身衫子」、「比甲」、「披風」都是很顯身材的[29]，這可能與晚明服飾體現的身體意識有關，鑑於篇幅和主題的限制，對此不展開討論。總之，晚明女子包裹身體和皮膚的服裝（**圖7-9**），使頭部成為更受重視的裝飾部位。炫耀財富、標榜身份地位的毛皮裝飾模仿當時流行的珠子箍兒、勒子，也就可以理解了。

2.「臥兔兒」與皮貨貿易

「臥兔兒」在晚明流行的另外一個推動力，是商品經濟的繁榮帶來的馬市交易，使皮貨進入了婦女的時尚消費範圍。中國的馬市興起於唐宋，發展於明朝，衰落於清代，時間達千餘年之久。[30]尤其晚明是馬市交易的高峰時期。許多毛皮如貂鼠皮、水獺皮、狐皮、鹿皮、熊皮、羊皮、馬皮、牛皮、豬皮等都交易到了內地。**圖7-10**是明代《南都繁會圖卷》的局部，描繪了明代南京商業的繁華，可見明顯的招幌「西北兩口皮貨發客」的字樣，說明當時皮貨是熱門的商品。另外，通過保存下來的萬曆年間的零星檔案也可見一斑。**表一**反映了萬曆四年七月到九月鎮北、廣順、新安三關[31]馬市交易皮貨的情況，三個月共有二千二百四十六位牧民到馬市交易，共成交八百三十三件毛皮貨物。[32]這是保存下來的萬曆年間最早的馬市交易檔案。萬曆五年、六年的檔案，使我們看到參加交易的游牧民族人數和貨物的數量逐漸增大，有時一次交易的貂皮數量就達到了一百七十五張，一次的人數達四百多人，時常每天都有交易。官府抽收的銀兩從萬曆四年一次二·一五六兩增長到萬曆五年一次五十六·八八一兩，從中可見交易量的增長及皮貨需求量的增加，從某種程度上也反映了皮貨的流行。尤其是貂鼠、水獺等價格昂貴的

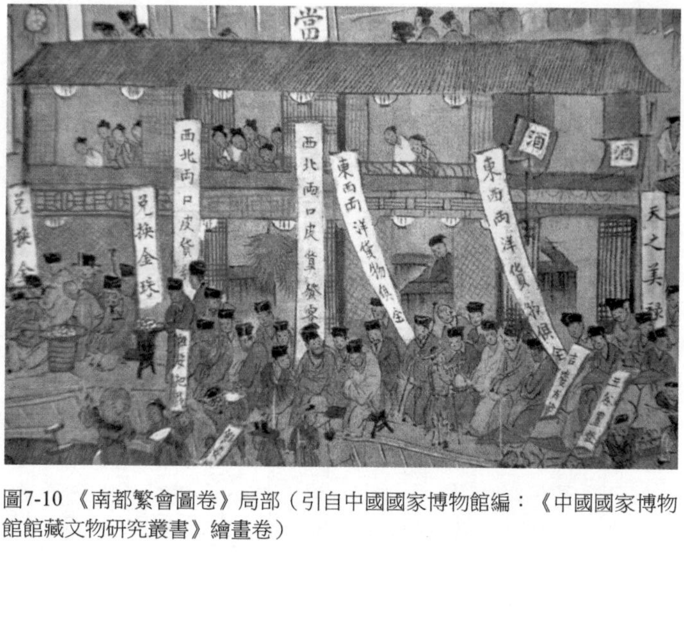

圖7-10《南都繁會圖卷》局部（引自中國國家博物館編：《中國國家博物館館藏文物研究叢書》繪畫卷）

[28] 皮襖由於體積太大，不屬於飾品，此處暫不討論。

[29] （明）朱之瑜：《朱氏舜水談綺》，華東師範大學出版社，一九八八年。書中九一、九二頁的明代披風形制是收腰大襬，這樣定會顯得身材苗條。

[30] 魏明孔：《西北民族貿易研究》，中國藏學出版社，二〇〇三年，二頁。

[31] 明洪武二十一年始，在今遼寧開原老城的西、北、東設立新安、鎮北、廣順三關。北方的游牧民族分別透過三關進入馬市，與漢人進行貿易，萬曆年間還是以物易物的方式。一切在官方的掌控下進行，官方對交易的貨物抽收銀兩。

[32] 由於檔案部分殘缺，有些數字未能統計進來。實際交換的毛皮數量應該比這個數字大。

表一　萬曆四年七月至九月三關皮貨交易概況

	萬曆四年七月至九月									合計
時間	初二	初七	十三	缺	十九	缺	十四	缺	十六	9天
人數	176	380	387	218	480	425	14	4	162	2246
進入地點	鎮北關	鎮北關	廣順關	鎮北關	廣、鎮關	鎮北關	新安關	新安關	新安關	三關
貂皮	1			8						9
狐皮	2	24	3	12	62	39				142
羊皮襖	7	6	2		1					16
羊馬皮	8	4	5	6	6	4				33
氈	2				3	3				8
鹿皮		3.5	3		5	8				19.5
水獺						1				1
靴		14	19		97					130
狍皮		16	10	7	51	151				235
牛皮			1		12					13
馬尾			0.5							0.5
豬皮					7	24				31
熊皮						8				8
不知名皮					187					187
總計	20	67.5	43.5	33	431	238				833

資料來源：根據《中國明朝檔案總匯》第一〇〇卷中的萬曆四年的檔案統計，新安關資料缺失。

毛皮，是相當奢侈的消費品，滿足了晚明人們競奢尚奇、僭名越分的風氣[33]。按照禮制的規定，珍貴的毛皮只有官員命婦才能穿戴，晚明屬於天崩地裂的時代，服飾禮制的崩壞給人們的僭越提供了條件。大量的富商（具有很強的消費能力）通過「社會仿效」（social emulation）模仿官員命婦的服飾，達到社會流動及縱向上升，從而打破既定的身份區隔。如《金瓶梅詞話》中，僅「錢過北斗，米爛陳倉」的西門慶的妻妾、富孀林太太、命婦藍氏以及妓女鄭愛月、鄭愛香（服飾由嫖客置辦）都戴「臥兔兒」，穿貂鼠皮襖或貂鼠披風。

《金瓶梅詞話》中沒有提及一個「臥兔兒」值錢多少，但說李瓶兒的一件皮襖價值六十兩銀子，按照侯會先生在《食貨金瓶梅》中所做的換算（按實際購買力），一兩銀子相當於今天約一千至一千二百元（臺幣）的購買力[34]，那麼，李瓶兒的一件皮襖，相當於今天的六萬多元（臺幣），自然屬於奢侈品。前引清初的《醒世姻緣傳》中說為珍哥「買了一把貂皮」做昭君臥兔，花費三十六兩銀子，對比李的皮襖，此貂皮的價格似乎太高，考慮到白銀的過量流入[35]，清代的銀子與明代相比，有所貶值，再者，貂皮本身也有品質差異，一張好的貂鼠皮應值十多兩銀子，差點的在十兩以下（當時在張家口交易），相當於今天萬把塊（臺幣）。關鍵的問題是數量稀少，參看表一所示萬曆四年七月到九月的三關馬市

表二 萬曆四年至六年三關馬市交易部分貨物抽銀數（單位：分）

	品種	單位數量	單位產品抽銀數	品種	單位數量	單位產品抽銀數
萬曆四年至六年	貂皮	1張	2	小豬	1頭	0.5
	水獺皮	1張	2	奶馬駒	1匹	10
	狐皮	1張	1	羊皮襖	1件	1
	羊皮	1張	0.2	緞襖	1件	5
	熊皮	1張	2	緞子	1疋	10
	狍皮	1張	0.5	絹	1疋	1
	氈	1塊	0.5	木菇	1斤	0.6
	馬尾	1斤	0.6	木耳	1斤	0.1
	鹿皮	1張	2	珠子	1顆	6或23.7
	靴	1雙	0.1	羊	1只	2
	小牛	1頭	10	驢	1頭	10
	大牛	1頭	20	小馬	1匹	20

資料來源：據《中國明朝檔案總匯》第一〇〇卷中萬曆年間的部分檔案統計。

33 關於明代奢侈品可參看 Craig Clunas. *Thing inmotion, Super fluous Things: Material Culture and Social Status in Early Modern China.* (Hawaii: University of Hawaii Press, 1991), pp. 116 - 140。巫仁恕在《品位奢華》第一二八頁中談到，明代到了嘉靖年間，平民服飾一改明初的樸素遵守制度的情形，而走向華麗奢侈，僭越禮制。關於晚明尚奇的風尚可參閱白謙慎《傅山的世界》第一四頁。另可參閱拙文〈晚明尚「奇」的審美趣味芻議〉，《裝飾》，二〇〇八年第十一期。

34 侯會：《食貨金瓶梅》，廣西師範大學出版社，二〇〇七年，三四頁。本書為鄭岩先生推薦閱讀，對本研究頗有幫助，特此致謝！

35 晚明的流通貨幣主要為白銀，樊樹志在《前近代中國總量經濟研究》的序中說，十六、十七或十八世紀，世界白銀的四分之一到三分之一，通過貿易途徑流入中國。這一點已經得到許多學者的證明。

交易，只有九張貂皮，一張水獺皮。從官府在馬市抽銀（表二）的情況看，一張貂皮雖然小，卻與二十雙皮靴、十張羊皮、四頭小豬等值，可見其珍貴的程度。

以上只是從保存下來的零星檔案來討論一個地方（開原）的馬市情況，從中已能看到皮貨貿易在晚明的盛行。晚明還在西北等多處設立馬市，與游牧民族進行馬、毛皮及其他貨物的貿易，據此可以想見皮貨貿易在晚明的興盛。當大量的毛皮進入內地，勢必引起人們對毛皮的興趣，而人們對毛皮的興趣又會刺激皮貨市場的進一步繁榮。這樣，也就推動了毛皮的流行時尚。臺灣「中研院」史語所的賴惠敏先生在〈清乾隆朝內務府的皮貨買賣與京城時尚〉中討論的乾隆時期與俄羅斯恰克圖的皮貨貿易，這種貿易往來大大地推動了京城毛皮服飾時尚。清宮廷大量購買恰克圖的皮貨，選取優質的留用宮廷，然後將另外的一些毛皮拋向國內市場出售，謀取高額利潤。由於大量的毛皮在市場上流通，宮裡又時時穿戴毛皮服飾競奢，自然會引起民間的追逐和仿效，時尚的趨勢自上而下，從而帶動整個社會的毛皮流行時尚。雖然我們沒有資料顯示晚明的宮廷也做毛皮生意，但通過萬曆年間的少許檔案，至少可以看到在馬市交易中，毛皮已經通過普通商人的成功交換進入內地的流通領域，市場上大量流通的毛皮是流行時尚的基礎。如果人們非常喜歡穿戴毛皮服飾，而無法買到，一切皆無可能，又怎麼可能談到皮貨的流行時尚，更無法談到「臥兔兒」的流行。

晚明是倫理道德面臨顛覆、服飾禮制嚴重潰亂、競奢崇物、拜金成風的時期[36]，服飾上出現了以江南的蘇州為中心，引領全國服飾潮流的時尚，各種奇裝異服湧現，相互競奢攀比蔚然成風。以貂皮和水獺皮為材料製成的「臥兔兒」，模仿當時流行的珠子箍兒、勒子的造型，成為女人額頭上的奢華裝飾，只有在這樣的時代背景下才有可能造成臥兔兒的流行。

仔細觀察便會發現：無論是珠子箍兒、勒子還是「臥兔兒」，作為女人額頭的裝飾，都顯得很突兀，很難稱得上漂亮，但流行時尚往往是沒有道理可講的。以今天的審美趣味看，唐代女人的眉毛全部剃掉後再畫上綠眉，該是多麼難看！遼代女人模仿佛像，整個臉部塗成黃色（「佛妝」），正好成為名副其實的「黃臉婆」，而在當時卻被認為是無比的美麗。可見，當整個社會的審美趣味一致導向某種方式時，大眾只會盲目地跟風，所以千萬不能低估流行時尚的力量。但從社會學角度觀照，流行的背後總有各種原因，服飾歸根結柢還是物質文化的載體，可以說是物質文化折射出來的一種表現形式，透過一個時期的流行服飾，可以進行多角度的文化分析，因為流行的服飾會提示人們很多隱藏在背後的資訊。如以上討論的「臥兔兒」，至少給我們提示了比較重要的三條資訊。

第一，「臥兔兒」的流行反映了晚明女子服飾對毛皮的重視，結合晚明女子服飾中流行的開衩的披風、比甲等（毛皮和開衩的服飾都是游牧民族的特徵。編按：比甲一指半臂，即背心，為漢服；一指無袖、無領、對襟兩側開衩及至膝下的馬甲，為元朝服飾。《元史・后妃傳一・世祖后察必》：〔后〕又制一衣，前有裳無衽，後長倍於前，亦去領袖，綴以兩襻，名曰「比甲」，以便弓馬，時皆仿之），集中體現了北方游牧民族服飾在晚明時期產生的強大影響力，就像迎面吹來了一股「游牧風」。這或許與自金代以後，北方基本上由游牧民族控制有關。作為明代都城的北京（成祖遷都以後）自然存有許多游牧民族服飾的遺風，這種遺風會通過京城的力量波及全國。㊲當晚明社會急速變動，流行時尚得以迅速傳播時，游牧民族的服飾特徵也就從京城傳播到各地，如貂皮即是

㊱晚明人對物的崇拜以及物品與文化的關係，可參看柯律格：《明代的圖像與視覺性》，北京大學出版社，二〇一一年，三四頁。王正華：《藝術、權力與消費：中國藝術史研究的一個面向》，中國美術學院出版社，二〇一一年，一九九－二〇三頁。

㊲雖然晚明江南是全國的服飾時尚中心，但京城依然擁有自己的時尚特徵，有時與江南互動，並影響到全國。

從京城流行後傳入江南的。

第二，「臥兔兒」和貂鼠暖耳之類的小件毛皮飾物，或許是引領人們對「毛色」欣賞的開端，使毛皮的裝飾功能逐漸凸顯，從而帶來毛皮從功能價值（保暖）向裝飾價值（華麗）的轉變。從「臥兔兒」戴在頭上的畫面效果看，貂鼠皮和水獺皮的毛是向外的，這一點與西門慶戴的貂鼠暖耳相同（**圖7-11**）[38]，但與當時人們穿的貂鼠皮襖卻不同，皮襖的毛在裡，外面用緞子縫合（**圖7-12**），袖口和開衩的地方鑲毛皮，毛向外。皮襖的情況說明緞子在時人心中地位很高。前文表二顯示，一件緞襖抽銀五分，一張貂皮抽銀二分，可見緞子的珍貴。由於毛皮越來越受到人們青睞，在皮襖的袖口、開衩處也會鑲毛皮彰顯奢華。無論如何，貂鼠皮襖毛在裡、緞在外說明此時貂皮的主要功能還是保暖，「毛色」本身的奢華和美麗還沒有受到足夠的重視和欣賞。

圖7-11《西門慶踏雪訪愛月》（引自《清宮珍寶皕美圖》）

圖7-12《元夜遊行遇雨雪》（引自《清宮珍寶皕美圖》）

隨著女人頭上「臥兔兒」的流行，人們可以挑選品質上乘的貂皮製成「臥兔兒」，這樣，美麗而奢華的「毛色」得到人們越來越多的欣賞。隨著人們對「毛色」欣賞的逐漸增強，毛皮在兼具保暖功能的同時，其裝飾性上升到了更高的地位，也就產生了我們今天所見的貂皮大衣的毛都是向外的。[39]

第三，「臥兔兒」、珠子箍兒、勒子的流行，影射了晚明時期相當盛行的競奢炫富的風氣。這些裝飾是否美麗並不是當時女子關心的重點，關鍵是通過戴上這些昂貴的奢侈品，彰顯自己的富與貴，從而心中油然而生一種美的愉悅！當「臥兔兒」成為一種時尚的頭飾時，它是身份的象徵，是奢侈的象徵，在條件允許的情況下，女人都想戴上一個。猶如今天流行LV的包，且先不論這個包是否漂亮（有的甚至很難看），但有人節衣縮食也要購買一個，以示「身份」。無怪乎外國奢侈品牌稱：既然中國人以這種態度消費奢侈品，我們有什麼理由不進軍中國市場呢？回頭看晚明，已經有了時尚的趨勢，也有了足夠的「品牌」意識！雖然，當時已有文人提出這些裝飾的不堪入目，但又有誰去理會。如《三岡識略》云：

> 余為諸生時，見婦人梳髮，高三寸許，號為「新樣」。年來漸高至六七寸，蓬鬆光潤，謂之「牡丹頭」，皆用假髮襯墊，其重至不可舉首。又仕宦家或辮髮螺髻，珠寶錯落，烏靴禿禿，貂皮抹額，閨閣風流，不堪寓目，而彼自以為逢時之制也。[40]

晚明服飾禮制渙散，出現我們今天所謂的服飾時尚，時人稱為「時世裝」[41]。主要表現為幾大

---

[38]《金瓶梅詞話》第七十七回。西門慶「戴著氈忠靖巾，貂鼠暖耳，綠絨補子褦褶，粉底皂靴，琴童玳安跟隨，徑往獅子街來」，後來他又踏雪訪愛月。圖中所見的貂鼠暖耳為明末清初的樣式。

[39]至少在乾隆時期就已有人穿著毛向外的皮襖，乾隆時期的宮廷畫家賈全所繪《二十七老》中的刑部尚書吳紹詩就穿著皇帝賞賜的皮襖，其毛在外，名曰「端罩」。

[40]（清）董含：《三岡識略》，復旦大學圖書館致之整理校點。

[41]陳寶良：《中國婦女通史》明代卷，杭州出版社，二〇一〇年，四九〇頁。

特點：(1) 服飾形制變化迅速，含復古之風；(2) 競奢炫富，更多表現在頭飾和服裝材料上；(3)「服妖」，即奇裝異服，如當時的大臣張居正居然塗脂抹粉著女人裝，這樣更多的是為了彰顯個性，以示與富商大賈和普通士人的身份區隔。其中，「競奢炫富」在晚明形成非常強勁的勢頭，表現在衣食住行各個方面。尤其在服飾方面，流風所及不僅在富裕階層，家無隔夜食的人也競衣綢緞。《金瓶梅詞話》第五十六回說西門慶十兄弟之一常時節，家裡窮得揭不開鍋，西門慶接濟他十二兩銀子時，他第一件事竟是上街給老婆買了綾綢絹製成的襖、裙、衫等衣服。雖然有些貴，但他老婆卻認為很划算。[42]

無疑，毛皮和珠子都是晚明價格高昂的奢侈品，而且數量稀少。從前文表一、表二看，有些珠子的價格相當於貂皮的十幾倍，甚至出現了「金子不如珠子」的說法。[43]這樣，晚明女子額頭裝飾「臥兔兒」和珠子箍兒，是否漂亮並不是關鍵，重要的是炫耀了時人認為最珍貴的毛皮和珠子，並將其戴在最顯眼的額頭，競奢炫富的意味就不言而喻了！

第二節　西風東漸：「披風」的緣起*

如果觀察明末清初的繪畫、瓷器裝飾以及其他視覺媒材，便會發現有一種女子服飾常常出現，說明它在當時相當流行，但中國服裝通史類書籍均未提及此服。檢討明代五十餘座墓葬的考古報告資料，在衣物大多腐爛無存的情況下，依然保存下來七件此類服飾的出土實物。由於考古人員不知其名，在報告中分別給予不同的名稱：淺褐流雲天鵝絨絹對襟半袖單衣和駝色素緞對襟半袖襖[44]、開襟長龍袍[45]、素綢方領衫[46]、綢銀白色八寶紋夾衫[47]、褐色八寶紋緞繡龍方補立領女夾衣[48]、麻布對襟衣㊾。經過筆者的初步考證，此種服裝在明代有專門的稱謂——披風，當時男女皆服，且形制上沒有太大的區別。此處只討論女服「披風」的形制、材料、流行時間、穿戴搭配方式以及流行原因等相關問題。

一、「披風」的形制

這裡討論的「披風」是明人對當時一種服裝的稱謂，並非今人所說的「披風」或「斗篷」。沈從文先生在《中國古代服飾研究》中談到明代服裝時，認為「昭君套」就是「披風」㊿，筆者存疑。初步的考證說明，明代的「披風」確係一種男女皆服的外衣，具有固定的形制，並非沈從文先生所說的「昭君套」。

㊷（明）蘭陵笑笑生：《金瓶梅詞話》第五十六回，夢梅館印行，一九九二年，七〇八頁。

㊸屈大均：《廣東新語・卷一五・珠》，一九八五年，四一三頁。在明代，珍珠因產地不同，品質各有差異。珍珠可以分為南珠（出廣西合浦）、西珠（出西洋）、東珠（出東洋）三種，其中以南珠最為珍貴。由於明朝人已經掌握了人工養殖珍珠的技術，所以珍珠又分天然與人工兩種。天然者稱「生珠」，養殖者稱「養珠」。另見同書四一四頁。

*本節原文是筆者受北京市教委人才強教專案資助在牛津大學訪學時撰寫，指導教師為牛津大學藝術史系柯律格教授。寫作期間也得到Verity Wilson女士、Teresa Fitzherbert女士的幫助，在此一併致謝！

㊺江西文物工作隊：〈江西南城明益宣王朱翊鈏夫婦合葬墓〉，《文物》，一九八二年第八期。

㊻泰州市博物館：〈江蘇泰州明代劉湘夫婦合葬墓清理報告〉，《文物》，一九九二年第八期。

㊼何繼英主編：《上海明墓》，文物出版社，二〇〇九年，一三四頁。

㊽中國社會科學院考古研究所、定陵博物館、北京市文物工作隊：《定陵》（下），文物出版社，一九九〇年，圖版九十。

㊾德安縣博物館：〈江西德安明代熊氏墓清理報告〉，《文物》，一九九四年第一〇期。

㊿沈從文：《中國古代服飾研究》，香港商務印書館，一九八一年，四一七頁。沈從文認為「昭君套」就是「披風」。關於「昭君套」，筆者已在前文做過討論，認為是一種女子的毛皮頭飾。亦可參看拙文〈晚明女子頭飾「臥兔兒」考釋〉，《藝術設計研究》，二〇一二年第三期。

圖7-13 明・佚名：婦人像

圖7-14 清・佚名《雍正妃行樂圖》，絹本設色

我們參看明末《婦人像》（圖7-13）和《雍正妃行樂圖》（圖7-14），婦人外面穿著的服裝即是「披風」。與貴州思南明代張守宗夫婦墓出土的「披風」實物（圖7-15）相比，二者形制基本相同。何以見得以上繪畫中和墓葬中出土的服裝名稱為「披風」呢?明朱之瑜撰寫的《朱氏舜水談綺》[51]，記錄了他在日本介紹中國服飾及生活禮儀的相關內容，並用圖文並茂的方式（附帶尺寸）進行描述。其中談到明末清初人們常常穿著的一種服飾，名為「披風」（圖7-16）。據圖中的文字說明，披風最大的特點是對襟，瓦領[52]下端有玉扣花，或者用小帶繫縛，衽邊前後分開不相屬，通俗地說就是兩邊開衩。這些特徵無論從服裝款式，還是領子下端的玉扣花或小帶，以及兩邊的開衩與對襟等細節上，都與前面提到的繪畫及墓葬出土的服飾特徵相吻合，據此判斷此服即明代所謂「披風」。

若想更好地瞭解「披風」的形制特徵，還可參看明代王圻、王思義編集，於萬曆年間刊刻的《三才圖會》中的「披風」（圖7-17），圖上的榜題為「褙子」，圖下的文字云：

> 即今之披風，《實錄》曰：秦二世詔朝服上加褙子，其制袖短於衫，身與衫齊而大袖，宋又長與裙齊，而袖才寬於衫。[53]

圖7-15 駝色素緞披風（貴州思南明代張守宗夫婦墓出土）

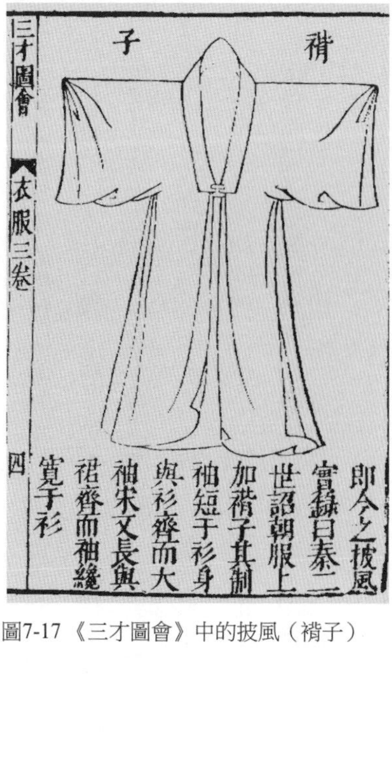

圖7-17《三才圖會》中的披風（褙子）

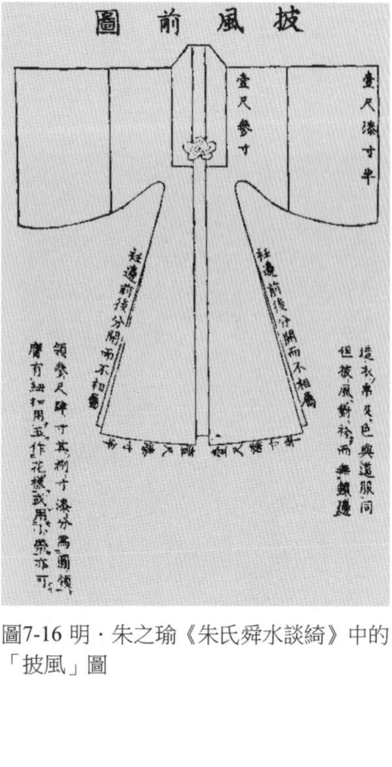

圖7-16 明·朱之瑜《朱氏舜水談綺》中的「披風」圖

51 （明）朱之瑜：《朱氏舜水談綺》，華東師範大學出版社，一九八八年，六九二頁。此書收入《域外漢籍珍本文庫》史部第一輯，西南師範大學出版社、人民出版社聯合出版，二〇〇八年。

52 關於「披風」的領式沒有固定的叫法，此處所用「瓦領」的說法只是一家之言，並非朱氏書中的名稱。

以上文字提供了如下資訊：王圻為萬曆年間人，即萬曆年間已經不用「褙子」一說[54]，而改稱「披風」。「褙子」在秦二世的時代袖比衫短，身與衫齊，大袖，但未能發現那時的圖像來佐證。目前見到此種「褙子」（唐代稱「背子」）的最早樣貌為西安唐殿中侍御醫蔣少卿及夫人寶手墓出土的陶俑上的服飾[55]。其對襟無紐，身與衫齊，與《三才圖會》中的描述吻合。宋代的「背子」（即元明的「褙子」）長與裙齊，而袖變窄，略寬於衫（小袖），宋代此類「背子」的圖像材料很多。此外，宋代也有繼承前述唐代的「背子」的類型，長度及膝，依然為小袖。宋代齊裙的「背子」在元代繼續沿用較多，稱為「褙子」，從元代墓葬壁畫中可以找到實例[56]。明代的「褙子」繼承宋元的形制，齊裙和齊衫的兩種「褙子」並存，最關鍵的要素是小袖。與明代「褙子」形制類似，袖子很大的服飾稱為「大袖衫」或「大衫」（**圖7-18**），很多服裝通史類書籍將此誤認為「褙子」，實屬誤會。[57]

從形制上看，明代的「披風」與「褙子」比較接近，相同之處在於都是對襟、兩邊開衩的服飾。不同之處在於「褙子」的長度有齊裙（近地）和齊衫（近膝）兩種，「披風」的長度都是與衫齊（近膝）；「褙子」為小袖，「披風」為中袖，長度在肘腕之間，露出裡面的衫袖；「褙子」的裁剪上下一樣寬，而「披風」是收腰的，腰部與底襬的尺寸差距較大，當然，不同時期和不同地域的樣式會有些許變化。而「披風」與「褙子」最大的區別在於領子，「褙子」是合領，從上到下一直通下來，「披風」是重新撦的瓦領，

圖7-18 明孝莊睿皇后錢氏像（臺北故宮博物院藏）

將兩領之間的距離加寬，領子的長度為一尺三寸（按照當時日本木匠曲尺記錄，參見圖7-16），大約相當於今天的四二・一一公分[58]，這樣長的領子下端基本接近腹部，應該說是很低的，加上兩領之間的橫向距離，這種大敞領必然給裡面的衣服一個充分的展示空間。同時，這種瓦領是在衣服上的，方便拆換，古人衣服一般不能像今天這樣洗滌，容易汙損的領部能夠拆換無疑是非常聰明的設計。可以說「披風」的形制是在「褙子」的基礎上變化而來的，最大的變化體現在領部。

二、「披風」的材料、穿著方式及流行時間

將目前墓葬出土的七件「披風」進行整理（表三）[59]，可見「披風」的材料是比較多樣的，有麻

---

53 （明）王圻、王思義編集：《三才圖會》，上海古籍出版社，一九八八年，一五三五頁。

54 「褙子」作為服飾用語於元代首次出現，明代繼續沿用，與唐宋的「背子」所指服飾相同，為長袖。而明代的「背子」與「褙子」已經具有不同的含義，「背子」無袖。很多服裝史的書籍將二者混為一談，實屬錯誤。

55 西安市文物保護考古研究院：〈西安唐殿中侍御醫蔣少卿及夫人寶手墓發掘簡報〉，《文物》，二〇一二年第十期。

56 項春松、王建國：〈內蒙昭盟赤峰三眼井元代壁畫墓〉，《文物》，一九八二年第一期。

57 通過初步的考證，筆者認為古代可能沒有「大袖褙子」一說，「褙子」都是小袖，今天之所以有「大袖褙子」的說法，實際上是今人在撰寫服裝史時對一種與「褙子」形制類似、袖子很大的禮服給出的新稱謂，而這種服飾在宋代叫「大袖」，明代沿用叫「大袖衫」或「大衫」，《宋史・輿服志》、《大明會典》等對此服飾都有記載。關於「大袖」和「褙子」都有實物出土，參見江西省文物考古研究所：〈南昌明代寧靖王夫人吳氏墓發掘簡報〉，《文物》，二〇〇三年第二期。李燁、周忠慶：〈陝西洋縣南宋彭杲夫婦墓〉，《文物》，二〇〇七年第八期。〈江西德安南宋周氏墓清理簡報〉，《文物》，一九九〇年第九期。福建省博物館：〈福州市北郊南宋墓清理簡報〉，《文物》，一九七七年第七期。

58 《朱氏舜水談綺》第六九二—六九三頁記載明代裁衣尺一尺等於一・〇六五日本木匠曲尺，而明代裁衣尺一尺又等於三四・五公分，根據上海塘灣明墓出土的木尺實測，並參見邱隆、巫鴻等編：《中國古代度量衡圖集》（文物出版社，一九八一年，圖版說明第九頁），經過換算，可得出「披風」領子長度為四二・一一公分。

59 該表中的名字及描述內容都直接摘自考古報告，由於考古人員不知道此種服飾名為「披風」，所以從匯總表中看不到「披風」二字。

表三　明代墓葬出土披風匯總表

	墓名	披風墓主	性別	生卒年代	披風描述（釐米）	質料	數量	資料來源
江西	江西德安明代熊氏墓	熊氏	女	成化壬寅—嘉靖十六年(1482—1537)	麻布對襟衣：月白色，袖通長140，身長93，腰寬65，下襬72，領寬10.1	麻布	1	《文物》1994年第10期
江蘇	江蘇泰州明代劉湘夫婦合葬墓	劉湘妻丘氏	女	弘治丙辰—嘉靖戊午（1496—1558）	素綢方領衫：衣長88，通袖長150，腰寬66，下襬寬89。方領，對襟	米黃色素綢面，土黃色素綢裡	1	《文物》1992年第8期
貴州	貴州思南明代張守宗夫婦墓	張守宗夫婦，具體不詳	男或女	張守宗：嘉靖五年—萬曆三十一年（1526—1603),其妻不詳。張歷任戶部山西司員外郎	淺褐流雲天鵝紋綢對襟半袖單衣	綢	1	《文物》1982年第2期
					駝色素緞對襟半袖襖	素緞	1	
江西	江西南城明益宣王朱翊鈏夫婦合葬墓	朱翊鈏，益宣王	男	嘉靖十六年—萬曆三十一年（1537—1603）	對開襟長龍袍：貼邊斜領對開襟，在斜領和貼邊上彩繡升天龍紋，肥袖方口，下端不縫合，袖口外繡有龍紋花邊，在蔽膝處也有龍紋花邊一道，形似道袍	織花錦緞	1	《文物》1982年第8期
上海	河南府推官諸純臣夫婦墓	諸純臣	男	嘉靖十一年—萬曆二十九年（1532—1601）	綢銀白色八寶紋夾衫。對襟，長124	白色綢	1	上海明墓
北京	定陵	孝端后	女	嘉靖四十三年—萬曆四十八年（1564—1620）	褐色八寶紋緞繡龍方補立領女夾衣，身長76	外面為繡緞，裡為絹	1	定陵

布、素綢、天鵝紋絹、素緞、織花錦緞（提花錦緞）、繡緞等。明代小說《金瓶梅詞話》第七十八回描述林太太穿的是「白綾襖兒，貂鼠披風，大紅裙，帶著金鐸玉佩」[60]，可見這件「披風」的材料為貂鼠皮。《紅樓夢》第六回描寫王熙鳳的穿著：「那鳳姐兒家常帶著秋版貂鼠昭君套，圍著攢珠勒子，穿著桃紅撒花襖，石青刻絲灰鼠披風，大紅洋縐銀鼠皮裙，粉光脂豔，端端正正坐在那裡，手內拿著小銅火箸兒撥手爐內的灰。」[61]這裡描述的清朝乾隆年間「披風」材料為灰鼠，灰鼠又名松鼠，其皮毛做成的服飾在清代是相當珍貴的。

《天水冰山錄》記錄嚴嵩的金玉服玩中，有納錦八仙絹女披風一件、綠納錦鬥牛絹女披風一件、大紅素羅女披風一件、大紅鬥牛紗女披風二件、紅剪絨獬豸女披風一件、青過肩蟒絨女披風一件、宋錦鬥牛女披風一件。[62]在所有的紀錄中，似乎只有女「披風」，未見男「披風」，難道嘉靖時期男子並不穿著「披風」，或者說「披風」首先是女子的服飾，後來才逐漸變成男女兼穿的？從墓葬出土的「披風」實物看，男子所著的「披風」似乎都是萬曆年間的。《天水冰山錄》顯示，嘉靖年間的「披風」有絹、羅、紗、剪絨、宋錦等材料，結合墓葬出土資料可知「披風」的材料有錦緞、繡緞、素緞、素綢、絹、羅、紗、剪絨、宋錦、貂鼠、灰鼠、麻布等。其中貴重者如錦緞、繡緞、貂鼠、灰鼠、宋錦、剪絨等，普通者如麻布，應有盡有。這之中，剪絨、蟒絨等都是明代非常珍貴的服飾材料，蟒絨是帶蟒紋的絨，為禦冬之衣。清代順治時期以後，南方亦以皮裘禦冬[63]，加上

[60]（明）蘭陵笑笑生：《金瓶梅詞話》第四卷，夢梅館印行，一九九二年，一一一一頁。
[61]（清）曹雪芹：《紅樓夢》第一卷，北京圖書館出版社，一九九二年，五七頁。
[62] 撰人不詳：《天水冰山錄》第二冊，載王雲五主編《叢書集成初編》，商務印書館，一九三七年。
[63]（清）葉夢珠：《閱世編》，上海古籍出版社，一九八一年，一六二頁。

外國呢絨的進入，絨價愈低，絨業逐漸衰落[64]。宋錦在《天水冰山錄》中只有兩件：青宋錦刻絲仙鶴補圓領一件，宋錦鬥牛女披風一件。這兩件宋錦應該是一男一女的服飾。男服是仙鶴補子的圓領，與嚴嵩的一品官位吻合；女服為鬥牛披風，可能是嚴嵩妻子的服裝。男女主人也許在重要的禮儀場合才會穿著宋錦服裝。

「披風」材料之豐富說明它是不同階層的女子都能穿著的服飾，穿著時以質料的高下來區分身份地位的高低。身份地位高貴的可能採用昂貴的材料，如宋錦、繡緞、貂鼠之類；地位稍低的可能採用普通的材料，如素綢、麻布之類。另外，不同季節穿著不同材質的「披風」。如孝端皇后的是繡緞「披風」，春秋季穿著合適；而命婦林太太的貂鼠「披風」、鳳姐兒的灰鼠「披風」、明代的剪絨「披風」都是相當昂貴的冬天禦寒之衣。綢則同時涵括了地位和季節兩方面的內容，綢是平紋組織，相對輕薄，如果單穿一般為夏季穿著，如果套在其他衣服外面穿著，作為春秋天的服裝也未嘗不可。地位低的可能穿素絹披風，地位高的（如嚴嵩妻子）穿的是綠納錦鬥牛絹女「披風」。紗、羅、綢也都是春夏兼顧的服飾。紗是用撚絲織成的，密度小，表面有均勻而明顯的細孔。[65]輕薄透明，可單穿，透出女人肌膚的朦朧之美，如唐代詩人溫庭筠詞：「寒玉簪秋水，輕紗掩碧煙。」元楊維禎詩：「美人睡起袒蟬紗，照見臂釵紅肉影。」都是描寫女人披紗的美麗。同時，紗質服裝也可穿在最外層，隱約露出底層服飾的圖案和質感，上下鬥合，呈現服飾色彩和空間虛實的豐富之美。古人對紗的質感、美麗比今人領會深刻，具有較高的審美品位。他們抓住紗的飄逸、朦朧和透明的特點，將其覆蓋在身體或其他質感的服飾上，尤能體現女人的風韻。要說性感，貼身穿紗比全裸更加性感，因為遮遮掩掩，給觀者更多的想像空間，達到藝術的最高境界；若一覽無餘，思緒也就戛然而止。我們看到唐代婦女輕紗環繞，婀婀娜娜，風韻無限，總要感慨紗的誘人魅力。今天，服裝設計師又開始大量使用紗質的材料，或許也是頓悟到了紗的真諦！《金瓶梅詞話》第五十回描寫王六兒出來：「穿著玉色紗比甲兒，夏布衫子，白腰挑線單拖裙子。」[66]雖然作者沒有說明夏布衫子和裙子的顏色，但無論什麼顏色，罩上玉色紗比甲，都能將身份地位普通的王六兒的服飾等級進行提升，顯得更加雅致。事實上，「比甲」與「披風」的關係非常近，從某種意義上說，「比甲」是無袖的「披風」。雖然我們還不知道紗質「披風」是否穿在服飾外面，但通過比甲的穿法可以想見，紗質「披風」應該常常穿在對襟衫子或襖子的外面，襯托服飾之美。

從以上對「披風」材料的分析來看，「披風」應該是不同階層的婦女在一年四季都能穿著的服飾，形制不會有太大變化，材料會隨著身份地位和季節變換有所改變。從圖像和文獻提供的資料看，「披風」是穿在最外面的服飾，大多在禮儀場合穿著。然而從《大明會典》的規定看，「披風」一般是命婦的服飾[67]，士庶之妻並不穿著。但在服飾僭越成為普遍現象的晚明，士庶之妻也會尋找穿著的機會。從大量的明代版刻插圖中，似乎沒有見到婢女穿著「披風」的實例。

綜合繪畫、瓷器裝飾和版刻插圖等多種視覺材料，可以得出「披風」穿著搭配的幾種方式。冬季，「披風」穿在立領的襖子外面，襖子下面穿裙，「披風」材料可為灰鼠、貂鼠、剪絨等較厚實的禦寒材料（參見**圖7-6**）。春秋季，「披風」一般穿在對襟或斜襟衫子的外面，無論對襟和斜襟，都為立領，衫子下面為裙，這樣的搭配在《金瓶梅詞話》中有大量的描寫，在此不再贅述。**圖7-19**

---

[64] 相關內容可參看張保豐：《中國絲綢史稿》，學林出版社，一九八九年，一六五—一七三頁。

[65] 張保豐：《中國絲綢史稿》，學林出版社，一九八九年，一七四頁。

[66] （明）蘭陵笑笑生：《金瓶梅詞話》第二卷，夢梅館印行，一九九二年，六一〇頁。

[67] 《大明會典》並沒有直接提到「披風」的穿著規定，只是提到「褙子」。由於《三才圖會》載「披風」即「褙子」，因此，我們可以按照「褙子」的情況來推斷「披風」。

圖7-19 瓷瓶上的婦女圖（局部，瓷瓶年代約一七一〇至一七二〇年）〔倫敦，維多利亞和阿爾伯特博物館（Victory and Albert Museum）藏〕

為英國維多利亞和阿爾伯特博物館收藏的一件瓷瓶（作品年代約一七一〇至一七二〇年），上面的圖案提供了這種搭配的圖像資料。兩女子所著「披風」的裡面為立領的衫子，「披風」的長度基本與衫子一致，齊膝，下面為裙，裙外佩禁步。此斜襟衫子也為立領，立領上有一大一小兩顆紐扣，這種帶立領紐扣的衫子（無論對襟還是斜襟），是與「披風」最普遍的一種搭配，大量的圖像資料證明了這一點（**圖7-20**）。春秋季的「披風」材料應會多樣一些，緞、絹、羅、綢、布，甚至紗質「披風」都是可以套在衫子外面穿的。在夏季特別炎熱的時候，紗、絹、羅、綢質「披風」便可以貼身穿，裡面不能為立領了，可直接穿在抹胸外面。雖然這樣的圖像材料不太多，但大英博物館收藏的一張李廷熏的《四美圖》還是讓我們看到了這種穿著方式。繪畫的服飾不一定能在生活中找到一模一樣的實例，但它呈現了服飾的某種搭配方式，如**圖7-21**，身著紅色「披風」的女子，袒胸，露出裡面的抹胸。「披風」的領子為白色絹，領子下端的玉扣花與明代的有別，看起來是清代比較晚的款式。[68]

雖然從圖像和文獻中，可以看到有關女子穿著「披風」的描繪，墓葬出土資料也給出了實物證明，但到底「披風」在明清流行了多長時間，實則是一個難以回答的問題。我們只能進行一個大致

圖7-20 明代女詩人倪仁吉像

圖7-21 清李廷熏《四美圖》之一（大英博物館藏）

的推測。從墓葬出土的「披風」實物看，最早的一件應該出自江西德安熊氏墓，墓主熊氏的生卒年代為成化壬寅至嘉靖十六年（一四八二—一五三七年）。「披風」為女子成年後的禮服，假定熊氏十五歲開始穿著「披風」，那應到了弘治年間，也就是說，弘治年間的女子或許是穿著「披風」的，但也不能排除熊氏墓中出土的這件「披風」是在她生前更晚一些的正德或嘉靖年間才製作的，這些我們無從判斷。墓葬出土的「披風」實物最晚的，出自定陵的孝端后之墓。孝端后卒於萬曆四十八年（一六二〇年），也就是說，在一六二〇年左右「披風」可能還是流行的服飾。由於只有少量的明代墓葬出土服飾得以保存，因此可以參考的實物材料並不多。

從文獻材料來看，「披風」二字作為服飾在明代才出現，多出現在《金瓶梅詞話》、《三才圖會》、《新刻徽郡原板諸書直音世事通考》等書籍中，這些書多成於萬曆年間。在此之前有關「披風」作為服飾的文獻並沒有見到。成書於乾隆年間的小說《紅樓夢》，第六回描寫王熙鳳的穿著

㊳ 在大英博物館亞洲部主管 Jan Stuart 的幫助下，筆者有機會仔細觀看博物館庫房收藏的此畫，得以觀察到一些服飾的細節。特此感謝！據 Jan Stuart 女士介紹，至今並未查到畫家李廷熏的任何資料，但畫上落款為此名，因此，關於此畫的年代及相關情況也沒有準確的資訊。

時提到「石青刻絲灰鼠披風」，這說明至少乾隆年間還是流行「披風」的。

從圖像資料看，大部分能確定年代的女子穿著「披風」的繪畫是在萬曆年間。有些女子穿著「披風」的肖像畫得以流傳至今，但無準確的年代記載，只能推斷為明代。瓷器裝飾顯示，康熙年間女子穿著「披風」是非常普遍的。從乾隆年間改琦的繪畫中，也能看到王熙鳳穿著「披風」，這至少說明在康乾年間，「披風」還是流行的。大英博物館收藏的李廷熏的《四美圖》，如果按照大英博物館所提供的作品年代，約為一七七三年（但不能確定），則為嘉慶年間的繪畫。一則畫家身份不能確定，二則畫家有可能描繪的不是其生活年代的服飾，而是模仿或者演繹以前的服飾，尤其是《四美圖》這樣的題材，更不能排除模仿演繹的可能性。因此，嘉慶年間「披風」是否還在流行，實則是一個難以確定的問題。從繪畫和其他媒材看，道光年間的女子服飾有一個較大的變化，此時基本上難以看到女子穿著「披風」的情形。

綜合實物、圖像和文獻材料，筆者認為「披風」的流行時間可能是從弘治年間至乾隆年間，萬曆年間到康熙年間是流行的高峰期，最流行的時間跨度約為一百五十年。這對於一種形制的服飾來說，其流行時間不能不算長，從中也能見到古代服飾的變化相對還是緩慢的。換一個角度說，在明末清初，服飾時尚變化相對較快的時期（尤其是江南地區），「披風」能夠流行這麼久，可見它是一種美觀而又方便的服飾，深得人們的喜愛。京劇服飾中的「帔」便是對明代「披風」的繼承和發展。

三、「披風」流行的原因

如前所述，這種敞領大開的「披風」在明清流行了相當長的時間，它的形制也是此前中國古代服裝史上不曾有過的，它的流行應該伴隨著偶然和必然的諸多原因。在這裡提出一種觀點，拋磚引玉，供大家商討。

「披風」的雛形是「褙子」，但在「褙子」的基礎上進行了一些改變。其變化（或區別）主要體現在收腰大襬和領子上，改變的原因可能是受到了西亞、中亞服飾的影響。明代以前中國古代女子的服飾不強調顯露女性的身材，也不突出楊柳細腰的嫵媚，一般是直襬下來。西方女子的服飾自古就強調收腰大襬，如克里特島出土的持蛇女神雕像，袒胸露乳，細腰寬裙，彰顯女性身材的性感。西方後來的緊身胸衣大撐裙，更加誇張地表現女性的第二性徵。通過圖像和實物考察，中亞以西地區的古代女子服飾都強調細腰大襬，以此突出女性的身材。因此，在明代中西交流的大背景下，「披風」的收腰大襬可能受到了來自西亞和中亞服飾的影響。而敞領大開的目的在於彰顯「披風」下面所著衫或襖的立領上的紐扣。這些玉、金或鎏金的紐扣（有些鑲嵌寶石）精美異常，是明代工匠的首創，當時被作為首飾對待[69]，在貴族女子的服飾中相當流行。下面就著重討論西亞、中亞的服飾是如何影響「披風」的形制及其服飾搭配的。

以往的學術史研究比較關注明代初期鄭和下西洋，通過海路與國外交流的情況，對中亞以及西亞在明初與中國的陸路朝貢貿易，並沒有太多的注意。其實，當時陸路的朝貢貿易非常頻繁。僅帖木兒王朝從洪武二十年（一三八七年）至弘治十七年（一五〇四年），與中國的朝貢貿易達七十八次之多，甚至有時一年幾次。帖木兒王朝主要供奉馬、駝、玉石、獅子、刀、劍、盔甲等物，明朝賞賜給他們白銀、彩緞表裡、紗、絹、布、服裝等。[70]從洪武開始，不斷有入附明朝的撒馬爾罕

[69]（明）朱之瑜：《朱氏舜水談綺》，華東師範大學出版社，一九八八年，三五五頁。

[70] 張文德：《明與帖木兒王朝關係史研究》附錄二，中華書局，二〇〇六年，二六六—二七二頁。

回回。有明一代，尤其是正統、天順年間，不少中亞帖木兒王朝的人士入附明朝，明廷將他們安置在北京、南京和甘肅等地的衛所裡。[71]另外，正德年間武宗召大量回回女入宮，表演西域歌舞，擇其美者留之不令出。[72]這說明有大量的色目女在明朝宮廷生活。明代初期通過海路、陸路與國外的交流，中亞回回入附明朝，以及武宗好色目女的這些零星材料，已經讓我們感到在明朝初、中期，中國與西亞、中亞的交流相當頻繁，應該說這種交流遠遠超過我們的想像。這種交流使得中亞人和西亞人的服飾在中土頻頻亮相，由於他們的服飾在形制上與中國的有所差異，自然會引起明人的興趣，並進行模仿。「披風」就是在這樣的背景下產生的。

從字面上看，「披風」是擋風的服裝，在北方風沙大的地方，游牧民族特別喜愛穿著這樣的服裝，出門時披上它擋風，回家即脫下，很方便。因此，這種服裝在西亞、中亞具有悠久的傳統。如**圖7-22**所示古代波斯的大衣（西元前五、六世紀）[73]，穿在最外面的衣服，其形制與「披風」相似，直領

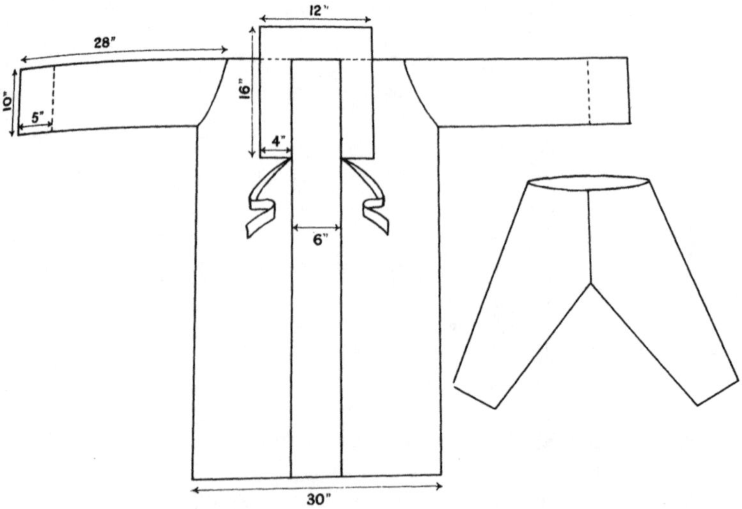

圖7-22 古代波斯大衣的線描圖（此大衣年代西元前五、六世紀）

下來也有繫帶，只是袖子偏小，直身無襬。這種敞開衣領的形式在十五世紀波斯細密畫的男女著裝中依然能見到。如圖7-23所示十五世紀初期的波斯細密畫中王子外穿的大衣，領部也是另外的領子，這種領子是從古代波斯服飾的傳統中繼承而來，隨著朝代的更迭會有些許的改變。尤其值得注意的是，這種敞領也給裡面服飾的領部提供了一個更好的展示空間。如圖7-24所示十五世紀波斯細密畫中女子的著衣，外面敞開的衣領更加彰顯了裡面立領上的金扣的珍貴。[74]這些波斯細密畫的年代為西元一四一〇年左右，正值明代永樂時期，也就是說，這種敞領大衣配裡面的立領金扣的模式至少在與明初同期的西亞已經奠定，比我們的敞領「披風」配裡面的立領金扣的服飾要早。考慮到前面所述的明代初、中期與中亞、西

圖7-23 波斯細密畫（一四一〇年）

圖7-24 波斯細密畫（十五世紀，圖片引自牛津大學Bodleian圖書館展覽海報）

71 張文德：〈入附明朝的撒馬爾罕回回〉，《西北民族研究》，二〇〇三年第三期。
72 （清）毛奇齡：《明武宗外記》，中國歷史研究社編，上海書店出版，一九八二年，一三頁。
73 Mary G. Houston and Florence S. Hornblower. *Ancient Egyptian Assyrian and Persian Costumes and Decorations*. (A. and C. Black, Limited, 1920), pp. 82 - 90.
74 Susan Scollay. *Love and Devotion: From Persia and Beyond*. (Bodleian Library, 2012), p. 71.

亞的頻繁交流，西亞的這種服裝搭配模式很可能被中土模仿，因為仔細檢討中國古代服裝史，明以前並沒有敞領外衣配裡面立領金扣的搭配。這種搭配模式主要是游牧民族的服飾傳統，不僅在西亞流行，中亞也有類似的服飾搭配，而且與中國的「披風」及金扣的搭配方式更接近。

對比阿富汗出土的西元一世紀貴族女子的服飾與明孝潔肅皇后陳氏的服飾（圖7-25），便會發現她們服飾的領胸部處理非常相似，都是由大的金扣扣住外衣，裡面的立領服裝上用小型金扣裝飾，區別在於阿富汗的大金扣用方形[75]，中國的採用動物與花卉結合的異形（典型的如蝶戀花等）（圖7-26）。阿富汗的小金扣用丘比特騎在海豚上來表現，中國的用童子捧著葵花來表現[76]（圖7-27），雖然都選取了兒童的形象，但語法結構差異較大，寓意也不同。中國的子母套結式的結構比阿富汗的兩鉤直搭的簡單結構更加富有巧思，兩童子俯首向前，比較含蓄；阿富汗的丘比特昂首挺胸，更加自信浪漫。這兩個簡單的兒童形象，反映出中西文化的差異。前述兩者的對比在時間上跨越了十五個世紀，在某種意義上說是沒有可比性的，它只能在如下的前提下才能比較：即十六世紀阿富汗的女子服飾對一世紀的女子服飾的領胸結構依然有繼承，雖然目前我們沒有找到阿富汗十六世紀女子服飾的圖像或實物，但十九世紀哈薩克斯坦的服飾依然保持此種領胸結構，說明以上的推測還是具備可能性的。中國古代有些交領服飾的基本形制也是持續

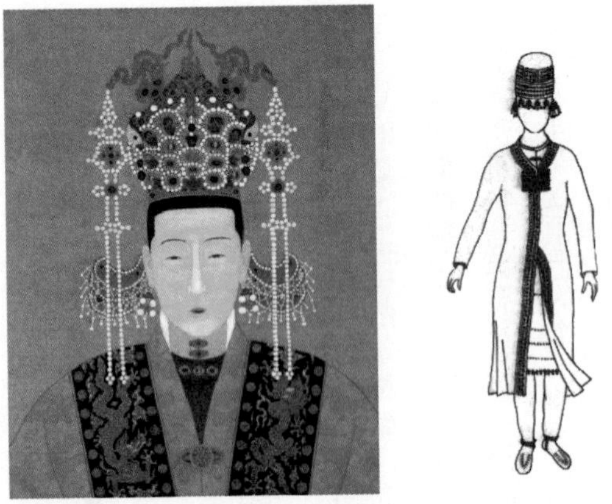

圖7-25 領胸部服飾對比。（右）阿富汗墓葬出土貴族女子服飾搭配復原圖；（左）明・孝潔肅皇后陳氏之服飾（臺北故宮博物院藏）

圖7-26 鈕扣對比。（左）明益端王妃彭氏棺內出土，長八公分，寬三・五公分；（右）阿富汗Tillya Tepe三號墓出土方形金扣（西元一世紀）

圖7-27 小金扣對比。（左）阿富汗Tillya Tepe二號墓出土小金扣，長四・五公分，高三公分（西元一世紀）；（右）明代童子捧花小金扣，長三・三公分，高一・六公分

千年以上的，古代服飾結構的變化相對是比較緩慢的。

如果我們認定「披風」的流行是受到西亞、中亞服飾的影響，那麼就涉及一個問題，為什麼他們的敞領大衣與裡面的立領金扣的搭配模式會受到明人的喜愛（當然具體的形制不可能與他們的一模一樣，明人會有所改變，如領子、紐扣的造型就不同）。尤其是中亞、西亞流行的立領為什麼會被明代女子接納。中國古代女子服飾在明以前沒有立領的樣式，而中亞至少在漢代就已經穿著立領服飾了（如新疆尼雅出土的淺藍色長袖女絹衣）[77]。粟特出土的兒童夾衣（西元八世紀），外面質料為粟

[75] 關於西元一世紀阿富汗出土的金器，參看 Fredrik Hiebert and Pierre Cambon. *Afghanistan: Crossroads of the Ancient World*. (the British Museum Press, 2011), pp. 244 – 256.

[76] 明代墓葬出土了大量的紐扣，形制不拘於童子捧花的造型，還有蜂趕菊、蝶戀花、如意雲紋、萬字紋等各種類型。

[77] 李肖冰：《中國西域民族服飾研究》，新疆人民出版社，一九九五年，七五頁。

特絲，襯裡為中國絹，立領（圖7-28）[78]，說明在八世紀的中亞服飾中依然存在立領的形制。十四至十六世紀的波斯細密畫中常見立領服飾，而中亞、西亞的服飾文化的相互影響是比較大的，應該說立領服飾在中亞、西亞是比較普遍的。其之所以在中亞、西亞流行，可能跟當地風沙大，氣候寒冷，人們的游牧生活方式有關。明代的女子服飾接受並模仿中亞、西亞立領的形制，筆者認為比較重要的原因在於立領是和金扣搭配在一起的，而明初正好具備了製作金及金鑲寶石紐扣的技藝，並已經製作了大量精美的金扣，很適合在立領上做裝飾。據墓葬出土的資料顯示，明代最早的女子服飾上的金紐扣出土於南京鄧府山明代福清公主（一三七〇至一四一七年，朱元璋第八女）家族墓，是一副蜂趕菊的金「對扣」。明初的金「對扣」是中國服裝史上的首創，它的子母套結式結構沿襲了以前織物紐扣的形式，圖案紋樣多有創新。中國從唐代開始在服飾上使用織物「對扣」，宋遼金元沿用，但還停留在閉合功能的層面，沒有考慮其裝飾功能，也沒有廣泛使用，因為服裝的主要閉合方式還是繫帶。明代的金屬「對扣」（有的鑲嵌寶石）是一種奢華的首飾，同時兼具裝飾和閉合功能，

圖7-28 粟特風格的棉織兒童夾衣，長四八公分，寬八四・五公分（青海都蘭唐墓出土）

裝飾功能更加凸顯。明初金紐扣主要用於胸前扣合「大袖衫」或「霞帔」，體量較大，後來使用位置逐漸從胸部轉移到領部，這種轉變在成化皇帝的王皇后的服飾上已有體現，當時是將兩副金「對扣」縫在圍住脖子的白色護領上，這裡的金「對扣」純粹起裝飾作用，不具備閉合功能。試想，當西亞、中亞的立領配金紐扣（圓形或花瓣形）的形式傳入中原時，人們很容易想到模仿其結構，將原來脖子上的護領變成與衣身一體的立領，讓金「對扣」兼具裝飾與閉合的雙重功效，以此彰顯紐扣的價值。至今，最早的立領對襟衫子出土於夏儒妻子的墓中（明正德年間）[79]，衣上留有清晰的六副「對扣」痕跡，但沒有紐扣出土（此墓曾被盜掘，金扣或許已被盜）。這說明最晚在正德年間，金屬「對扣」已經在立領的服裝上使用了（不僅僅限於領部）。

由此可見，敞領大開的「披風」之所以流行，在於西亞、中亞與明代的文化交流中帶來的服飾影響，由此彰顯了領部金扣的珍貴。

在明代中西交流非常頻繁的背景下，中亞、西亞的服飾對明代的女子服飾產生了較大的影響，「披風」是一個例證。另外，明末清初女子頭上的毛皮裝飾「臥兔兒」、立領對襟的衫子和襖子，也都受到游牧民族服飾的影響。如果仔細研究，發現明代女子服飾並非像人們想像的那樣，都是漢族服飾的遺風，而是處處遺留了中西交流的痕跡。「披風」的敞領大開配裡面立領衫子，再加上收腰大襬的形制，基本上定格了明清女子端莊而賢淑的形象，成為今天人們對中國古代女子的整體印象，甚至從中看到了旗袍的「氣質」。從某種角度說，今天我們看到的中國女子穿著旗袍時含蓄而典雅的韻味，實際上在明代的女子服飾中已初見端倪。

---

78 James C. Y. Watt and Anne E. Wardwell. *When Silk was Gold.* (The metropolitan Museum of Art, 1998), p. 34.

79 北京市文物工作隊：〈北京南苑葦子坑明代墓葬清理簡報〉，《文物》，一九六四年第一一期。

第三節 雌雄二體的結合：紐與扣*

明代女服的領口及前胸常常閃耀著一種特殊的金屬或者玉質鈕扣，由於其名稱無從查考，暫且將之稱為「對扣」[80]。「對扣」並非一般意義上的鈕扣，而是由別致的動植物造型單體通過子母套結式結構扣合而成，彷彿雌雄二體的結合方式，既能承載服飾門襟的閉合功能，又能作為精緻雅麗的首飾，彰顯佩戴者的身份地位，是明代女子服飾上的一種特殊時尚裝飾。它的質地有玉、金、銀、銅等幾種類型，奢華者在金、銀「對扣」上鑲嵌紅藍寶石，講究者在銀、銅表面常常鎏金。由於其行用階層的差異、使用場合的不同、材料產地（中亞、西亞的寶石）的特殊和手工技藝的精湛等因素，承載了社會學和物質文化史的多重含義。但迄今為止，這種「對扣」尚未引起學者的足夠重視。筆者不揣淺陋，嘗試追溯其源流，以求教於方家。

一、明代「對扣」的概況

明代的鈕扣分單粒球形鈕扣和子母套結式「對扣」兩種類型，限於篇幅，這裡只討論後者。由墓葬出土資料看，單粒球形鈕扣在男女服飾上都能見到，子母套結式「對扣」僅限於女服使用。誠如明朱之瑜在《朱氏舜水談綺》中說：此種鈕扣「雖華美然非大人丈夫之服也」[81]。「對扣」的基本形制如**圖7-29**所示，由雌雄二體組成，左為雄，右為雌，扣合時將雄的鈕頭插入雌的襻圈之中，結合緊密，完美無缺，構思相當巧妙。

檢討明代五十餘座墓葬，出土的鈕扣數量不算少，其中單粒玉鈕扣六顆，單粒水晶鈕扣二顆，單粒金鈕扣二十九顆，單粒銀鈕扣七顆，單粒銅鈕扣五顆。子母套結式玉「對扣」十八副，子母套

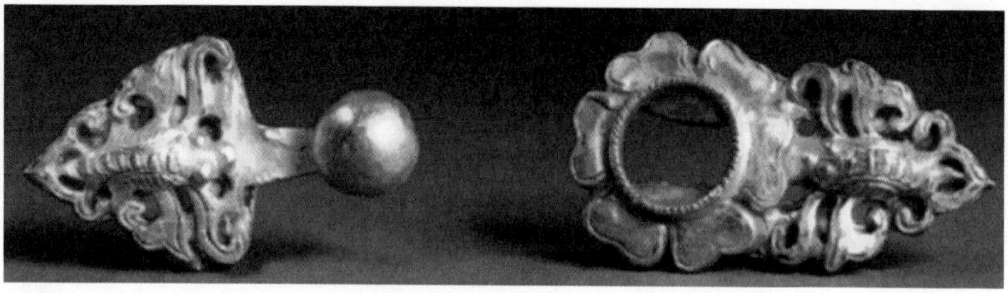

圖7-29 子母套結式對扣的雌雄二體，扣合前的狀況

結式金「對扣」一百二十七副，子母套結式銀「對扣」十三副，材料不明的鈕扣四副。墓葬出土僅子母套結式鈕扣二百八十八副。[82]從表四中可見，明代最早的女子服飾上的金「對扣」出土於南京鄧府山福清公主家族墓，是一副蜂趕菊的金「對扣」，可見金屬「對扣」從洪武年間已開始在服飾上使用，一直流行到清初，跨越了整個明代。其功能從固定「霞帔」、「大袖衫」（一副「對扣」）轉向立領衫襖的門襟閉合（一至七副「對扣」），其裝飾性從「對扣」使用初期即凸顯出來。[83]

明代女服「對扣」的材質主要有玉、金、銀、銅等。鑲嵌紅藍寶石的金、銀「對扣」數量超過四十五副（墓葬出土），其精緻奢華的程度令人稱奇。大部分鑲嵌寶石的金扣出自皇后、妃子的墓中，非一般平民所能佩戴。主要的紅藍寶石產於中亞、西亞，通過朝貢貿易到達中國。西域諸

*本節原文是筆者受北京市教委人才強教專案資助在牛津大學訪學時撰寫，指導教師為牛津大學藝術史系柯律格教授。寫作期間也得到 Verity Wilson 女士，Jan Stuart 女士和 Teresa Fitzherbert 女士的幫助，在此一併致謝！

[80] 明代所稱的「鈕扣」，包括單粒球形和子母套結式結構兩種類型，本節只討論後者。由於此類鈕扣沒有專門的稱謂，此處稱「對扣」，乃一家之言。此外，還有一點說明，本節論述紐扣時，織物類紐扣用「紐」字，其他材質的用「鈕」字，統稱時用「紐」字。

[81] （明）朱之瑜：《朱氏舜水談綺》，華東師範大學出版社，一九八八年，三五五頁。

[82] 此統計資料只是讓讀者對明代墓葬出土的鈕扣有一個大致的印象，並非完全精確。

[83] 關於鈕扣的使用，也可參考拙文〈明代女子服飾「披風」考釋〉，《藝術設計研究》，二〇一三年第二期，二五－三四頁。

表四　明代墓葬出土鈕扣匯總表

地區	墓名	鈕扣墓主	身份	生卒年代	鈕扣類型	尺寸(釐米)	數量	資料來源
山東	魯王朱檀墓	朱檀	魯王，朱元璋第十子	1370—1390	金扣		11顆	《文物》1972年第5期
江蘇	南京鄧府山明代福清公主家族墓	福清公主	朱元璋第八女	1370—1417	蜂蝶花金扣		1副	《南方文物》2000年第2期
	明中山王徐達家族墓	徐膺緒夫婦，鈕扣可能出自徐妻棺	徐膺緒為徐達第3子，任中軍都督僉事	徐膺緒，洪武五年—永樂十四年（1372—1416），其妻生卒不詳	蜂蝶花金扣	寬1.6	1副	《文物》1993年第2期
	明中山王徐達家族墓	何妙蓮	徐欽妻	不詳，徐欽為徐達長孫	蜂蝶花金扣		1副	《文物》1993年第2期
	明徐達五世孫徐俌夫婦墓	朱氏	徐俌元配	不詳，徐俌為景泰元年—正德十二年（1450—1517）	蜂蝶花金扣	每對重5.8克	2副	《文物》1982年第2期
					童子捧花銀扣		1副	
		王氏	徐俌繼室	不詳，徐俌為景泰元年—正德十二年（1450—1517）	如意雲紋金扣	重3.9克	1副	
					童子捧花金對扣	重4.9克	1副	
	江蘇泰州明代劉湘夫婦合葬墓	丘氏	劉湘妻，劉湘為處士	弘治丙辰—嘉靖戊午（1496—1558）	球形銅扣	直徑0.8	1顆	《文物》1992年第8期

續表四

地區	墓名	鈕扣墓主	身份	生卒年代	鈕扣類型	尺寸(釐米)	數量	資料來源
江蘇	江蘇泰州市明代徐蕃夫婦墓	張盤龍	徐蕃妻，徐蕃為工部右侍郎，正三品	卒於嘉靖十一年（1532）	銅扣	直徑1	1顆	《文物》1986年第9期
	江蘇江陰葉家宕明墓	推測為周溥	不詳	明代早期	蜂蝶花銀扣		1副	《文物》2009年第8期
	南京江寧殷巷明墓			不詳	童子捧花金扣	長2.4	1副	《金與玉——14—17世紀中國貴族首飾》
					魚戲蓮金扣	長2.7	1副	
	南京江東門雙閘門明墓			不詳	草葉花卉	長3.5	1副	《金與玉——14—17世紀中國貴族首飾》
	武進市王洛家族墓			天順八年—正德七年（1464—1512年）	元寶形對扣		1副	《東南文化》1999年第2期
	江陰市青陽鄒氏墓			正德十六年	元寶形金對扣		1 副	《文物》1993年第2期
	南京郊區明墓				雲紋嵌紅藍寶石金對扣		1副	《金與玉——14—17世紀中國貴族首飾》
遼寧	鞍山倪家臺明崔源家族墓	李安	崔勝妻	卒於弘治七年（1494）	魚戲蓮金扣	長2.7	1副	《文物》1978年第11期
					銀紐		6顆	
		崔鑑夫婦		卒於正德辛未	銀紐		1顆	

續表四

地區	墓名	鈕扣墓主	身份	生卒年代	鈕扣類型	尺寸(釐米)	數量	資料來源
四川	四川平武明王璽家族墓	朱氏	王鑑妻，王鑑為龍州宣撫司僉事	弘治十三年入葬（1500）	蜂蝶花金扣	扣徑1.8	6副	《文物》1989年第7期
					如意雲紋金扣	通長3	7副	
					珠形金扣		2顆	
		M13墓	不詳	不詳	如意雲紋金扣	通長3	1副	
		曹氏	王璽妻	永樂二年—正統十一年（1404—1446）	鏃形金扣		2顆	
		蔡氏	王璽妻	永樂三年—正統六年（1405—1441）	鏃形金扣		8顆	
		M12墓	不明		魚形銀扣	魚長3.4，扣徑2.5	1副	
					如意雲紋銀扣		3副	
	明兵部尚書趙炳然夫婦合葬墓	王氏	趙炳然妻	不詳。趙炳然為正德二年—隆慶三年（1500—1569）	蝶形金扣		1副	《文物》1982年第2期
					鎏金蜂蝶花扣		1副	
					如意雲紋銀扣		1副	
					梅花形銀扣		1副	
		楊氏	趙炳然妾	不詳。趙炳然為正德二年—隆慶三年（1500—1569）	蜂蝶花銀扣		1.5副	
					如意雲紋銀扣		1.5副	
					如意雲紋對扣		1副	
					球形小扣		5顆	

續表四

地區	墓名	鈕扣墓主	身份	生卒年代	鈕扣類型	尺寸(釐米)	數量	資料來源
江西	江西南城明益王朱祐檳墓	彭氏	益端王（朱祐檳）妃	卒於嘉靖十六年（1537）	鑲寶石蜂蝶花金扣	通長7.9，寬3.4	2副	《文物》1973年第3期
					蜂蝶花鑲寶石金扣	通長5，寬2.2	7.5副	
					蜂蝶花金扣	長2.3，寬1	6.5副	
					球形金扣，有鈕	徑0.7	1顆	
					玉綬花	寬7，厚0.3	1顆	
	江西南城明益宣王朱翊鈏夫婦合葬墓	李英姑	益宣王元妃	嘉靖十七年—嘉靖三十五年（1538—1556）	鴛鴦戲蓮花玉扣	長4.1，寬1.9	5副	《文物》1982年第8期
					蜂蝶花玉扣	長3，寬1.3	4副	
		孫氏	益宣王繼妃	嘉靖二十二年—萬曆十年（1543—1582）	蜂蝶花鑲寶石鎏金銀扣		14副	
					蜂蝶花鎏金扣		14副	
					鎏金銀扣	共重7克	3.5副	
	江西南城明益莊王墓	王氏	益莊王妃	卒於嘉靖二十四年	蜂蝶花鑲寶石鎏金銀扣	共重8.3克，長8.2，寬4	2副	《江西明代藩王墓》
					如意紋銀扣	長2.7，寬1	69副	

續表四

地區	墓名	鈕扣墓主	身份	生卒年代	鈕扣類型	尺寸（釐米）	數量	資料來源
江西		萬氏	益莊王繼妃	卒於萬曆十八年	蜂蝶花鑲寶石鎏金銀扣	長5.2，寬2.2	5副	《江西明代藩王墓》
					蜂蝶花鑲寶石鎏金銀扣	長4.3，寬1.6	4副	
					蜂蝶花鑲寶石鎏金銀扣	長3.2，寬1.4	7副	
					四瓣菱花形金扣		4副	
					如意雲紋金扣		5副	
					球形金扣		2顆	
					四瓣花鑲寶石鎏金銀扣	直徑2.7	4副	
					三瓣花鎏金銀扣襻		2件	
					如意紋鎏金銀扣	長2.7，寬1	2.5副	
					鎏金小銅扣	直徑1	2顆	
北京	北京西郊董四墓村明墓（第一號墓）	張裕妃，段純妃，李成妃	熹宗妃	張裕妃（萬曆丙午—天啓三年）；段純妃（卒於崇禎二年）；李成妃（卒於崇禎十年）	蜂蝶花鎏金鈕扣，雲紋扣，元寶形扣；銅扣，無花紋；蜂蝶花玉扣			《文物參考資料》1952年第2期
	北京西郊董四墓村明墓（第二號墓）	萬曆嬪			金、玉、銀、銅的扣子			

續表四

地區	墓名	鈕扣墓主	身份	生卒年代	鈕扣類型	尺寸(釐米)	數量	資料來源
北京	定陵	孝端后 孝靖后	孝端后（卒於萬曆四十八年），孝靖后（卒於萬曆三十九年）		如意雲紋金扣		21副	《定陵》
					蜂蝶花金扣		20副	
					福壽文字金扣		6副	
					童子捧花金扣		6副	
					魚紋金扣		2副	
					元寶形金扣		10副	
					卍字形金扣		2副	
	北京右安門外彭莊萬貴夫婦墓	萬貴妻		成化十一年（1745）	蝴蝶花卉嵌寶石			《明清金銀首飾》
上海	朱察卿家族墓	朱察卿家族	贈奉政大夫，鈕扣墓主不詳	約嘉靖年間	白玉花瓣鈕扣	長3.8	1顆	《上海明墓》
					金嵌白玉鈕扣	長1.7，直徑0.8	2顆	
					白玉圓錘形鈕扣	長1.7，直徑1.1	2顆	
	光祿寺掌醢署監事潘允徵家族墓	王氏	潘惠妻	約萬曆年間	草葉花紋金扣	長1.8	1副	
					圓珠形金扣	直徑0.4—0.6	3顆	
	喬木家族墓	具體不詳	喬家妻妾墓，具體不詳	約萬曆年間	元寶形金扣	長2.1，寬1.05	1副	
	永郡孫氏孺人墓	孫氏	不詳	不詳	鳥形金扣	長3.3	1副	

續表四

地區	墓名	鈕扣墓主	身份	生卒年代	鈕扣類型	尺寸(釐米)	數量	資料來源
上海	李惠利中學墓	M3墓	不詳，女性		元寶形金扣	長2.6，高1.1	1副	《上海明墓》
	上海打浦橋顧東川墓	顧東川夫人		顧東川為嘉靖年間的御醫	元寶形金扣	長3,高1.3	1副	
					水晶球鈕扣	直徑1	2顆	
湖北	湖北蘄州雨湖村王宣明墓	不詳				長3.7,高1.7,厚0.5,重5.8克;長5,高2.2,重25.4克	2顆	湖北省博物館網站
	梁莊王墓	魏氏	梁莊王妃	卒於景泰二年（1451）	如意雲紋金扣，圓形套環	長3.2，套環徑1.6，厚0.4	1副	梁莊王墓
					如意紋金扣，八角星形套環	長3.2，套環外寬2，厚0.4	1副	
					水晶球鈕扣	直徑1	2顆	

注：由於鈕扣上的蜜蜂與蝴蝶的形象很難區分，統計時都用蜂蝶花代替。

地與明朝之間的朝貢貿易中，玉石貿易是分量僅次於馬駝貿易的第二大項。於一六〇三至一六〇四年親身遊歷喀什、和田等地的葡萄牙籍耶穌會士鄂本篤說：「最貴重的商品而且最適用於作為旅行投資的，是一種透明的玉塊，由於缺乏較好的名稱，就稱為碧玉。這些碧玉塊或玉石，是獻給契丹皇帝用的；其所以貴重是因為他認為要維護自己皇帝的威嚴就必須付出高價。他沒有挑中的玉塊可以私下售賣。據認為出賣玉石所得的利潤，足以補償危險旅途中的全部麻煩和花費。」據此可知，中亞、西亞的寶石已廣泛流入明代宮廷和民間，而且數量應該不少，《明實錄》載：「景泰三年（一四五二年）七月，哈密貢玉石三萬三千五百餘斤，每石一斤賜絹一匹。」[84]這些朝貢玉石的重要用途之一即為首飾，首飾一旦鑲嵌玉石，倍增奢華珍貴之價值。目前，關於明代「對扣」的資訊我們知之不多，僅有宮廷「對扣」尺寸及工時的零星材料散見於典籍中：素金鈕扣，頭號、二號、三號每三十個用窩鈕工一個工，四號、五號、六號每五十個用窩鈕工一個工；鏨花金鈕扣，頭號、二號、三號每二十個用鏨花匠一個工，四號、五號、六號四十個用鏨花匠一個工。其鈕扣尺寸如下：頭號大鈕直徑八分，頭號鈕直徑七分，二號鈕直徑六分，三號鈕直徑五分，四號鈕直徑四分，五號鈕直徑三分，六號鈕直徑二分，七號鈕直徑一．五分[85]。以上為金屬「對扣」的基本尺寸，與墓葬出土的「對扣」尺寸基本吻合。富貴之家女子服飾上的「對扣」模仿宮廷樣式，但材料不及宮廷的貴重，造型也相對簡單，由個體金銀匠製作而成，水準也是上乘，因為明代製作金銀首飾的工藝是歷朝歷代中的翹楚。由於「對扣」使用的材料珍貴，工藝精湛，造型別致，成本自然很高，墓葬出土

---

[84] 有關明代玉石的情況可參看張文德：〈明與西域的玉石貿易〉，《西域研究》，二〇〇七年第三期。

[85] 北京圖書館出版社編：《欽定工部則例正續編》，北京圖書館出版社，一九九七年。書中內容為清代工部的則例，由於目前尚未發現明代工部的則例存留，而清代工部則例主要是對明代的繼承，故暫且借助清代工部則例進行分析。

的主要為皇后、妃子、內外命婦所戴。《金瓶梅詞話》第十回描寫潘金蓮在生日那天：「上穿丁香色潞綢燕銜蘆花樣對襟襖兒，白綾豎領，妝花眉子，鎦金蜂趕菊鈕扣兒……」86可見富商的妻妾也能佩戴。總之，「對扣」的行用階層非富即貴，普通女子對「對扣」不敢奢望！

明代「對扣」的造型十分多樣，限於篇幅，不能展開討論，只做大致的歸納。表面看來，「對扣」由中心部分與兩翼組成，中心部分又由鈕頭（接一翼）和襻圈（接另外一翼）組成，鈕頭插入襻圈之中，扣合牢固。中心部分的襻圈多為菊花、菱花或葵花造型，襻圈中間偶見福壽等文字。有時襻圈變為方形，但不是主流。兩翼的圖案為蜜蜂、蝴蝶、童子、魚、雞、元寶、如意雲頭、萬字紋等。將中心部分與兩翼進行搭配，再加上紅藍寶石的鑲嵌，則形成豐富多彩的鈕扣形式，如圖**7-30**所示幾種典型的「對扣」樣式：蜂趕菊、蝶戀花、童子捧花、魚戲蓮、雲捧日、雙元寶等類型。目前，關於「對扣」造型的研究，並沒有深入展開，有學者認為「對扣」雌雄二體的扣合有點性的意味，倘若如此，蜂趕菊、蝶戀花的「對扣」似乎與這種觀點吻合。而童子捧花、魚戲蓮大概是對傳統圖案的繼承和發展。雲捧日「對扣」中如意雲頭的造型是遼代陶瓷中的典型圖案，也在耳環上運用87，鈕扣作為一種首飾，對此紋樣的採納應在情理之中。關於一種紋樣在不同器物門類中的流傳是值得研究的問題，可惜此類成果尚不豐碩。元寶圖形的應用大概與明代商品經濟的發展、人們對金錢的追逐關係密切。萬字紋的應用乃是受佛教的影響所致，應是不爭的事實。總體看來，「對扣」採用的圖案與當時人們的現實生活與精神信仰關係緊密。

二、明代「對扣」的緣起

「對扣」雖小，承載的物質文化含義卻很深厚，追溯它的源頭，實際上是要回答一些中外服飾

圖7-30-3 銀鎏金蜂趕菊「對扣」

圖7-30-2 魚戲蓮金「對扣」

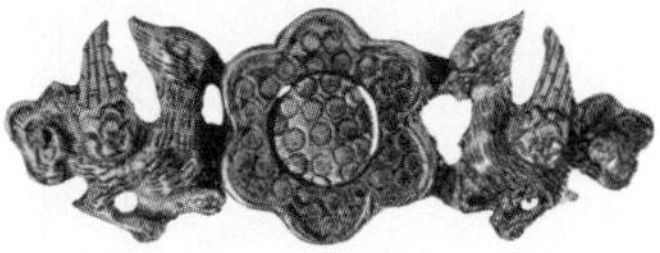

圖7-30-1 鳥戲蓮金「對扣」

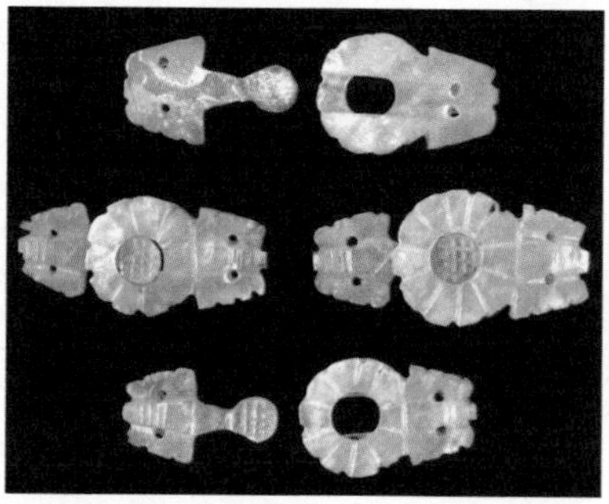

圖7-30-5 蝶戀花玉「對扣」

圖7-30-4 童子捧花「對扣」

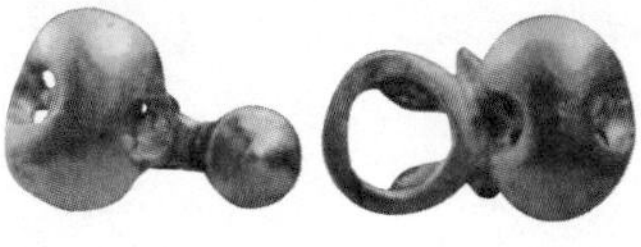

圖7-30-7 雙元寶金「對扣」

圖7-30-6 蝶戀花鑲寶石金「對扣」

圖7-30 幾種典型的「對扣」樣式

[86] （明）蘭陵笑笑生：《金瓶梅詞話》第一卷，夢梅館印行，一九九二年，一五九頁。

[87] Jan Wirgin. Some Notes on Liao ceramics. *Bulletin of Museum of far Eastern Antiquities*, 32 (1960), pp. 25 - 38.

文化交流的問題。首先要回答的問題是明代女服上的「對扣」是如何產生的，是本土獨自生成的，還是從中亞、西亞引進的。筆者的觀點是，明代女服上的「對扣」在結構、形制和圖案裝飾上主要是對明以前織物紐扣的模仿、繼承和發展，逐步形成新的樣式。但明以前的織物紐扣最早可能是從中亞、西亞傳入的，也就是說，紐扣是中亞、西亞人發明的，在早期的服飾文化交流中傳到中國，同時也傳到了歐洲。

目前，我們還不清楚中國最早從什麼時候開始在服裝上使用織物「對扣」，但最晚在唐代已經開始，這從日本正倉院收藏的唐代大歌綠綾袍上的紐扣已能得到證明（**圖7-31**）。此袍與粟特出土的一件兒童夾衣的形制基本相同（參見**圖7-28**），與普通的唐代袍子差別較大，可能是生活在大唐的中亞人的服裝。無論怎樣，在這件遺存下來的唐代袍子上，已經使用了雌雄二體扣合的織物「對扣」，其基本結構如**圖7-32**所示，一副「對扣」由一個紐頭、一個襻圈、兩個襻腳

圖7-31 大歌綠綾袍第一號鈕扣局部（正倉院南倉）

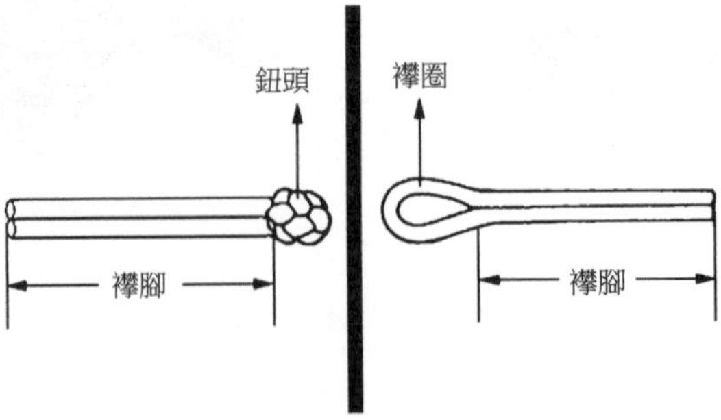

圖7-32 對扣結構示意圖，王佳琪繪製

組成。紐頭、襻圈分別連接一個襻腳，襻腳縫在服裝上，紐頭、襻圈懸空，當紐頭進入襻圈，則扣合緊密。這種子母套結式結構的紐扣由宋遼金元時期沿用，材料主要為織物；至於金屬或者玉「對扣」在明以前尚未發現。目前保存下來的江西德安南宋周氏墓出土的一件對襟窄袖「背子」，材料為羅，是件夾衣，胸前採用了一副子母套結式結構的織物「對扣」，由於衣物保存完好，「對扣」形制清晰可見（**圖7-33**）。此墓還出土了另外一件單層羅對襟窄袖「背子」，兩邊高開衩至腋下，門襟緣邊，胸前用一帶繫縛，可見宋代「背子」的門襟閉合方式是「對扣」與繫帶並用的[88]。

元代的織物「對扣」的子母套結式結構基本上與宋代相同，但襻腳由原來的一字型變成了花瓣型，這一點在元代皇后像的服飾中可見一斑（**圖7-34**）。元太祖皇后像，衣服領口處的黑色織物「對扣」已經開始朝花瓣型轉變，但變化不是特別明顯。倘若要清晰地觀察元代花瓣型「對扣」，甘肅漳縣元代汪世顯家族墓出土的抹胸前面的九副織物「對扣」，便是一個很好的例證[89]（**圖7-35**），「對扣」的襻腳已經變成明顯的花瓣型，猶如今天的盤扣樣式。

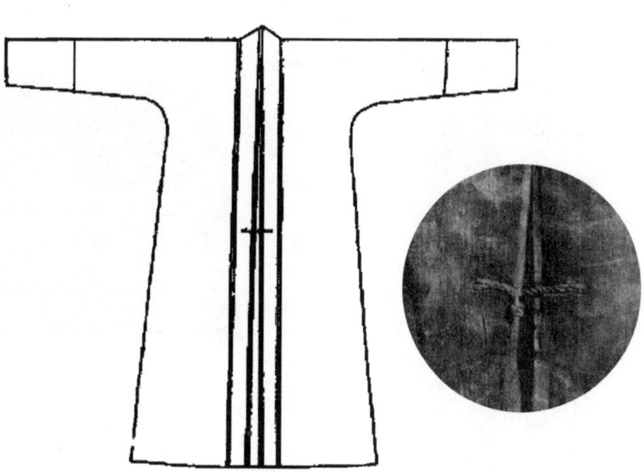

圖7-33 江西德安南宋周氏墓出土褙子上的織物對扣與線描圖

[88] 江西省文物考古研究所、德安縣博物館：〈江西德安南宋周氏墓清理簡報〉，《文物》，一九九〇年第九期。

[89] 甘肅省博物館、漳縣文化館：〈甘肅省漳縣元代汪世顯家族墓葬〉，《文物》，一九八二年第二期。

這種盤扣樣式可能在明代的抹胸上繼續沿用。《金瓶梅詞話》描寫潘金蓮在陽春三月初遇西門慶時的打扮：「露賽玉酥胸兒無價……身邊低掛抹胸兒重重紐扣。」[90] 雖然我們無從知曉潘金蓮這件抹胸上的紐扣是否屬於花瓣型襻腳，但可以肯定的是從元到明內衣樣式的變化不會太快，尤其是文中提到潘的抹胸上也是「重重紐扣」，當與元代的紐扣並無大異。從此處「紐扣」的「紐」字可知，此紐扣的材料為織物，既然抹胸為內衣，則不必用奢華的金屬或玉扣，況且此時的潘金蓮身為賣炊餅的武大郎之妻，生活水準不甚富貴，應無財力享用金屬或玉製鈕扣。倘若是明代女子外穿的衫子或披襖上的金屬或玉「對扣」，則用線縫在衣服上。有時將一副或二副「對扣」縫在立領上，下面繫帶閉合；有時將六副或七副「對扣」縫在整個對襟衫子或披襖上，領部一副或二副，胸前五副。益宣王夫婦合葬墓出土的對襟衫子上的七副蜂趕菊鎏金

圖7-34 元太祖皇后像（圖片引自楊孝鴻：《中國時尚文化史．宋元明卷》）

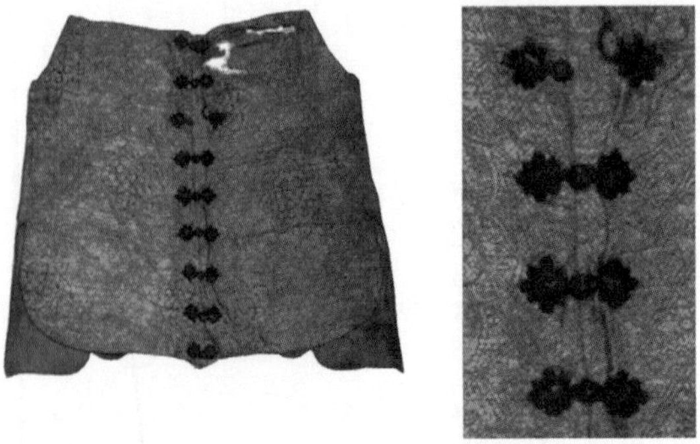

圖7-35 甘肅漳縣元代汪世顯家族墓出土的抹胸前面的九副織物對扣

銀「對扣」，是明代典型的「對扣」樣式之一（**圖7-36**）。明代與唐代的「對扣」相比，材料已經由織物發展成金屬（或玉），襻腳已經由一字型變成異型（童子、動物、花葉、雲紋、萬字紋等），襻圈已由圓型演變成菊花、葵花等花瓣型和方型。這種金屬或玉「對扣」經過明末清初的流行，到乾隆時期以後便很少在圖像中出現。倒是民國時期流行的旗袍上的織物盤扣，常常模仿「對扣」的形式，具體紋樣不完全相同（**圖7-37**）。

以上是對唐至明「對扣」演變的簡單爬梳，也是一字型織物「對扣」向花瓣型金屬（或玉）「對扣」轉變的概述。可以明確的是：明代的「對扣」是對唐代的繼承和發展，那麼，唐代一字型「對扣」來源又如何呢？這涉及紐扣的起源。目前，還沒有確鑿的證據說明紐扣起源於中亞或

圖7-36 益宣王妃的對襟衫子上的七副蜂趕菊鎏金銀「對扣」（益宣王夫婦合葬墓出土）

圖7-37 明代「對扣」與織物盤扣對比

⑩（明）蘭陵笑笑生：《金瓶梅詞話》第一卷，夢梅館印行，一九九二年，二二一—二二三頁。

西亞的游牧民族，但西方一些學者持有這種觀點。瓊・納恩（JoanNunn）認為：「歐洲從十四世紀開始使用紐扣，紐扣在土耳其和蒙古人的服裝中最先被使用，十字軍將之傳到歐洲，進行模仿，代替早期的扣繫方式。」[91]歐洲服飾早期的扣繫方式用胸針，胸針的流行還伴隨著一個傳說：「我是胸針，保護乳房，抵制流氓惡棍把手伸進乳房。」[92]那麼，十字軍是在什麼時候東征的？或者說紐扣是什麼時候傳入歐洲的？十字軍的九次東征發生在一〇九六至一二九一年，是在羅馬天主教教皇的准許下，由西歐的封建領主和騎士對地中海東岸的國家發動的一系列宗教性戰爭，這次暴行打著聖戰的旗號，實際上懷揣著政治、宗教和經濟目的，旨在擴張天主教的勢力範圍。在這次戰爭中，十字軍從高度發達的伊斯蘭文明中劫掠了大量財物，包括絲織品和服裝，這樣，西亞服飾上的紐扣自然也就傳到了歐洲。雖然十字軍從十一世紀就開始東征，但傑夫・伊根（Geoff Egan）認為從十三世紀開始，才出現了用紐扣替代胸針扣繫衣領的方式，到了十四世紀中葉，外袍前面一排紐扣的樣式已經變得非常流行。[93]單件服裝上的紐扣數量很大，或許帶有強烈的炫耀感和裝飾感（**圖7-38**）。

另外，阿爾布曼・霍爾格（Arbman Holger）認為，倫敦及其他地區的最新考古發現顯示，西亞或中亞服飾上的紐扣早在九世紀已經傳到了瑞典，但並沒有在西北歐使用開來，真正在日常服飾中使用並流行是

After 1360. Cote-hardies belted low,
Chaperon worn under hat. Particoloured hose.

圖7-38 十四世紀歐洲男子服飾上的鈕扣（圖片引自John Nunn, *Fashion in Costume 1200-1980*）

十三世紀的事情。[94]至於九世紀的紐扣是如何傳入瑞典的，目前並不清楚，有學者推測紐扣是隨著貿易傳入歐洲的。

從考古發現來看，歐洲的紐扣可分為三種類型：一是澆鑄成型的鈕扣（cast buttons），材料為鉛錫合金或青銅，模製成型，十三、十四世紀製作鈕扣的石頭模子已經發現，可為證據；二是球形鈕扣（composite sheeting buttons），由兩個半球形的銅合金片組合而成，中空，有鈕；三是用織物碎片包裹成一個球形紐扣，保存下來的十四世紀的服裝殘片上可見這種紐扣，同時對應的服裝上有孔，也有紐頭配一字型襻腳作為裝飾的形式。此種類型的織物紐扣在歐洲繪畫中的服飾上常見。在這三種紐扣類型中，前兩種與中國單粒鈕扣的形式相似，第三種類型的紐扣與唐代一字型織物「對扣」相似，同樣出現在西亞十五世紀的服飾中（圖7-39），以西方學者的觀點看，也是從西亞、中亞傳入的，只是不能明確傳入的準確時間，但不排除九世紀時隨著貿易的開展傳入中國和歐洲的可能性。這種假設以九世紀西亞、中亞的服飾上也在使用一字型織物紐扣為前提，且具備一定的合理性，因為古代服飾形制的改變是比較緩慢的，十五世紀的西亞有一字型織物紐扣，那麼推測九世紀也可能會有。

以上西方學者的觀點提供了一種思路：唐代一字型織物紐扣從西亞、中亞傳入的可能性非常大。結合中國古代服飾的形制來看，紐扣可能確實不是中國人的發明，因為中國唐代以前的服飾閉

[91] Joan Nunn. *Fashion in Costume: 1200-1980*. (The Herbert Press, 1998), p. 13.
[92] Geoff Egan and Frances Pritchard. *Accessories: 1150-1450*. (The Boydell Press, 2002), p. 248.
[93] Ibid., p. 272.
[94] Arbman Holger. *Birka, DieGraber, Tafelbard*. (Stockholm, 1940), p. 272.

圖7-39 西亞服飾上的鈕扣（圖片引自Susan Scollay, *Love and Devotion From Persia and Beyond*）

合系統主要以繫帶為主，沒有紐扣的形式[95]。反之，游牧民族發明紐扣的可能性卻很大，原因有三：一是紐扣能讓對襟服裝扣合更貼身，尤其是頸部的繫縛，稍微運動或行走等都會使繫帶越來越鬆，紐扣則能繫縛牢固，保持服裝不變形；二是騎馬的需要，騎馬服飾應該貼身俐落，繫帶會有點拖泥帶水的感覺，而紐扣則使服裝顯得乾淨俐落、使用方便；三是馬上民族對金屬的熱愛，更有可能發明和使用金屬材料的鈕扣。如阿富汗地利亞．泰貝（Tillya Tepe）墓葬已經出土西元一世紀的金「對扣」，用於女子對襟服裝的門襟閉合，並有大小之別[96]。資料的缺乏使我們很難判定西亞、中亞早期發明單粒紐扣或「對扣」、織物紐扣或金屬鈕扣的先後順序，也不能排除幾種紐扣形式同時並存的可能性。但無論如何，游牧民族發明紐扣是生活的需要所致。從功能上看，紐扣比繫帶更加緊固、方便和珍貴（金屬或玉），因此，西亞、中亞民族發明紐扣後傳入歐洲和中國，可備一說，但尚待更多證據補足。

明代女子服飾上的「對扣」之所以在明代流行，重要原因是在中亞、西亞與明代的頻繁交流中，領部縫著金扣的立領服飾在中土頻頻亮相，這種搭配金扣的立領服飾與明代女子在頸部的白色護領上裝飾金扣（**圖7-40**）的方式不謀而合（最晚在成化王皇后像中已有體現），遂會引起人們的興趣，從而被模仿，導致明代女子服飾出現一種新的流行時尚——立領配金扣的模式，這種模式最晚在正德年間已經成型，從明正德夏儒妻子墓中出土的對襟衫子可得到實物證明[97]，此衫上留有清晰的六副「對扣」痕跡，但沒有鈕扣出土（此墓曾被盜掘，金扣或許已被盜）。這說明最晚在正德年間，金屬「對扣」已經在立領的服裝上使用（不僅僅限於領部），並持續流行到乾隆年間才告結束。立領的女子服飾之所以在明代首次出現並流行開來，可能是為了給金扣（玉扣）一個良好的展示空間。關於明代女子頸部被包裹（立領）的原因，學界還沒有太多探討，暫不論唐代女子袒胸露乳的服裝何等開放，六朝至元代女子頸部暴露在外也實屬正常，為什麼明代，尤其是立領服飾相當流行的晚明，卻將女子的頸部嚴嚴實實地包裹起來呢？而此時正是商品經濟蓬勃發展、傳統道德受到嚴峻挑戰、民俗世風節節潰敗的天崩地裂時期，從身體美學的角度看，應該多多暴露身體的部位才與男女之防不再苛嚴的情況相吻合。然而，事實卻正好相反，有人從明代提倡

圖7-40 明・佚名：《周用四代像》（局部，引自周晉：《明清肖像》）

[95] 感謝張玉安老師告知晉墓出土紐扣的情況，由於考古報告中提供的材料有限，很難判斷出土金鈕是否用於服飾？因為一金鈕出土於頭部骨架處，也許為頭上裝飾。另外一金扣，沒有扣環，則無法與服飾結合，其用途不明。因此，這裡還不能把二晉墓出土的金鈕當作服飾上的紐扣對待。相關內容可參看洛陽市第二文物工作隊：〈嵩縣果酒廠晉墓發掘簡報〉，《中原文物》，二〇〇五年第六期；湖南省博物館：〈長沙南郊的兩晉南朝隋代墓葬〉，《考古》，一九六五年第五期。

[96] Fredrik Hiebert and Pierre Cambon. *Afghanistan: Crossroads of the Ancient World*. (British Museum Press, 11), pp. 244 - 256.

[97] 北京市文物工作隊：〈北京南苑葦子坑明代墓葬清理簡報〉，《文物》，一九六四年第十一期。

貞節觀去尋找答案，明代旌表的貞婦烈女確實不少，一些文人學者也在不斷宣導，可他們的大力宣導卻正好說明那時的風氣已經潰敗不堪。因此，為了貞節道德的原因，女子紛紛將頸部包裹起來，不應該成為立領流行的原因。反之，繁榮的商品經濟帶來的奢侈風氣的盛行則應該引起學人的注意，競奢已經深入到晚明衣食住行的各個方面。小小的「對扣」由於其材料的珍貴[98]、工藝的精湛、價格的高昂等原因，位居明代奢侈品的行列是當之無愧的。「對扣」的流行與其說是為了服飾門襟的閉合，不如說是為了彰顯佩戴者的財富和身份！

明清之際的女子服飾時尚是以蘇州為中心而影響到全國的，當時，女子的日常服飾或許在一年甚至更短的時間內會有一個流行趨勢的變化，稱為「時樣」或「時世裝」，一如今天的情況，只是變化的速度不如今天來得快！遺憾的是，關於「蘇樣」，我們所知甚少，尚不清楚「蘇樣」的女子服飾到底包括哪些具體的形制。這裡僅就明清之際流行的幾種女子服飾進行初步的個案研究，從圖像和文獻來看，還有許多當時流行的女子服飾如「水田衣」、「披襖」、「比甲」、「馬面裙」、「禁步」等未能在此展開討論，只能留待以後的研究。相信隨著時間的推移，更多相關的研究成果會逐漸問世，那麼，明清之際女子服飾時尚的總體面貌將會越來越清晰。

無論如何，明清之際流行的女子服飾處在中華民族女子服飾豐富而又變化多樣的集大成時期，在氣質上與「中國文化精神」有諸多契合之處，頗能反映中國女性端莊、典雅、含蓄而又低調奢華的氣質，但這似乎還未受到人們足夠的重視。今天，當我們重提「中國元素」或「中國概念」的服飾創新設計時，是否可以從明清之際的女子服飾中吸取合理的內核，這是一個開放而又值得討論的話題！

---

[98] 朱之瑜在《朱氏舜水談綺》中列舉明代鈕扣的材料有玉、琥珀、瑪瑙、金鑲嵌寶石等，但出土實物中未見琥珀、瑪瑙「對扣」，因此，這裡討論「對扣」材料時未包括琥珀、瑪瑙。

後記

在本書即將付梓之際，心中多少有些忐忑。這本小書不是通常意義上的中國古代女子服飾的通史，當然，團隊在成立之初就沒有以此作為目標，只是想將不同朝代具有代表性的女子服飾時尚的斷面呈現在讀者面前，以此補充通史　事的不足。倘若經過多年的努力，無數的個案研究得以深入展開，或許可以以個案為主線，重新書寫中國古代女子服飾的歷史，這應該是多年以後的事情，因為現在許多關於日常服飾的問題還不清楚。但無論如何，我們有了第一次的亮相，心懷感激之情。

感謝北京服裝學院對中國歷代服飾時尚研究學術創新團隊的大力支持，使我們這些擁有學術理想的人，在一起分享觀點，相互討論，相互激發，度過了最快樂的研究時光，感受到學術魅力的無可匹敵！我們完成了團隊的第一本學術著作，希望學校繼續支持我們，使得後續有更多的精彩著作得以問世。

本書的「衣裳之始」、「楚漢風韻」由蔣玉秋撰稿，「靈動飄逸」由張玉安撰稿，「國色天香」、「簡約淡泊」由賈璽增撰稿，「衣冠之變」由王子怡撰稿，「奢侈風氣」以及「寫在前面」、「後記」由陳芳撰稿，最後統稿由陳芳完成。

另外，需要特別感謝的是我的師母顧丁因先生，不僅為本書賦予了這麼美妙的名字——「粉黛羅綺」，還揮毫題寫了書名，這讓我終生難忘！師母的吟詩作賦、填詞作曲、蒔花養鳥的閒情逸致，似是與生俱來的，讓人羨慕！本書與師母結緣，導師王家樹先生在九泉之下應該含笑了！回想博士期間王先生對我的學術期望，今天感到非常慚愧，離導師的期望值相差甚遠。這本小書雖然不足掛齒，但願是我們對中國古代服飾研究的良好開端，王先生在天之靈或可以有一絲安慰。

本書彙集的是團隊這幾年的研究成果，在研究和寫作中得到了無數人的幫助，篇幅所限，不能一一列舉。但特別值得提出的是，二〇一二至二〇一三年我在牛津大學做訪問學者時，導師柯律格（Craig Clunas）教授、大英博物館亞洲部主管Jan Stuart女士、Verity Wilson女士、Teresa Fitzherbert女士不僅在研究方法和資料查詢方面給予了許多幫助，還約請筆者將論文在英國學術期刊上發表，這對筆者是莫大的鼓勵。團隊成員在研究中還得到孫機先生、揚之水先生、李軍教授、鄭岩教授、遠小近教授、陳寶良教授、俞冰研究員、王馗研究員、袁仄教授、張文芳老師、程曉英編輯、黃俐君女士、于寶東先生等學者的大力支持，在此一併致謝！柴劍虹先生為本書欣然作序，言辭之中的讚揚是我們繼續努力的目標！成為我們學術研究新征程的巨大動力。

研究生李夢薇幫助整理本書的基礎資料、柴源為專案結題做整體設計，所有這些都是值得銘記和感謝的！同時，作為團隊負責人，我要對團隊所有成員的家人說聲謝謝！沒有你們的默默支持和無私奉獻，我們是無法安心研究的。

書中使用的圖片多引自已經發表的報刊、報告、專著和圖錄，對以上成果的研究人員表示深深的敬意和感謝。由於寫作倉促，恕不能一一徵詢意見，敬請見諒。

最後，最值得感謝的是出版社的工作人員，你們的努力，使我們團隊的第一本著作能在信譽良好的出版社出版，這是我們的榮幸！你們的支持蘊含著一份對學術的執著和欣賞，在當代社會更顯彌足珍貴！我們將以此作為中國古代服飾研究的重要起點，開始新的學術歷程！

由於作者水準所限，本書錯誤之處在所難免，敬請方家不吝指正！

陳芳　二〇一四年一月十五日於北京

國家圖書館出版品預行編目 (CIP) 資料

粉黛羅綺 : 中國古代女子服飾時尚 / 陳芳等著. --
第一版. -- 臺北市 : 風格司藝術創作坊, 2018.04
面； 公分
ISBN 978-986-94773-9-0(平裝)

1.服飾 2.女性 3.文化研究 4.中國

538.12092 106011355

粉黛羅綺——中國古代女子服飾時尚

作　　者：陳芳、蔣玉秋、張玉安、賈璽增、王子怡
責任編輯：苗　龍
出　　版：風格司藝術創作坊
10671 台北市大安區安居街 118 巷 17 號
Tel: (02) 8732-0530　Fax: (02) 8732-0531
http://www.clio.com.tw
總 經 銷：紅螞蟻圖書有限公司
Tel: (02) 2795-3656　Fax: (02) 2795-4100
地址：11494 台北市內湖區舊宗路二段121巷19號
http://www.e-redant.com
出版日期：2018 年 4 月　第一版第一刷
定　　價：450 元

Knowledge House & Walnut Tree Publishing

Knowledge House & Walnut Tree Publishing